MINERVA
社会福祉叢書
㉟

ヨーロッパの介護政策

―ドイツ・オーストリア・スイスの比較分析―

松本 勝明著

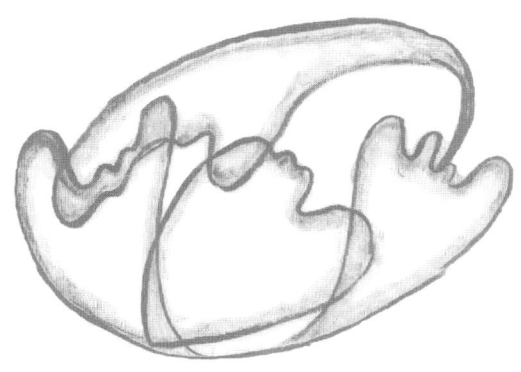

ミネルヴァ書房

はしがき

　人口高齢化に伴う要介護者の増加，家族関係や就労状況の変化などに対応し，要介護者に対して適切な介護を長期的に保障していくことは，我が国のみならず先進各国に共通する重要な政策課題となっている。

　ヨーロッパにおいては，人口高齢化がより早い時期から進行しているが，多くの国では1990年代になってようやく包括的な介護保障のための新たな制度の導入などが行われた。ヨーロッパ諸国は介護に関して共通した課題に直面しているにもかかわらず，各国の制度は極めて多様なものとなっており，我が国と同じく社会保険の独立した一分野として介護保険を採用した国もドイツとルクセンブルクに限られている。つまり，ヨーロッパにおいては，欧州連合（EU）を中心とした欧州統合の動きが進んでいるものの，介護保障に関しては中心的な位置を占める単一のモデルは存在しない。

　本書の目的は，このような多様性を有する介護保障に関する制度の状況や，その改善のため実施されている取り組みを比較の視点から分析することにより，我が国の介護政策を考える上で有益な情報を得ることにある。もちろん，他国における制度や政策をそのままの形で単純に自国に取り入れることができるわけではないが，このような分析の結果は，国際的にみた自国の位置づけを明らかにするとともに，自国の政策の検討に新たな視点を提供することに貢献しうるものであると考えられる。近年，ヨーロッパにおいて介護に関する制度的・実証的な比較研究が盛んに行われている背景にも，このような考え方が存在する。

　本書は，まず，介護に関して欧州連合がヨーロッパレベルで展開する政策とそれが各国の政策に与える影響などを分析する。次に，各国レベルでの制度・政策に影響を及ぼす諸要因について検討し，それを基に各国の分類を試みる。さらに，これらの分析を前提として，疾病，老齢・障害，労災及び失

i

業のリスクに対しては我が国と同様に社会保険を中心とする対応を行っているドイツ，オーストリア及びスイスの3か国を対象に詳細な比較分析を行う。この比較分析においては，介護保障制度の特性，財政的な持続可能性の確保，介護の質の向上などを目的とした改革政策，現金給付の役割，家族介護者の支援，社会扶助等による補完的な介護給付，介護士と看護師の関係及び外国人による介護などの各論点を取り上げる。

本書は，基本的に2007年8月から2年間の一橋大学経済研究所在勤中に行った研究の成果をまとめたものである。なかでも，厚生労働科学研究費の助成を受け『介護者の確保育成策に関する国際比較研究（H19―政策―一般―008）』を実施したことは，本書の研究を開始する重要な契機となった。この研究では，異なる介護供給類型に属する4か国（フィンランド，ドイツ，イタリア及びアメリカ）を対象に，介護供給の公私バランス，家族介護者の支援，介護従事者の確保策及び介護専門職の養成について比較の視点から分析・考察を行った。この研究に参加いただいた笹谷春美教授（北海道教育大学），宮崎理枝准教授（大月市立大月短期大学），森川美絵室長（国立保健医療科学院），齋藤曉子氏，石田健太郎氏との議論を通じて，公私の役割分担などの要因が介護に関する制度・政策に及ぼす影響，各国の介護保障制度の違いを超えた政策の共通点などへの関心が高まった。本書は，この研究のほか，科学研究費補助金の助成を受け実施している『医療と介護の連携に関する日独比較研究（21530582）』の研究成果などに基づいている。

本書の研究は，ヨーロッパの介護政策に関する文献研究及び現地でのヒアリング調査により行った。これらの調査研究の実施に当たっては，各国の大学や研究機関の研究者並びに連邦政府及び州政府の専門家から多大なご協力をいただいた。なかでも，ドイツのマックス・プランク外国・国際社会法研究所所長のベッカー教授には，ドイツ，オーストリア，オランダ及びイギリスを対象とする「介護における質の保証に関する研究会（2008年6月開催）」にお招きいただくなど，この研究の進展に応じて様々なご配慮，ご協力を賜った。同研究所のシュルテ博士には，介護分野における欧州連合の政策に関して重要な情報を提供していただくとともに，オーストリア及びスイスでの

はしがき

　調査の実施に関しても専門家をご紹介いただくなど多くのご支援を賜った。また，同研究所前所長のフォン・マイデル教授には，ヨーロッパ社会政策に関する幅広い見識に基づく貴重なご助言をいただいた。

　このほか，ドイツ連邦保健省のクニープス前医療・介護保険局長及びフォン・シュバネンフリューゲル介護保険部長からは，ドイツの医療・介護保険改革に関して我が国との比較の視点から意見交換を行う機会をいただいた。さらに，地区疾病金庫連邦連合会のケッセルハイム部長，ビーレフェルト大学健康科学部のシェーファー教授，ビュッシャー博士からもこの研究へのご助言をいただいた。

　オーストリアに関する調査では，ザルツブルク大学法学部のプファイル教授，ウィーン経済大学経済学部のエステルレ教授，社会経済研究所のシュミット教授，連邦労働・社会・消費者保護省のフリュストル・グラーザー介護保障課長，ザルツブルク州政府のエルマー社会計画課長にご協力をいただいた。また，スイスに関する調査では，チューリッヒ大学社会学研究所のヘプフリンガー教授及びハーベルケルン博士，ローザンヌ保健医療専門大学のデスプラント教授，連邦保健庁のフーラー診療報酬課長，連邦社会保険庁のクリストッフェル年金給付課長にご協力をいただいた。これらの方々は，細部にわたる質問にも丁寧にお答えくださるとともに，この研究に役立つ様々な資料を提供してくださった。

　国立社会保障・人口問題研究所の京極高宣前所長及び一橋大学経済研究所の高山憲之教授からも，この研究を進めるに当たって様々なご配慮をいただいた。

　この場を借りて皆様方に深く感謝の気持ちを表したい。

　最後になったが，本書の出版に際してお世話いただいたミネルヴァ書房の下村麻優子氏に重ねてお礼を申し述べたい。

　　2010年7月

　　　　　　　　　　　　　　　　　　　　　　　　　　松本勝明

目　次

はしがき
略語一覧

序　章　比較分析の目的と視点 …………………………………………… 1

第Ⅰ部　ヨーロッパの介護政策

第1章　ヨーロッパレベルの政策 ………………………………………… 9
　　1　欧州評議会の活動 …………………………………………………… 9
　　2　欧州連合（EU）の概要 ……………………………………………… 11
　　3　社会保護分野での欧州連合の活動 ………………………………… 14
　　　（1）労働者の国際移動と介護給付の調整　14
　　　（2）加盟国活動の支援及び補完　18
　　4　他分野での欧州連合の活動 ………………………………………… 22
　　　（1）介護事業への国の援助　22
　　　（2）国境を越えた介護サービスの提供・利用　25
　　　（3）介護専門職資格の相互承認　29
　　　（4）介護労働者の国際移動　32
　　5　欧州連合と欧州自由貿易圏との関係 ……………………………… 33
　　　（1）欧州経済領域　33
　　　（2）欧州連合とスイスとの間の協定　34
　　6　各国への影響 ………………………………………………………… 36

第2章　各国レベルの政策 ………………………………………………… 45
　　1　介護を巡る状況 ……………………………………………………… 45

2　各国介護保障制度の現状 …………………………………………50
  3　比較分析 ……………………………………………………………56
　　（1）介護政策の展開　56
　　（2）各国の分類　58
　　（3）政策の方向性　67

第Ⅱ部　ドイツ，オーストリア及びスイスの比較分析

第3章　現行の介護保障制度 ……………………………………………77
  1　ドイツの介護保険制度 ……………………………………………77
　　（1）介護を巡る状況　77
　　（2）制度の概要　79
　　　　(1) 介護保険…79／(2) 介護扶助…87
　　（3）実施状況　87
  2　オーストリアの介護手当制度 ……………………………………91
　　（1）介護を巡る状況　91
　　（2）制度の概要　92
　　　　(1) 介護手当…92／(2) 介護サービス等の確保…94／(3) 社会扶助…98
　　（3）実施状況　98
  3　スイスの介護給付制度 ……………………………………………101
　　（1）介護を巡る状況　101
　　（2）制度の概要　102
　　　　(1) 医療保険等による介護給付…102／(2) 補完的な給付…108／(3) 介護サービス等の確保…110
　　（3）実施状況　111
  4　介護保障制度の比較分析 …………………………………………115

第4章　改　革　政　策 …………………………………………………127
  1　ドイツの介護継続発展法 …………………………………………127
　　（1）改革の背景　127
　　（2）改革の内容　129

            （1）ニーズに応じた在宅介護の推進…129／（2）新たな居住形態の普及…131／
            （3）認知症患者に対する給付の改善…131／（4）サービスの質と透明性の向上
            …133／（5）給付上限額及び保険料率の引き上げ…134／（6）その他…136
        （3）評　価　138
    2　オーストリアの介護手当法等の改正……………………………………139
        （1）改革の背景　139
        （2）作業グループでの議論と改革の内容　141
            （1）外国人による24時間介護の合法化…141／（2）介護手当額の引き上げ…
            142／（3）認知症患者及び子供の要介護区分の改善…143／（4）相談・助言…
            145／（5）家族介護者の支援…145／（6）介護サービス供給の拡充…146／（7）
            財政システムの見直し…146
        （3）評　価　147
    3　スイスの介護財政再編法……………………………………………………148
        （1）改革の背景　148
        （2）改革の経緯と内容　150
            （1）意見聴取…150／（2）政府案…152／（3）連邦議会での修正…153
        （3）評　価　155
    4　改革政策の比較分析…………………………………………………………157

第5章　現金給付……………………………………………………………167
    1　ドイツの介護保険による介護手当……………………………………167
    2　オーストリアの介護手当…………………………………………………170
    3　スイスの障害保険及び老齢・遺族保険による介護手当………172
    4　現金給付の比較分析………………………………………………………174

第6章　家族介護者の支援………………………………………………………181
    1　ドイツの家族介護者支援策………………………………………………181
        （1）介護手当　182
        （2）代替介護の確保　182
        （3）介護者の社会保障　183
        （4）介護休業　185
        （5）相談・情報提供　185
    2　オーストリアの家族介護者支援策……………………………………186
        （1）介護手当　186

　　　　（2）代替介護の確保　187
　　　　（3）介護者の社会保障　188
　　　　（4）介護休業　190
　　　　（5）相談・情報提供　191
　　3　スイスの家族介護者支援策の問題点 ……………………………192
　　4　ドイツとオーストリアの比較分析 ……………………………192

第7章　補完的な給付 ………………………………………………199
　　1　ドイツの社会扶助（介護扶助） ………………………………199
　　　　（1）介護費用の負担状況　199
　　　　（2）介護扶助　200
　　2　オーストリアの社会扶助 ………………………………………203
　　　　（1）介護費用の負担状況　203
　　　　（2）社会扶助　204
　　3　スイスの補足給付 ………………………………………………205
　　　　（1）介護費用の負担状況　205
　　　　（2）補足給付　207
　　　　（3）社会扶助　211
　　4　補完的な給付の比較分析 ………………………………………212

第8章　介護士と看護師の関係 ……………………………………219
　　1　ドイツの老人介護士と看護師 …………………………………219
　　2　オーストリアの社会介護士と看護師 …………………………224
　　3　スイスの看護師 …………………………………………………228
　　4　介護士と看護師の関係に関する比較分析 ……………………231

第9章　外国人による介護 …………………………………………237
　　1　外国人による24時間介護（オーストリア） …………………237
　　2　24時間介護に伴う問題点 ………………………………………240
　　3　問題解決の取り組み ……………………………………………242
　　　　（1）合法化　242
　　　　（2）助　成　245

4　ドイツにおける状況 …………………………………………247
　　　5　スイスにおける状況 …………………………………………248
　　　6　オーストリアにおける取り組みの評価 ……………………249

終　章　我が国の介護政策の位置づけと可能性 ……………………253
　　　1　制度の持続可能性 ……………………………………………254
　　　2　質の向上 ………………………………………………………255
　　　3　家族介護者の位置づけ ………………………………………257

参考文献　　259
索　引　　273

略語一覧

ABl.⋯Amtsblatt der Europäischen Union
AOK⋯Allgemeine Ortskrankenkasse
APA⋯Allocation personnalisée d'automomie
AS⋯Amtliche Sammlung des Bundesrechts
Aufl.⋯Auflage
AWBZ⋯Algemene Wet Bijzondere Ziektenkosten
BAG⋯Bundesamt für Gesundheit
BBl⋯Bundesblatt
BFS⋯Bundesamt für Statistik
BGBl.⋯Bundesgesetzblatt
BGE⋯Sammlung der Entscheidungen des Schweizerischen Bundesgerichts
BMAS⋯Bundesministerium für Arbeit und Soziales
BMASK⋯Bundesministerium für Arbeit, Soziales und Konsumentenschutz
BMFSFJ⋯Bundesministerium für Familie, Senioren, Frauen und Jugend
BMG⋯Bundesministerium für Gesundheit
BMGS⋯Bundesministerium für Gesundheit und Soziale Sicherung
BMSK⋯Bundesministerium für Soziales und Konsumentenschutz
BSV⋯Bundesamt für Sozialversicherung
CDU⋯Christlich Demokratische Union
CSG⋯Contribution sociale généralisée
CSU⋯Christlich Soziale Union
DG ECFIN⋯Directorate General for Economic and Financial Affairs
EDI⋯Eidgenössisches Department des Innen
EFTA⋯European Free Trade Association
EU⋯Europäische Union
EuGH⋯Europäischer Gerichtshof
Eurofound⋯European Foundation for the Improvement of Living and Working Conditions
EWG⋯Europäische Wirtschaftsgemeinschaft
EWR⋯Europäischer Wirtschaftsraum

ff. ···folgende
GDK ···Konferenz der kantonalen Gesundheitsdirektorinnen und -direktoren
Hrsg. ···Herausgeber
ILO ···International Labour Organization
IV ···Invalidenversicherung
LGBl. ···Landesgesetzblatt
LS ···Loseblattsammlung
MDK ···Medizinischer Dienst der Krankenversicherung
MDS ···Medizinischer Dienst des Spitzenverbandes Bund der Krankenkassen
MISSOC ···Mutual Information System on Social Protection
NHS ···National Health Service
Nr. ···Nummer
NZS ···Neue Zeitschrift für Sozialrecht
ÖBIG ···Österreichisches Bundesinstitut für Gesundheitswesen
Obsan ···Schweizerisches Gesundheitsobservatorium
OdASanté ···Nationale Dach-Organisation der Arbeitswelt Gesundheit
OMK ···Offene Methode der Koordinierung
ÖVP ···Österreichische Volkspartei
RL ···Richtlinie
Rs. ···Rechtsprechung
SBK ···Schweizerischer Berufsverband für Pflegefachfrauen und Pflegefachmänner
SKOS ···Schweizerische Konferenz für Sozialhilfe
SKP ···Schweizerische Konferenz Pflegebildungen im Tertiärbereich
Slg. ···Sammlung der Rechtsprechung des Gerichtshofes und des Gerichts Erster Instanz
SODK ···Konferenz der kantonalen Sozialdirektorinnen und Sozialdirektoren
SPD ···Sozialdemokratische Partei Deutschlands
SPITEX ···Spitalexterne Hilfe und Pflege
SPÖ ···Sozialdemokratische Partei Österreichs
SR ···Systematische Sammlung des Bundesrechts
VO ···Verordnung
VSSR ···Vierteljahresschrift für Sozialrecht
WIFO ···Österreichisches Institut für Wirtschaftsforschung

序　章
比較分析の目的と視点

　今日，ヨーロッパ諸国は様々な面で共通する課題に直面している。その中で最も重要な課題のひとつは，人口学的な変化がもたらす諸問題への対応である。高齢化に特徴づけられる人口学的な変化は，とりわけ各国の社会保障に大きな影響を及ぼしている。すなわち，各国には，高齢世代に属する人々に対して，賃金収入に代わる所得や疾病治療のための医療を保障することに加え，必要な介護を保障することが以前にも増して求められている。医療と比較した場合の介護の重要な特性の一つは，専門の介護従事者だけでなく，専門的な知識・技能を持たない家族など（特に女性）がその担い手となっていることである。このため，介護サービスに対する需要は，人口学的な変化だけでなく，夫婦，家族，職業生活及び社会における女性の立場の変化，一人暮らし世帯の増加，世帯規模の縮小など，家族関係や就労状況の変化による影響も受ける。こうした変化により，伝統的に行われてきた家族や近隣の人々によるインフォーマルな介護がこれまでどおり行われることを期待することは難しくなってきている。この結果，社会給付として提供される介護サービスに対する需要が今後ますます増大すると見込まれる。

　一方，社会給付の財政的な基盤は経済情勢，特に労働市場の変化がもたらす問題によって脅かされている。すなわち，失業者数の増加及び雇用数の減少は，失業給付や雇用対策のための支出を増加させるだけでなく，税収や社会保険料収入の伸びを抑制する。さらに，グローバル化の進展により，各国は国際的な競争圧力にさらされている。その中で，各国は国際競争力維持のために税・社会保険料の引き下げなどを迫られている。この結果，各国が自らの政策的な判断に基づき社会保障を拡充する余地は狭まりつつある。

要介護者の増加などに対応するため，ヨーロッパ諸国は国民が要介護となった場合に必要な介護を保障することを目的とした制度の導入，拡充などを行ってきた。ヨーロッパでは我が国よりも早い時期から人口高齢化が進行したが，医療保障制度や年金制度に比べると介護保障制度の歴史はあまり長くはない。北欧諸国を除く多くの国では，1990年代になってようやく要介護が社会的なリスクとして広く認知され，包括的な介護保障のための新たな制度の導入などが行われた。つまり，介護保障制度の導入時期でみる限り，多くのヨーロッパ諸国と我が国との間にさほど大きな違いがあるわけではない。しかしながら，この20年ほどの間に新たな制度の導入を行った国の中で，我が国と同様に社会保険の独立した一分野として介護保険を採用した国は，ドイツ及びルクセンブルクに限られている。むしろ，ヨーロッパ諸国は，介護に関して共通する課題に直面しているにもかかわらず，極めて多様性のある制度を導入した。

　ヨーロッパでは，欧州連合（EU）を中心とした欧州統合の動きが進んでいる。欧州連合は，加盟国が27か国にまで拡大するとともに，その役割も年を追うごとに拡張し，今日ではヨーロッパの政治・経済・社会に大きな影響を及ぼしている。域内市場の創設や統一通貨（ユーロ）の導入といった経済問題にとどまらず，社会保護を促進することは欧州連合の目的となっている。それにもかかわらず，社会保護の一分野である介護分野に関しては，欧州連合に加盟する各国で独自の政策が展開されてきた。このことから，本書の目的の一つは，介護分野の政策に関する欧州連合と加盟国との関係，介護に関連する分野で欧州連合等が行う欧州レベルでの政策とそれらが各国に与える影響，欧州レベルの政策が各国の制度・政策を一定方向に収斂させる可能性などを明らかにすることにある。

　確かに，各国の介護保障制度は，対象とする要介護者の範囲，提供する給付の種類，給付を受給するための要件，財源の種類，要介護者の自己負担などの点において極めて多様なものとなっている。この多様性は，各国の福祉国家としての位置づけ及び社会保障制度の体系のほかに，家族間の援助義務の在り方，インフォーマル介護の位置づけなどによる影響を受けているもの

と考えられる。このため，本書における二つ目の目的は，各国レベルでの制度・政策がこれらの要因とどのような関連性を有しているのかを明らかにするとともに，これを基にして各国の大まかな分類を試みることにある。

さらに，本書は，各国レベルの制度・政策に関する比較分析を行い，我が国の介護政策にとって有益な情報を得ることを企図している。このため，本書では，ドイツ，オーストリア及びスイスの3か国について詳細な比較分析を行い，介護政策の共通する方向性，重要な相違点が生じた背景，それぞれの長所・短所などを明らかにする。

この3か国を対象とする理由は次のとおりである。この3か国では，疾病，老齢及び障害，労災並びに失業という伝統的なリスクに対してはいずれも社会保険による対応が行われている。また，いずれの国も，要介護のリスクに対する保障に関しては，北欧諸国に比べて歴史は浅く，1990年代になってようやく包括的な介護保障のための制度の導入が行われた。これらの点においては，この3か国は我が国との共通点を有している。しかしながら，我が国と同様に，社会保険の独立した柱として介護保険が導入されたのはドイツだけであり，オーストリア及びスイスではそれぞれ異なる考え方に基づく介護保障制度の導入及び介護政策の展開がみられる。もちろん，この3か国の制度・政策は全ての点で相違しているというわけではなく，共通点と相違点が混在している。このほか，この3か国には，詳細かつ正確な国際比較を行う上で大きな利点となる言語の共通性並びに法律上及び介護科学上の概念の類似性が存在している。これらのことから，この3か国を我が国にとって有益な情報を得るための比較分析の対象としたものである。

このような目的に対応して，本書は次のような構成となっている。本書第Ⅰ部の第1章においては，介護に関して欧州連合等がヨーロッパレベルで展開する政策とその影響を分析し，それが各国の制度・政策を収斂させる可能性について検討する。次に，第2章においては，各国の介護を巡る状況及び介護保障制度の概要を把握するとともに，各国の制度・政策に影響を及ぼす諸要因の分析とそれに基づく各国の分類を行う。さらに，本書第Ⅱ部においては，ドイツ，オーストリア及びスイスを対象に，介護保障制度の特性，改

革政策(特に,財政的な持続可能性,介護の質の向上等に関するもの),現金給付の役割,家族介護者の支援,社会扶助等による補完的な介護給付,介護士と看護師の関係及び外国人による介護の各論点について横断的な比較分析を行う。

　本書は基本的に,欧州連合等によるヨーロッパレベルの介護政策,ドイツ,オーストリア,スイスをはじめとするヨーロッパ諸国の介護政策に関する文献研究に基づいている。したがって,介護給付の実施状況,介護サービスの整備状況,要介護者等の介護に関する希望や介護サービスに対する評価についても,各国の政府機関及び大学・研究機関により実施された調査の結果などを通じて把握した。さらに,こうした文献に基づく研究を補完するため,ドイツ,オーストリア及びスイスの連邦政府及び州政府の担当省庁の専門家並びに大学・民間研究機関の研究者を訪問して,ヒアリング調査を実施した。このヒアリング調査の目的は,とりわけ前述の文献研究だけでは把握が困難な政策決定の政治的背景,制度実施の実態などに関する情報を獲得することにあった。

　介護保障に関する国際比較は,ヨーロッパでは特に1990年代以降に盛んに行われている。欧州連合の政策執行機関である欧州委員会によるものとしては,例えば,社会保障相互情報システム(MISSOC)[1]を通じて各国政府から得られた公式の情報を基に各国の介護保障について取りまとめた『ヨーロッパの介護(Pflege in Europa)[2]』が2006年に公表されている。また,欧州委員会または加盟国政府の委託により実施された比較研究の代表的なものとしては,欧州委員会とベルギー社会省の委託によりルーヴァン=カトリック大学(ベルギー)の労働高等研究所(Hoger Instituut voor de Arbeid)がEU加盟15か国及びノルウェーを対象に実施した研究[3]がある。この比較研究は,各国研究者により作成された各国報告に基づき実施された。さらに,大学等の研究者により欧州委員会や各国政府とは独立して行われた数多くの比較研究が存在する。その中で,本書第II部で取り上げるドイツ,オーストリア及びスイスを含めた国を対象に比較研究を行った代表的なものとしては,例えば,ドイツのフォルクスワーゲン財団(Volkswagen-Stiftung)の助成により,12

か国を対象に実施された研究プロジェクト「欧州共同体における介護保障（Pflegesicherung in der EG）[4]」がある。

　我が国においても，介護保障の国際比較に関してはいくつかの先行研究が存在する。その中でも，介護保険に限らない多様な介護保障制度を有する国を対象とした代表的な業績としては，足立編（1998），鬼﨑・増田・伊奈川編（2002）及び増田編（2008）があげられる。このうち足立編（1998）は，その大部分が欧米の7か国及び日本の介護政策の歩み，介護保障制度の概要，介護サービス供給体制などについての論述により構成されている。併せて，介護供給システムを分類する基本的な視点の整理と西欧諸国の介護供給システムをごく大雑把に特徴づけるものとして「四つの基本定型」による区分の提起がなされている。鬼﨑ほか編（2008）は，その大部分は欧米及びアジアの12か国並びに日本の介護サービスの内容や提供体制などについての論述により構成されている。また，世界の多様な介護政策の潮流を理解する一助として介護政策の類型，動向などについて論述されている。増田編（2008）も，その大部分は欧米及びアジアの8か国並びに日本の高齢化の現状，高齢者介護政策の歴史，高齢者介護保障システムの概要及び高齢者介護保障システムの課題と今後の方向性についての論述により構成されている。それに加えて，総論的な解説として『OECD報告』[5]を基にして，要介護者の増加，18か国の高齢者介護保障システムの基本的骨格，今後の課題について論述されている。さらに，対象国のうち，日本・ドイツ・韓国の介護保険制度に関する比較考察が補論として行われている。

　このように，我が国における三つの先行研究は各国の介護保障制度や介護サービスの説明が中心であり，増田編（2008）の補論において3か国の介護保険制度に関する比較考察が行われている以外は，各国の具体的な制度・政策の比較に基づく論点を提示するものではない。また，対象国としてヨーロッパ諸国が含まれているが，欧州連合の政策と各国との関係は明らかにされていない。

　これらを踏まえた本書の特徴としては次の点があげられる。1点目は，欧州連合等によるヨーロッパレベルの政策が各国の介護政策に及ぼす影響を明

らかにしていることである。2点目は，多様な制度を有するヨーロッパ諸国の分類を行い，その中でのドイツ，オーストリア及びスイスの位置づけを示すとともに，それとの比較において我が国の位置づけの特殊性を明らかにしていることである。3点目は，我が国と同様に社会保険を中心とした社会保障制度を有し，かつ，同様の時期に介護保障制度の導入を行ったこの3か国を対象に，我が国にとって重要と考えられる論点ごとに横断比較を行い，我が国における政策検討に有益な情報を抽出していることである。

また，この3か国の比較分析に関しては，その論点にも次のような特徴がある。第一に，介護給付制度や介護サービス供給体制だけでなく，現金給付を含め，インフォーマルな介護の担い手である家族等に対する多様な支援策も対象としていることである。第二に，入所施設や在宅介護サービス事業の状況だけでなく，その従事者として中心的な役割を担う介護専門職の養成，外国人による介護にかかわる問題も対象としていることである。

本書は，現在の制度・政策を把握するため，可能な限り最新の改革等を含めて論述することに留意しており，ドイツ，オーストリア及びスイスに関しては2008年に成立した改革法までを分析の対象に含めている。もちろん，高齢化等の進展に対応した介護システムの見直しは，これらの改革を持って決着をみたというわけではなく，将来にわたってなお継続するものと考えられる。しかし，ヨーロッパ介護政策の今日までの到達点を分析・評価することは，介護政策に関する研究の基礎を提供するものであり，我が国の介護政策の在り方に関する検討に新たな視点を提示する上でも意義があると考える。

注
(1) MISSOCの詳細については，第1章第3節第2項において後述する。
(2) Europäische Kommission（2006）.
(3) Pacolet et al.（2000）.
(4) Eisen, Mager（Hrsg.）（1999）.
(5) OECD（2005）.

第Ⅰ部　ヨーロッパの介護政策

第1章
ヨーロッパレベルの政策

　欧州連合（EU）⁽¹⁾は，今日，加盟国が27か国にまで拡大するとともに，その役割も年を追うごとに拡張し，ヨーロッパの政治・経済・社会に大きな影響を及ぼしている。欧州連合では経済問題がその活動の中心となってきた。しかし，1980年代の終わり以降，その活動においても社会政策の重要性が増してきており（Schulte, 2008a：1342），域内市場の創設や統一通貨（ユーロ）の導入にとどまらず，介護保障を含む社会保護を促進することは欧州連合の目的の一つとなっている。

　また，人権，民主主義，法の支配という共通の価値の実現に向けた各国間の協調の拡大を目的として1949年に設立され，現在，欧州連合全加盟国を含むヨーロッパ47か国が加盟する欧州評議会（Council of Europe）も，介護保障にかかわる活動を行っている。

　この章では，ヨーロッパ諸国により構成される組織である欧州連合及び欧州評議会が，介護分野においてどのような政策や活動を行い，それが各国にどのような影響を及ぼしているのかを分析する。

1　欧州評議会の活動

　最初に，欧州連合よりも相当に早い時期から介護分野の取り組みを行ってきた欧州評議会の活動を取り上げる。疾病，失業，老齢，労災，障害などのリスクに対する保障に関しては基本的に各国において取り組みが行われてきた。しかし，各国が最低限保障すべき基準を確保するために国際的な取り決めも行われている。例えば，1952年に採択された「社会保障の最低基準に関

する条約」(ILO102号条約)においては、これらのリスクに対する保障の最低基準が定められた。また、1964年に合意された欧州評議会の「社会保障に関するヨーロッパ規則」においてはILO102号条約を基にして、より高い保障水準が定められている。このような「伝統的な」リスクの場合とは異なり、要介護のリスクに対する社会的な保障(介護保障)に関しては、最低基準や達成されるべき水準を定めた国際的な取り決めは存在しない(Igl 2007：70)。このことは、要介護のリスクが比較的最近になって社会的なリスクとして認識されるようになったことに関係があると考えられる。

こうした状況において、欧州評議会の閣僚委員会(Committee of Ministers)が1998年に、法的拘束力を持たないものの、要介護に関する勧告を行ったことは注目に値する。この勧告においては、要介護者施策の在り方として、要介護者による選択の自由の確保、予防及びリハビリテーションの推進、入所介護に対する在宅介護の優先、介護の質の保障、インフォーマルな介護者への支援などが掲げられた。

一方、国際連合や欧州評議会などの国際的な文書には要介護者の権利に関連する記述がみられる。しかし、これらも直接的には要介護者の権利ではなく高齢者の権利や障害者の権利について言及したものである。1996年に欧州評議会で合意された改正欧州社会憲章の第23条は、社会的保護に対する高齢者の権利として要介護に関する給付について言及している。具体的には、社会的保護に対する高齢者の権利の効果的な行使を確保するため、締約国は直接又は公的・私的団体と共同で適切な措置を講じ、又は促進することを義務づけられている。また、同条においては、このような措置として、高齢者向けのサービスや施設並びにその利用に関する情報を整備すること、高齢者がその状態に応じたサービスを受けて住み慣れた地域で自立して生活することを可能にすること、ホームに居住する高齢者に対する適切な支援を確保することなどが規定されている。

第 1 章　ヨーロッパレベルの政策

2　欧州連合（EU）の概要

　次に，介護に関連する分野における欧州連合の活動を取り上げる。最初に，それを理解する前提として，欧州連合の法及び機関並びに欧州連合と加盟国との関係について概説する。

　欧州連合は法に基づき設立された組織であり，また，法は欧州連合による政策実施の重要な手段である。欧州連合の法（以下「連合法」という）としては，加盟国により締結された条約である欧州連合条約，欧州連合運営条約などのほかに，欧州連合運営条約第288条に基づき欧州連合自身が制定する派生法（abgeleitetes Recht）がある。派生法には，規則（Verordnung），指令（Richtlinie），決定（Beschluss），勧告（Empfehlung）及び意見（Stellungnahme）が含まれる。

　このうち「規則」は抽象的・一般的な規定であり，全ての部分が拘束力を持ち，かつ，全ての加盟国に直接適用される。規則は，他の国際的な法とは異なり，国家だけでなく加盟国の全ての国民に対しても拘束力を持つものであり，加盟国の国内法により実施することを要しない。この点において，規則は実質的に加盟国の国内法と同等のものである。規則のなかで介護保障に関するものとしては，労働者の移動に関して加盟国間の社会給付の調整について定めた規則などがある。

　「指令」は，基本的にそれが達成しようとする目的に関してのみ拘束力を有しており，その目的を達成するために適切かつ必要な手段，すなわち適切な実施措置を講じることは加盟国に委ねられている。指令の名宛人は加盟国であり，加盟国国民ではない。指令の実施に関しては通常一定の期限が付されている。指令のなかで介護保障に関連するものとしては，サービスの自由に関して定めた指令などがある。

　欧州連合の最も基本的な立法手続きである通常立法手続きでは，規則及び指令は欧州委員会（Europäische Kommission）の提案に基づき理事会（Rat）及び欧州議会（Europäisches Parlament）により共同で採択される。

11

これらの機関のうち，理事会は分野ごとに存在し，各加盟国の当該分野の所管大臣により構成される。介護保障政策にかかわりが深いのは，「雇用・社会政策・保健・消費者保護理事会」（Rat „Beschäftigung, Sozialpolitik, Gesundheit und Verbraucherschutz")である。理事会は加盟国首脳等により構成される欧州理事会（Europäischer Rat）とは別のものである。理事会の決定は特定多数決が原則であり，例外的に全会一致が認められる。特定多数とは，欧州委員会の提案に基づく決定の場合には，加盟国の55％以上かつ15か国以上で，それらの国の人口が合計で欧州連合の全人口の65％を以上であるものをいう（2014年11月以降）。次に，欧州委員会は，欧州連合全体の利益を促進するいわば欧州連合の行政府であり，政策執行機関である。欧州委員会は委員長，副委員長（外務・安全保障政策上級代表）及び委員（三者を合わせて27名）により構成される。欧州委員会の委員長は欧州理事会の提案に基づき，欧州議会において議員の多数により選任される。最後に，欧州議会は加盟国国民の代表として直接選挙された議員で構成される。通常の立法手続きにおいて欧州議会は過半数により決定を行う。

　欧州裁判所（Europäischer Gerichtshof）は，欧州連合条約及び欧州連合運営条約の解釈及び適用について，法が遵守されることを確保する。欧州裁判所は，両条約に基づき，連合法の解釈及び派生法の効力に関する決定を行う。欧州裁判所の訴訟手続のなかでも，先決裁定（Vorabentscheidung）手続は社会政策に関連する事項（例えば介護給付に関する加盟国間での調整）に関して特に重要な意味を持っている。それによれば，加盟国の裁判所は，自らの決定に至る際に問題となる連合法の解釈又は派生法の効力にかかわる問題が提起された場合に，自らの判決を下すために必要があると判断するときは，あらかじめ欧州裁判所にその問題についての拘束力のある決定を求めることができる。この結果，加盟国の裁判所は欧州裁判所の解釈を基礎として決定を下すことになるため，連合法の加盟国における統一的な効力及び適用が確保される。ただし，欧州裁判所と加盟国の裁判所とは階層関係にあるのではなく協力関係にある。そもそも加盟国の裁判所が必要と判断しなければ欧州裁判所の先決裁定は行われない。したがって，この仕組みがうまく機能する

第 1 章 ヨーロッパレベルの政策

かどうかは，加盟国の裁判所がどこまで協力的かにかかっている。

　欧州連合は，欧州連合条約及び欧州連合運営条約において与えられた権限の範囲内で活動する。すなわち，欧州連合の権限は，条約において定められた目的を達成するために加盟国から明確に委任された範囲に限られる。共通通商政策やユーロ圏の加盟国のための通貨政策のように欧州連合が排他的権限を有する分野での立法は欧州連合にのみ認められている。これに対して，環境，エネルギー，消費者保護のように欧州連合と加盟国が共有権限を有する分野においては，欧州連合にも加盟国にも立法が認められている。ただし，加盟国の権限は，欧州連合がその権限を行使した場合には存在しなくなる。連合法の本質的な部分は，超国家的（supranational）な性質を有しており，加盟国の国内法に優先する。この点において，連合法は通常の国際法とは異なっている。

　欧州連合による権限の行使は，「補完原則（Grundsatz der Subsidiarität）」及び「比例原則（Grundsatz der Verhältnismäßigkeit）」に沿ったものでなければならない。補完原則によれば，欧州連合の排他的権限に属さない分野では，欧州連合は，当該措置の目的が加盟国のレベルでは十分に達成されず，かつ，当該措置の範囲及び効果からみて欧州連合のレベルでの方がよりうまく達成できる限りにおいて，自ら実施することができる。また，比例原則によれば，欧州連合による措置は内容的にも形式的にも欧州連合条約及び欧州連合運営条約の目的達成に必要な限度を超えてはならない。

　社会保護を促進することは，欧州連合条約において欧州連合の目的の一つとして位置づけられている。しかし，社会保護に関する欧州連合の立法権限は，加盟国間で移動する労働者の社会保障に関する調整等に関するものに限定されている。それらを除けば，社会保護分野での具体的な決定は加盟国に委ねられており，欧州連合の役割は加盟国の活動の支援及び補完とされている。

　なお，2000年に政治宣言として合意された欧州連合基本権憲章第34条は，欧州連合は欧州連合の法並びに国内の法令及び慣習の基準に従って出産，疾病，労災，要介護，老齢及び失業の場合の社会保障給付及び社会サービスへ

13

のアクセスの権利を認め，尊重すると規定している。同憲章は，リスボン条約により法的拘束力を有することとなり，欧州連合では，立法，行政及び司法の全ての局面において同憲章を考慮することが義務づけられている（鷲江，2009：57）。

3　社会保護分野での欧州連合の活動

　欧州連合は社会保護分野において介護に関連する活動を行っている。以下においては，それらの具体的な仕組みをみていくこととする。

（1）　労働者の国際移動と介護給付の調整

　欧州連合運営条約は，欧州連合の目的を達成するため，内部に国境を持たない圏域である域内市場（Binnenmarkt）の創設並びに人・物・サービス・資本の自由移動及び自営業者の開業の自由を定めている。同条約第45条は，欧州連合内での労働者の自由移動について規定しており，雇用，報酬その他の労働条件に関して国籍に基づく全ての差別的待遇の撤廃を求めている。もし，ある加盟国の労働者が他の加盟国に移動し，それまで加入していたものとは別の社会保障制度が適用されることにより，一定の給付が受けられなくなる，あるいは，既に獲得していた受給権又は期待権を失う恐れがあるのであれば，労働者の自由移動が妨げられる可能性がある。このため，同条約第48条は，移動する労働者及びその扶養家族に次のことを保障するシステムを導入することを定めている。その一つは，給付請求権の取得及び維持並びに給付算定のために様々な国内法規定により考慮される全ての期間を通算することである。もう一つは，欧州連合加盟国の領域内に居住する者に対して給付を行うこと，つまり，社会保障の給付を行う給付主体は，それが所在する国以外の加盟国に居住する者に対しても給付を行うことである。このように，同条約第48条に基づくシステムは，労働者の欧州連合内での自由移動が社会保障に対する権利の喪失につながることがないよう，社会保障に関して加盟国で相互に異なる国内制度が存在することを前提にその間の調整を行うもの

第 1 章　ヨーロッパレベルの政策

である。したがって，この調整は加盟国の社会保障制度の統一やハーモナイゼーションを目的とするものではない（Schulte, 2008a：1353）。

　欧州連合運営条約のほかに，派生法である規則 VO（EWG）1408/71及び規則 VO（EWG）574/72は社会保障の給付の調整に関する法（調整社会法，Koordinierendes Sozialrecht）の重要な法源となっている。このうち，規則 VO（EWG）1408/71は実体的な規定を，規則 VO（EWG）574/72は手続的な規定を定めている。[20]

　介護給付の調整に関しては，ドイツのカールスルーエ社会裁判所から提起された先決裁定手続きにおいて1998年に欧州裁判所から出されたモレナール（Molenaar）訴訟[21]の判決が大きな注目を集めた。この争いの一方の当事者はオランダ国籍を有する夫とドイツ国籍を有するその妻であり，もう一方は介護保険の保険者の一つであるバーデン・ヴュルテンベルク州地区疾病金庫（AOK Baden-Württemberg）であった。この夫婦はフランスに居住しているが，夫はドイツで就労しており，ドイツの介護保険の被保険者として保険料を負担していた。また，妻は夫の家族被保険者となっていた。それにもかかわらず，この夫婦は，外国に居住している限りは介護保険の給付に対する請求権を行使することができないと疾病金庫から通告された。そこで，この夫婦は，相当する給付を受けることができない限り介護保険の保険料を負担する義務が存在しないとの決定を求めてカールスルーエ社会裁判所に訴えを起こした。

　この事件において，欧州裁判所は，まず，給付が，法律に規定された要件に基づき受給者に対して行われ，個々の受給者に関するミーンズテストに依存せず[22]，かつ，規則 VO（EWG）1408/71第 4 条第 1 項に掲げるリスクに対応する制度にかかわるものである場合には，同規則の意味での社会保障の給付に該当すると確認した。同規則第 4 条第 1 項には要介護の場合の給付は明示的には掲げられていないが，欧州裁判所は，ドイツ介護保険の給付が同項 a 号に掲げる「疾病の場合の給付（Leistungen bei Krankheit）」に該当すると判断した。ドイツ介護保険の給付は疾病の場合の給付を補完するものであり，また，介護保険は，組織的にも医療保険と結びつけられており[23]，かつ，要介

護者の健康状態及び生活条件を改善するという目的を有することがその根拠となった。

　同規則第19条によれば，当該社会保障の給付を担っている国（以下「担当国」という）以外の加盟国に居住する労働者及びその家族は，担当国の法令に定められた受給要件を満たす場合には，居住国にて当該給付を受給することができるとされている。ただし，当該給付の実施方法は，それが現金給付か現物給付かによって異なる。現金給付は担当国の給付主体により当該給付主体に適用される法令に従って行われる。具体的には，現金給付に相当する金銭が担当国の給付主体から受給権者に対して送金される（「現金給付の輸出（Export von Geldleistungen）」）。これに対し，現物給付は居住国の給付主体により当該給付主体に適用される法令に従って当該給付主体に対して受給権を有する者の場合と同様に行われる。ただし，その費用は担当国の給付主体により負担される。しかし，本訴訟の原告の居住国であるフランスにはドイツ介護保険の現物給付に相当する給付について規定する法令は存在しない。

　ドイツ連邦政府は，欧州裁判所の判例を基に，ドイツ介護保険の現金給付である介護手当は要介護者が要介護に伴う費用を補塡できるようにするものであり，「形を変えた現物給付（Sachleistungssurrogat）」に該当するとの見解を明らかにした。これに対して，欧州裁判所は，介護手当は費用補塡の形態で行われる現物給付とはいえず，規則 VO（EWG）1408/71 の意味における現金給付に位置づけられると判断した。その理由は，介護手当は介護のための具体的な支出とは無関係に定期的に支払われるものであり，その金額は実際の支出額にかかわらず要介護度に応じた額となっており，かつ，その使途が制限されていないことにあった。

　以上のことから，同裁判所は，労働者が居住している加盟国（フランス）に同等の給付が存在しない場合であっても，労働者が就労している加盟国（ドイツ）の管轄保険者から介護手当の支給を受けることができるとした。また，同裁判所は，他の加盟国に居住する労働者が，相当する制度が居住国にないためにドイツ介護保険の費用負担に基づく現物給付が受けられないことを理由として，ドイツで働く当該労働者からの介護保険料の徴収を全部又

は一部免除すべきであると結論づけることはできないとした。さらに，同裁判所の考えでは，労働者を加入させ保険料を徴収する前に当該労働者が給付を制限なく受けることができるかどうかを確かめることは，保険者に義務づけられていない。[27]

欧州裁判所は，ヤオホ（Jauch）訴訟の判決[28]においても，介護手当の支給をオーストリア国内に住所を有する要介護者に限定するオーストリア連邦介護手当法の規定が規則VO（EWG）1408/71に抵触すると判断した。この訴訟の原告はドイツのオーストリアとの国境隣接地域に居住するドイツ人であって，オーストリアで就労したことにより480か月の保険期間を有することから，オーストリアの年金給付を受給していた。この事件では，原告に対するオーストリア連邦介護手当法に基づく介護手当支給の可否が争点となった。この原告は，オーストリア国内に居住していたのであれば，同法に基づく介護手当の受給要件を満たしていた。[29]その場合には，オーストリアの年金・労災保険者が介護手当を支払い，その費用が税を財源として連邦により負担されることになる。しかし，同法によれば，オーストリア国内に居住しない要介護者に対しては介護手当の支給を行わないこととされていた。これに対して，欧州裁判所は，オーストリアの介護手当も，法律により定められた要件に基づき支給されるものであり，また，ドイツの介護手当と同様に疾病の場合の現金給付として位置づけられるものであることから，他の加盟国に居住する者をオーストリアの介護手当の支給対象から排除することはできないとしたものである。

欧州裁判所の別の判決[30]では，ドイツの介護保険の給付として家族等介護者の年金保険料が介護保険により負担されること[31]についても，介護手当の場合と同様に，規則VO（EWG）1408/71が適用されるとの判断が示されている。その理由としては，この給付は，直接的には要介護者を介護する家族等に対して行われるものではあるが，間接的には要介護者がその状況に応じて必要な介護をできる限り有利な条件で受けられることに役立つことがあげられている。

（2） 加盟国活動の支援及び補完

① 社会保護相互情報システム（MISSOC）

　ヨーロッパレベルにおいても社会保護に関する情報を普及するための努力が行われてきている。その代表的なものは，欧州連合加盟27か国及び欧州自由貿易連合（EFTA）加盟4か国（アイスランド，リヒテンシュタイン，ノルウェー及びスイス）における社会保護に関する情報システムである社会保護相互情報システム（MISSOC）である。MISSOCは，欧州委員会の雇用・社会問題・機会均等総局により構築されたものであり，1990年以来，これらの国々の社会保障に関する継続的・包括的な情報交換を可能にしている。MISSOCの提供する情報は，社会保護の各分野における財政，組織，基本原理，給付などに関するものに及んでいる。このシステムのために，欧州委員会の担当部局は，加盟国における社会保障各分野の担当省庁・機関の代表者及び欧州委員会が任命した事務局と共同作業を行っている。MISSOCは比較対象国から出された公式の情報に基づくものであり，この点において欧州委員会の委託に基づき又は欧州委員会とは独立して行われている学術的な比較研究とは異なるものである。

　対象国の国民は，例えば他の国に住むための準備として，他の国の社会保護に関する基本的な情報を獲得し，それを自分の国の社会保護と比較するためにMISSOCを活用することができる。また，研究者や学生は社会保護のシステムや対応策に関する詳細な比較を行うことや社会保護の変遷を調べるためにMISSOCを活用することができる。

　MISSOCからは，対象となる31か国における社会保護の主要分野及び財政に関する300種類以上の情報が12の比較表に整理されて毎年公表されている。このうち，表Ⅰは社会保護の財政を扱っており，表Ⅱから表Ⅻは社会保障の各分野を対象にしている。要介護者を対象にしているのは表Ⅻであり，現行の法的基礎，基本原理，カバーされるリスク，定義規定，適用範囲，受給要件（年齢，加入期間），現物給付（在宅介護，部分入所介護，入所介護，その他の給付），現金給付（在宅介護，部分入所介護，入所介護，その他の給付），自己負担，課税などの項目に分かれている。2004年以降の情報は

第1章 ヨーロッパレベルの政策

MISSOC データバンクに保存されており，誰でも，インターネットを通じて随時必要な情報を引き出し，利用することが可能となっている。さらに，MISSOC 事務局の専門家により MISSOC に基づく分析が行われ，その結果が公表されている（MISSOC-Sekretariat, 2008）。

② 開放型調整方式（OMK）

域内市場における経済統合，世界経済の急速な変化，人口構成の変化などを背景として，今日，加盟国は社会保護に関して共通する改革の必要性に直面している。このため，欧州連合が各加盟国の権限を尊重しつつその改革努力を支援することができる手段が重要となっている。このような観点から，2000年3月のリスボンで行われた欧州理事会では社会保護の分野にも開放型調整方式（OMK）を導入することが決定された（Europäischer Rat (Lissabon), 2000：Texziffer 22 ff., 31）[34]。これにより，各加盟国は，相互に学ぶことができるよう，社会保護の分野におけるそれぞれの国の最も効果的な施策及び戦略に関する情報を他の国に提供することが期待される。この社会保護の分野への OMK の導入は，同じ欧州理事会で示された，今後10年間で「欧州連合をより多くの，より良い雇用とより大きな社会的連帯を伴う持続的な経済成長が可能な世界で最も競争力があり最も活発な知識経済圏域にする（Europäischer Rat (Lissabon), 2000：Texziffer 5)」ことを目的とする戦略（リスボン戦略（Lissabon-Strategie））と関連を有している。

OMK は，法的な手段ではなく政策的な戦略であり，共通の課題に対する対応として欧州委員会の支援の下で加盟国が自発的に協力することを前提とするものである。つまり，OMK は，法を定めることでなく，加盟国間の柔軟ではあるが，しかし，組織された協力を通じて行われる欧州連合の新たな種類の共同作業の一つとして位置づけられる。OMK を適用することにより，欧州全体でのハーモナイゼーションが行われる分野だけでなく，社会政策・保健医療政策のように欧州連合に立法権限がなく加盟国に権限が留保されている分野においても，加盟国間の協力が推進されることが期待される。

OMK は次のようなプロセスを含んでいる[35]。

(i)プロセス全体の方向性を示すために共通目標を設定すること。
(ii)各加盟国が共通目標を達成する観点から講じた施策の進展が適切なものであったかどうかを評価するための指標を設定すること。
(iii)各加盟国が共通目標を達成するために定められた期間における戦略をどのように立てたのかを明らかにする国別報告を準備すること。
(iv)各国の戦略を欧州委員会と加盟国が共同で評価すること。

社会保護の分野では,従来から「社会的包摂」及び「老齢保障」に関するOMKが行われてきた。2005年末に欧州委員会が提出した報告に基づき,2006年3月には欧州理事会が新たな枠組みを決定した(Europäischer Rat (Brüssel), 2006：Textziffer 70)。これにより,「介護」及び「保健医療サービス」に関するOMKを加えた社会保護分野のOMKが,共通の目標及び報告プロセスを有する枠組みの下で実施されることになった。

この枠組みにおいては,まず,社会保護分野のOMKの共通目標として次のことが定められた(Europäische Kommission, 2005b：6)。
(i)適切で,アクセスしやすく,財政的に持続可能で,調整可能で,かつ,効率的な社会保護システム及び社会的包摂のプロセスを通じて,社会的結束及び全ての者の機会の平等を促進すること。
(ii)持続的発展のための欧州連合の戦略を含め,リスボン戦略の目的である「経済成長の強化」及び「より多くの,より良い雇用の創出」の間の効果的な相互作用を促進すること。
(iii)政策の策定,実施及び監視に関するガバナンス,透明性及び利害関係者の参加を改善すること。

また,介護に固有の目標として次のことが定められた(Europäische Kommission, 2005b：7)。
(i)適切な介護へのアクセスを保障すること,その際,要介護となることが貧困及び経済的な自立性の喪失につながらないことを確保すること,並びに介護へのアクセスの不平等に対処すること。
(ii)介護サービスの質を向上させること。国際的な経験を反映した質の基準の実現並びに専門職及び要介護者の責任の強化を通じ,社会及び個人の

第 1 章　ヨーロッパレベルの政策

変化するニーズと要望に介護システムを適合させること。
(iii)適切で質の高い介護の財政的な負担可能性及び持続可能性を確保すること。このため，利用者及びサービス供給者への適切な誘因並びに介護システムと介護施設の間の良好なガバナンス及びコーディネイトにより，健康的かつ活動的な暮らし方，介護部門での適切な人員配置及び合理的な資源活用を促進すること。

介護に関するOMKには，目標と指標を設定すること及びこれらを各国の政策に適用して定期的な評価を行うことが含まれているが，経済・雇用政策分野のOMKで行われているような基準の設定，勧告及びランクづけの実施は予定されていない。

OMKのための指標の検討は，社会保護委員会（Ausschuss für Sozialschutz）の下に設けられた指標サブグループ（Untergruppe „Indikatoren")において行われている。社会保護委員会は，加盟国の高位の官僚をメンバーとするワーキンググループであり，社会保護システムの刷新及び改善に関する欧州委員会と加盟国の間での情報交換を可能にするために，2000年に設置されたものである。また，同委員会を支援するために設置された指標サブグループの役割は，社会保護分野のOMKの枠組みにおいて，共通目標を実現する方向での各加盟国の政策の進展を評価することに用いられる指標を作成することにある。このサブグループにおける検討は，「アクセス」，「質」及び「持続可能性」という三つの目標に対応する指標であって，全ての加盟国に認知され，それゆえに欧州連合全体の評価に用いることができるものを作成することを目的とした。この指標は各国のシステムを比較し，改革のモニタリングを行うための重要な基礎となるものである。このサブグループによる介護及び保健医療サービスに関するOMKの指標の検討は2005年に開始された。社会保護委員会は2006年6月にサブグループの提案に基づき社会保護に関する14の包括的な共通指標と併せて，指標と統計の選定のためのガイドとなる基本的考え方について合意した（European Commission, 2006）。この基本的考え方は，介護に関するOMKの指標設定の道標となりうるものである。ただし，介護に関するOMKに固有の指標の設定はまだ終了し

ていない。

　社会保護の分野において定められた目標を達成するために，各国が行っている政策は各加盟国により，国別戦略報告（Nationaler Strategiebericht）として取りまとめられている。介護に関しては，2006年に初めてこの戦略報告に盛り込まれ，2008年には2回目の報告が行われている。各加盟国で取りまとめられた国別戦略報告の全体的な分析及び評価は，欧州委員会及び理事会により行われ，その結果が共通報告（Gemeinsamer Bericht）として公表されている。共通報告においては，OMKの実施に伴う政策の進展が評価され，優先順位が定められ，加盟国共通の利益の観点から良い実践例及び革新的なコンセプトが特定される。

4　他分野での欧州連合の活動

　社会保護以外の分野における欧州連合の活動にも，次のように介護との関連を有するものが存在する。

（1）　介護事業への国の援助

　欧州連合運営条約の域内市場及び競争に関する規定には，社会保障の給付や財政に影響を及ぼすものがある。そのなかでも，介護サービス事業や介護施設に特に重要な意味を持つ例は「国による援助（staatliche Beihilfe）」の禁止に関する規定である。同条約第107条第1項によれば，「国又は国の財源により付与される援助で，特定の事業体（Unternehmen）又は生産部門を優遇することによって競争を歪め又は歪める恐れがあるものは，加盟国間の貿易に影響を及ぼす限り域内市場と相容れない」とされている。

　欧州裁判所は，機能的な事業体概念を用いることにより，共同（域内）市場における競争を確保するための規定が幅広く解釈及び適用されるように配慮している（Schulte, 2008b：711）。同裁判所の一連の判決によれば，競争法における「事業体」の概念には，その法的形態及び財政方式にかかわりなく，市場において経済活動を行う全ての構成体が含まれる。また，この場合の

「経済活動」とは，特定の市場に財又はサービスを提供する全ての活動をいう（Bär-Bouyssière, 2009：999-1000）。この事業体についての考え方は，例えば民間福祉団体のように利潤獲得動機からではなく保健・福祉分野の活動を行うものにも適用される。また，市場において一般的に行われる見返りを受けることなしに事業体を経済的に優遇するような全ての措置は，その目的とかかわりなく援助に該当すると解されている。援助には，補助だけでなく，税制上の優遇措置，社会保険料の減免，寄付法上の優遇なども該当する。

しかし，2003年に欧州裁判所からアルトマルク・トランス訴訟の判決が出された結果，欧州共同体条約第87条第1項（現在の欧州連合運営条約第107条第1項）の意味における「国による援助」の概念に重大な制限が加えられることになった。それによれば，ある公的な措置が，公共経済的な義務を負った事業体が任務を遂行したことに対する見返りとして行われる財政的な調整とみなされる場合には，当該措置には欧州共同体条約第87条第1項の規定は適用されない。なぜならば，事業体は実質的にはそれによって経済的な優遇を受けたわけではなく，したがって，このような措置は当該事業体に対して他の競争相手よりも有利な競争上の地位を与える効果を持たないからである。同裁判所は，具体的なケースにおいて財政的な調整が次の4条件を満たす場合には「国による援助」には該当しないとの判断を示した。

(i) 当該事業体が現実に公共経済的な任務の遂行を委ねられ，かつ，この任務から生じる義務が明確に定められていること。

(ii) 公共的な任務の遂行によって生じる費用の財政的な補塡額を算定するためのパラメーターが，当該事業体が競争相手に対して有利とならないように予め客観的かつ透明性を持って定められ，公表されていること。

(iii) 当該事業体に対して支出される財政補塡の額が，得られる収入や適切な利益を考慮した上で，義務を履行することによって生じる費用をカバーするために必要な金額を超えないこと。

(iv) 当該公共経済的な任務が委ねられる事業体の選定が，最も少ない費用で当該任務を遂行できる事業体を選定することが可能な公的任務の依頼手続きに沿って行われない場合には，一定の公共経済的な基準を満たす事

業体であって平均的な運営が行われているものが，当該任務を遂行するに当たって必要とするであろうと考えられる費用の分析を基にして必要な補填額の算定を行うこと。

　この判決は近距離公共交通に関する公共経済的な任務を遂行する者に対する財政負担の調整を対象としたものであるが，この判決は介護サービス事業や介護施設などを運営している公益的な民間福祉団体にも当てはまる重要な内容を含んでいる。民間福祉団体には税法上の優遇措置などが与えられている。しかし，この優遇措置の適用に当たって，福祉団体に対して，特別の任務が指示されているわけでも，公共の福祉のための具体的な任務が義務づけられているわけでもない。また，例えば介護施設などの認可を受けることは，特定の活動（入所介護サービスの提供）を行うための前提条件が整備されるだけであって，これによって具体的な任務が義務づけられるわけでもない。

　この判決が出された後においても，事業者に対する援助を欧州共同体条約第86条第2項（現在の欧州連合運営条約第106条第2項）の規定に基づき正当化することは，なお可能であると考えられる（Becker, 2007：174）。同項によれば，「一般の経済的利益のためのサービス」[39]を委ねられた事業者に対しては，欧州連合条約及び欧州連合運営条約の規定，特に競争に関する規定は，それらを適用することが当該事業者に与えられた特別の任務の遂行を法律上又は事実上妨げることのない限りにおいて適用される。また，欧州共同体条約第86条第3項（現在の欧州連合運営条約第106条第3項）によれば，欧州委員会は同条の適用に配慮し，必要な場合には，加盟国に対して適切な指令又は決定を発することとされている。

　欧州委員会は，アルトマルク・トランス訴訟の判決を踏まえて，公共の福祉を目的とした活動の財政に関する法的な明確性及び安定性を最大限確保することを目的として，2005年に決定[40]の発出などを行った。これは，欧州連合が加盟国と協力して，自らの権限の範囲内で競争を損なわない形で，一般の経済的利益のためのサービスがその使命を果たすことができる基礎的条件を整備するという要請に応えようとしたものであった。

（2） 国境を越えた介護サービスの提供・利用

　サービスの自由移動は欧州連合運営条約の定める人に関する基本的自由の一つである。サービスの自由移動には，サービス提供者の国境を越えた活動に関する能動的（aktiv）なサービス自由移動だけでなく，サービス利用者による国境を越えた利用に関する受動的（passiv）なサービス自由移動が含まれる（Herdegen, 2009：302）。欧州連合運営条約の意味における「サービス」とは，物及び資本の自由移動並びに人の自由移動に関する規定の対象とならない限りにおいて，通常は対価を得て提供されるサービスをいう（同条約57条）。開業が他の加盟国において期間の定めなく固定された拠点を基盤として経済活動を行うことを意味するのとは異なり，サービスの自由移動の対象となるのは，サービス提供者が開業先でない他の加盟国で一時的（vorübergehend）に経済活動を行う場合である。欧州連合内においては，他の加盟国の居住者にサービスを提供する者に対するサービスの自由移動の制限は禁止されている。したがって，いずれかの加盟国で開業している者はそこから他の加盟国に向けて一時的なサービスを提供することができる。ただし，公共の秩序，公共の安全及び公衆衛生上の理由により，サービスの自由移動を制限する規定を設けることが認められている。

　サービスの自由移動に関する欧州連合運営条約の規定は，加盟国に直接適用可能なものである。しかし，実際には，この条約の規定だけでは加盟国に残されているサービスの自由移動に関する制限を撤廃することは困難であると考えられる。なぜならば，この場合には欧州裁判所の条約違反手続きにおいて個々のケースごとの処理を行う必要があり，当該国の機関及び欧州連合の機関の双方にとって，極めて複雑でありかつ手間がかかるためである。数多くの制限を除去するためには，国内規定間の調整及び加盟国間の行政協力が必要となる。したがって，派生法を制定することにより初めて，全ての加盟国で問題となる障害が同時に除去され，積極的な対策が実施され，かつ，競争の歪みが除去されうるものと考えられた。

　このような状況を背景として，開業の自由及び加盟国間でのサービスの自由移動のための法的枠組みを整備することを目的とする派生法として，2006

年に「域内市場におけるサービスに関する指令」(46)が制定された。この指令は，前述のリスボン戦略の一部をなすものであり，効果的な域内市場の実現を妨げる法的制限を撤廃することにより，相当の経済的効果をもたらすと期待された（Streinz, Leible, 2008：40）。

　同指令の適用範囲は，欧州共同体設立条約（現在の欧州連合運営条約）によるサービスの自由移動に関する規定の適用範囲よりも狭められており，必ずしも全ての種類のサービスに適用されるわけではない。例えば，保健医療サービスは，それが施設を通じて提供されるものかどうか，各国のレベルでどのように組織され，どのように費用負担が行われているか，公的サービスか私的サービスかということにかかわりなく，この指令の適用対象から除外された。保健医療関係職種に属する者により患者に対してその健康状態を診断し，維持し，又は回復させることを目的として提供されるサービスは，その提供が当該国において国内法により規制の対象となる保健医療職種に委ねられている場合には，「保健医療サービス」に該当するものとされている。(47)また，同指令の適用除外の対象となる「保健医療職種」には，ドイツの場合には，医師，歯科医師，看護師，小児看護師などと並んで，介護専門職である老人介護士（Altenpfleger/in）も含まれるものと解されている。その理由は，介護を受ける高齢者の健康状態を維持することが老人介護士の活動に含まれるとともに，老人介護士の資格がドイツの老人介護法（Altenpflegegesetz）により保護されているからである（Krames, 2008：107）。

　保健医療サービス以外にも，低所得者を対象とした社会住宅，保育，家族及び援助を必要とする者の支援などに関する社会サービスであって，国，国による委託を受けたサービス提供者，あるいは，国により公益的と認められた施設から提供されるものも，同指令の適用対象から除外されている。このような社会サービスには，要介護高齢者の介護，障害者の介護，社会参加サービスが含まれる。また，この場合の国（Staat）には州や地方自治体も含まれるものと解されている（Krames, 2008：113）。しかし，民間事業者により提供される介護サービスには同指令が適用される。

　欧州委員会から2004年に提案された同指令の当初案では，保健医療サービ(48)

スや社会サービスは適用除外とはなっていなかった。しかし，この提案は，ドイツをはじめとする加盟国及び欧州議会の反対により修正を余儀なくされた。反対の理由は，これらのサービスの安全性や質は受け手にとって極めて重要であるにもかかわらず，サービス提供者の母国のサービス担当行政機関が当該提供者の他の加盟国でのサービス提供をコントロールするために必要な加盟国の担当行政機関間での相互協力の前提条件が備わっていないと考えられたことにある（Schulte, 2009b：18-19）。また，これらのサービスに関しては，サービスの受け手と提供者の間での情報の非対称性が存在すること，サービスの費用の多くの部分が公的に負担されること，サービス提供者が需要に影響を及ぼす可能性があることから，その他の一般のサービスとは別の取り扱いを行う必要があると考えられた。

　保健医療サービスに関しては，欧州委員会から2008年7月に「国境を越える保健医療サービスにおける患者の権利の行使に関する指令案」[49]が提案された。欧州委員会は，保健医療サービスの国境を越える提供及び利用に関する欧州裁判所の判決に関連して，保健医療サービスの提供及び利用に関する権利の一般的かつ効率的な適用を保障するため，一層の法的明解性を確保する必要があると考えている。このような判決としては，1998年に出されたデッカー（Decker）訴訟の判決[50]及び，コール（Kohll）訴訟の判決[51]をはじめとする一連の判決があげられる[52]。デッカー訴訟では，ルクセンブルクの医療保険の被保険者がルクセンブルクの眼科医の処方箋により，疾病金庫の事前承認なしに国外（ベルギー）で購入したメガネの費用償還を疾病金庫が拒否したことが問題となった。また，コール訴訟では，ルクセンブルクの医療保険の被保険者の娘がドイツで受けた歯科矯正治療費用の償還を疾病金庫が拒否したことが問題となった。いずれの場合も，欧州裁判所に訴訟が提起され，同裁判所は，他の加盟国で行われた医療給付の費用償還に関して事前承認を必要とすることは基本的自由に抵触するとの判断を示した。

　この二つの判決に関しては，次の2点が重要である。一つは，多くの加盟国に支持されていた医療に対する基本的自由の適用除外が欧州裁判所によって否定されたことである（Becker, 2009：52）。すなわち，同裁判所は，保健

医療サービスをその特殊性にかかわりなく経済的な活動にかかわる事柄であるとした。もう一つは，医療保険が負担しなければならない費用をコントロールするための事前承認の必要性が，欧州裁判所によって認められなかったことである。その後も，欧州裁判所が多くの訴訟を通じてその判例を積み重ねることにより，患者は，母国の医療サービスが医療保険の現物給付として行われている場合であっても，母国の医療保険の負担により他の加盟国において治療を受けられることが明らかにされた[53]。それにとどまらず，母国の医療サービスが税財源による国民保健サービスとして行われる場合にも同様のことが当てはまるとされている[54]。

　2008年の指令案が目指すのは，これらの判例を基にして患者が必要とする医療を他の加盟国においても受けられるような，国境を越えた保健医療サービスの利用に関する透明性ある枠組みを構築することである。このためには，こうした国境を越えた保健医療サービスの利用が不当に妨げられることなく，サービスが安全でかつ質が高く，また，その費用の償還手続きが明瞭かつ透明なものでなければならない。このため，指令案は，他の加盟国で行われた保健医療サービスの費用償還請求に関して十分な透明性を確保することや，質が高く安全で，かつ効率的な保健医療サービスの提供のために必要な条件を整えることを目的としている。ただし，介護サービスがこの指令にどの程度取り込まれるかについては現時点では必ずしも明らかではない。なぜならば，ドイツのように介護給付をこの指令の適用範囲に含めることに反対している国がある一方で，賛成している国もあるからである（Schulte, 2009b：18-19）。

　なお，欧州連合運営条約第168条第7項によれば，保健医療政策の決定並びに保健医療の組織及び医療サービスに関しては加盟国が責任を持っている。しかし，欧州連合が，サービスの自由移動のように保健医療政策以外の分野において基準を定めることにより，各加盟国に自国の保健医療システムを当該基準に適合させる義務を負わせることは可能である。

（3） 介護専門職資格の相互承認

　加盟国間での人及びサービスの自由移動に対する障害を除去することは欧州連合の活動目的の一つとなっている。この目的を達成する上で，ある加盟国で職業資格を得た者が他の加盟国で自営業又は被用者として当該職業を行えるようにすることは重要な意味を持っている。このため，欧州連合運営条約第53条第1項は，欧州議会及び理事会がディプロム，試験合格証明書その他の資格証明書の相互承認に関する指令を制定するものと定めている。

　2000年3月にリスボンで開催された欧州理事会での議論を受けて同年12月に欧州委員会から出された「サービス分野に関する域内市場戦略（Binnenmarktstrategie für den Dienstleistungssektor）」では，欧州連合内での国境を越えたサービス提供を一つの加盟国内でのサービス提供と同程度に容易なものにすることが目的とされた（Europäische Kommission, 2000：1）。さらに，2001年3月にストックホルムで開催された欧州理事会においては，職業資格の認定に関して，統一的で透明性があり，かつ，柔軟な仕組みを2002年に提案することが欧州委員会に委ねられた。

　このような背景の下で，2005年9月に制定された「職業資格の承認に関する指令」は，ある加盟国で職業資格を取得した者に対して，他の加盟国においてその国の国民と同じ条件で同じ職業に就き，職業活動を行う保証を与えている。ただし，この場合においても，その国が，職業に就き，職業活動を行う者に対して差別的でない職業遂行上の条件を定めることは，それが客観的に正当化されるものであり，かつ，必要性に応じた適度なものである限りにおいて認められている。同指令は，前述の「域内市場におけるサービスに関する指令」及び「国境を越える保健医療サービスにおける患者の権利の行使に関する指令案」と並んで「サービス分野に関する域内市場戦略」の一部をなすものである（Schulte, 2009b：21）。

　「職業資格の承認に関する指令」においては，職業に関する次の三つの区分が設けられ，それぞれに異なる規定が適用されている。

　(i)その養成教育に関してヨーロッパレベルでの統一された最低基準が適用される職業（医師，看護師，歯科医師，獣医師，助産師，薬剤師及び建築

士）
(ii)同指令の付表Ⅳに掲げる手工業，商業などに関する職業
(iii)上記(i)，(ii)のいずれの区分にも属さない職業

　介護職は，このうちの(iii)に該当する。この(iii)に該当する職業に対しては，同指令が定める「養成教育修了証明書（Ausbildungsnachweis）の承認に関する一般規定」が適用される。これらの職業に関しては，各加盟国が，自国の領域において提供されるサービスの質を確保することを目的として，必要とされる資質の最低基準を定めることが認められている。ある加盟国で職業資格を取得した者が他の加盟国で規制の対象となっている当該職業を行おうとする場合には，当該他の加盟国の担当官署に申請し，承認を受けなければならない。その際には，その者に対して，当該取得した職業資格に係る養成教育の内容に関する情報などの提出が求められる。それを基に，担当官署は，資格取得国において当該職業が規制の対象になっているのかどうか，申請者の保有する資格が同指令の定める区分のいずれに相当するか，当該資格に係る養成教育の内容に両国の間で重要な違いがあるかどうか，あるとすれば，重要な違いは申請者が実務経験を積んだこと，又は追加的な教育を受けたことにより埋め合わせられているかどうかなどを審査する。この審査の結果に基づき，担当官署は申請者の資格を認めるか，認めないかの決定を行う。ただし，認めないとの決定は，例えば申請に係る職業と，取得した資格に係る職業が異なるなどの例外的な場合にのみ可能である。当該資格に係る養成教育の内容に両国の間で重要な違いが存在し，かつ，実務経験などでその違いが埋め合わせられない場合には，申請者は適性試験の受験又は補充教育の受講を求められることになる。例えば，オーストリアにおける社会介護職（Sozialbetreuungsberuf）資格について定めた州法の一つであるウィーン社会介護職法（Wiener Sozialbetreuungsberufegesetz）第16条においては，他の加盟国で取得した資格の取り扱いに関してこれに沿った規定が定められている。

　これに対して，①に区分される医師，看護師などの職業の資格に関しては，ヨーロッパレベルで統一された最低基準を満たす養成教育の修了証明書が，他の加盟国によって自動的に承認される仕組みが取られている。具体的には，

これらの職業資格に関しては、同指令が定める養成教育に関する最低基準を満たし、かつ、当該職業に就くことを認める同指令別表Ｖに掲げる養成教育修了証明書に対しては、他の加盟国で当該職業活動を行うに当たって、当該他の加盟国で交付された養成教育修了証明書と同じ効力が与えられる。したがって、他の加盟国の担当官署が、このような養成教育修了証明書を所持する者について、その者が受けた養成教育の内容を改めて審査すること、また、そのために終了した養成教育の内容に関する詳細な情報提供を求めることは許されない（Europäische Kommission, 2005a：31）。

看護師の養成教育に関するヨーロッパレベルでの統一的な最低基準は同指令第31条において定められている。その重要な点は次のとおりである。

(i) 10年間の一般的な学校教育を修了していることが養成教育開始の条件となっていること。

(ii) 3年間又は4600時間の理論的な授業及び実習を含むこと。このうち、理論的な授業が3分の1以上、実習が2分の1以上を占めること。

(iii) 定められた看護、医学に関する基礎知識及び社会科学に関する授業並びに看護に関する実習を含んでいること（表1-1）。

この指令に従って、例えば、ドイツの看護師養成教育について規定する看護法（Krankenpflegegesetz）第2条第4項は、他の加盟国の看護師に関する養成教育証明書（例えば、1994年1月1日以降に交付されたオーストリアの看護師免許（Diplom als Diplomierte Gesundheits- und Krankenschwester））を提示した者は、ドイツにおいて看護法の定める時間の養成教育を修め、国家試験に合格した者とみなすとしている。

また、他の加盟国での資格取得者の資格を承認し、受け入れる国は、その者に対して自国において当該職業に就くために必要な語学力を求めることができる。ただし、この要求は、当該職業の種類に応じて客観的に必要な語学力の限度を超えてはならないこととされている。語学力の確認は、語学に関する資格証明書の写しを提出させることによって行われている。受け入れ国が資格承認申請者に対して語学試験の受験を課すことはできない（Europäische Kommission, 2005a：43）。

第Ⅰ部　ヨーロッパの介護政策

表1-1　看護師の養成教育プログラム

A. 授　　業		
a. 看　　護	b. 医学に関する基礎知識	c. 社会科学
・看護に関する職業と倫理 ・保健学と看護の一般原則 ・次の事項との関連における看護の原則 　①医学一般及び医学的な専門分野 　②外科学一般及び外科学的な専門分野 　③小児看護及び小児科学 　④妊産婦・乳児看護 　⑤精神障害者看護及び精神医学 　⑥高齢者介護及び老人病	・解剖学及び生理学 ・病理学 ・細菌学，ウイルス学，寄生虫学 ・生物物理学，生化学，放射線学 ・栄養学 ・保健 　①予防 　②保健教育 ・薬理学	・社会学 ・心理学 ・行政の基本概念 ・教育学の基本概念 ・社会・保健立法 ・職業資格法
B. 実　　習		
・次の分野における看護 　①医学一般及び医学的な専門分野 　②外科学一般及び外科学的な専門分野 　③小児看護及び小児科学 　④妊産婦・乳児看護 　⑤精神障害者看護及び精神医学 　⑥高齢者介護及び老人病 　⑦訪問看護		

注：この表は，看護師の養成教育に最低限含まれていなければならない科目を示したものである。
出典：著者作成。

（4）　介護労働者の国際移動

　欧州連合運営条約第45条に基づき，欧州連合加盟国の国民は欧州連合の領域内で労働者としての自由移動の権利を有している。ただし，2003年の欧州連合加盟条約で2004年に新規加盟した国のうち，エストニア，ラトビア，リトアニア，ポーランド，スロバキア，スロベニア，チェコ及びハンガリーの国民にはこの権利が限定的にしか認められていない。同様のことは2007年に新規加盟したブルガリア及びルーマニアにも当てはまる。2003年の欧州連合加盟条約では労働者の自由移動に関して最長で7年間の経過期間を設けることが認められている。それによれば，経過期間は次の3段階から構成されている（Kreuzer, Storr, 2008：132）。

(i) 当初の 2 年間（2006年 4 月30日まで）は，従来からの加盟国は新規加盟国の国民に自国の労働市場をどの程度開放するかを自ら決定することができる。
(ii) 前記 2 年間の経過期間の後は，加盟国は欧州委員会に通告の上，自国の労働市場へのアクセスを制限する措置をとることができる。
(iii) 最長 7 年間が経過するまでに，労働者の自由移動を完全に認めなければならない。

　ただし，2004年に新規加盟した国であっても，キプロス及びマルタについては欧州連合への加盟と同時に労働者の自由移動が完全に認められている。
　2009年 5 月現在での欧州委員会のまとめによると，2004年より前の欧州連合加盟国15か国のうちで，2004年新規加盟国に係る労働者の自由移動に制限を設けている国はドイツ及びオーストリアの 2 か国であり，ブルガリア及びルーマニアに係る労働者の移動の自由に制限を設けている国はドイツ及びオーストリアを含む 9 か国となっている。例えば，ドイツやオーストリアにおいて新規加盟国の出身者が要介護者個人の家庭に雇われて不法に介護に従事する事態が生じている背景には，このような労働者の自由移動に関する制限が設けられている状況がある。

5　欧州連合と欧州自由貿易圏との関係

（1）　欧州経済領域

　1994年 1 月に「欧州経済領域（Europäischer Wirtschaftsraum）に関する条約（以下「EWR 条約」という）」が発効した。欧州経済領域は，欧州連合加盟国と，スイスを除く欧州自由貿易圏（EFTA）加盟国で構成されている。この条約は，欧州連合及びその加盟国と欧州自由貿易圏加盟国との間で，域内市場と同様の関係を作り出すことを目的としている。スイスは他の欧州自由貿易圏加盟国と同様に，当初はこれに参加する予定であったが，国民投票の結果を受け参加しないことになった。

この条約は、主条約のほか、主条約を補完・明確化する議定書（Protokoll）及び欧州経済領域に適用される欧州連合の派生法を盛り込んだ附属書（Anhang）から構成されている。この条約により、欧州経済領域に参加している欧州自由貿易圏加盟国の国民は、人の自由移動及びそれに関連する社会保障の調整に関する法の適用に際して、欧州連合加盟国国民と同等の地位が与えられている。例えば、EWR条約第29条は欧州共同体設立条約第42条（欧州連合運営条約第48条）を雛形として、社会保障給付の受給権の取得及び給付額の算定にかかわる期間の通算並びに他の締約国に居住する者への社会保障給付の支払い（いわゆる「給付の輸出」）について定めている。これを受けて、EWR条約の附属書Ⅵにおいては、社会給付の調整に関して定める欧州連合の派生法である規則VO（EWG）1408/71及び規則VO（EWG）574/72が欧州経済領域にも準用されている。また、EWR条約第30条により、労働者及び自営業者が就労を開始し、実施することが容易となるよう、締約国が職業資格の相互承認に関して必要な措置を講じることとされている。これを受けて、EWR条約の附属書Ⅶにおいては、職業資格の相互承認に関して定める欧州連合の指令が欧州経済領域にも準用されている。

（2）　欧州連合とスイスとの間の協定

前述のEWR条約は、域内市場類似の関係を作り上げることを通じてスイスを除く欧州自由貿易圏を欧州連合のシステムに近づけ、人、物、サービス及び資本の自由移動を伴う巨大な自由貿易圏を創設するものである。一方、スイスは、国民投票で欧州経済領域への参加が拒否されたことから、1999年に七つの分野（人の自由移動、陸上交通、航空交通など）ごとの条約を欧州連合及びその加盟国との間で締結した。この条約においては、自由移動を段階的に作り出すことに留意した経過措置が設けられている（Herdegen, 2009：50-51）。そのうちの一つである人の自由移動に関する協定（以下「自由移動協定」という）は、欧州連合加盟15か国による批准の後、2002年に発効した。それ以降、人の自由移動とそれに関連する社会保障の調整に関する規定は一定の変更と経過措置を伴って欧州連合とスイスとの間にも適用されている。

自由移動協定は、欧州連合内で適用されている規定を基に人の自由移動を実現するものである。この場合、欧州連合加盟国及びスイスの全ての国民は、それぞれの位置づけ（労働者、自営業者、サービス供給者等）に応じた自由移動の権利を有する。

自由移動協定は主条約と附属書（Anhang）から成り立っている。このうち主条約の第8条は、欧州共同体設立条約第42条（欧州連合運営条約第48条）に準拠して、社会保障給付の受給権の取得及び給付額の算定にかかわる期間の通算並びに給付の輸出など五つの原則により社会保障の調整を行うことを規定するとともに、その詳細を附属書IIにおいて定めている。また、同附属書においては、規則VO（EWG）1408/71及び規則VO（EWG）574/72など調整の基準となる欧州連合の派生法が準用されている。これらにより、欧州連合加盟国で適用されている調整システムがスイスとの間にも適用されている。同附属書には、このほかにスイスに関する補足及び例外が定められている。介護給付に関連する重要な例外措置は、保険料に依拠しない「特別の給付（Sonderleistung）」を他の締約国への「現金給付の輸出」義務の例外としていることである。その背景には、このような給付は、将来に給付受給者となる者が負担する保険料によって賄われているわけではなく、また、給付を行う国の経済的・社会的な状況に応じて行われることがある（Kieser, 2008：26）。スイスの老齢・遺族保険及び障害保険による介護手当は、この「特別の給付」に該当することから、スイス以外の締約国に居住する受給権者には支給されない。

また、自由移動協定第9条により、労働者及び自営業者が就労を開始し、実施することが容易となるよう、締約国が職業資格の相互承認に関する措置を講じることとされている。これを受けて、自由移動協定の附属書IIIにおいては、職業資格の相互承認に関して定める欧州連合の指令がスイスとの間にも準用されている。

なお、2001年にはスイスと他の欧州自由貿易圏加盟国との間で、「欧州自由貿易圏設立条約の改正に関する条約」が締結され、自由移動協定の規定は基本的にスイスとアイスランド、リヒテンシュタイン及びノルウェーとの間

にも適用されることになった（Maurer et al., 2009：59）。

6　各国への影響

　介護保障に関する制度は，ヨーロッパにおいても基本的に各国の国内制度として定められ，各国において独自の発展を遂げてきた。その一方で，超国家的な性質を有する欧州連合の権限は介護保障を含む社会保障に関連する分野においても近年拡大している。しかし，このような欧州連合の権限の拡大は，前述のように域内市場や競争，労働者，サービスの自由移動などに関連した領域においてみられるものであり，その対象は限定的な範囲にとどまっている。社会保障分野において最も重要な欧州連合の立法は，従来どおり加盟国の国内制度である社会給付制度の調整に関するもの（調整社会法）となっている。このように，社会保障分野において欧州連合は包括的な権限を有しているわけではなく，具体的な決定は依然として加盟国に委ねられている。すなわち，社会保障分野での欧州連合の役割は，加盟国の活動の支援及び促進が中心となっており，全体としてみれば控えめな印象を与えるものにとどまっている。

　欧州連合と加盟国とのこうした関係には，近年においても大きな変化はみられない。また，欧州連合が新たな社会給付を創設することや加盟国の社会保障制度の調和を図ること（ハーモナイゼーション）に関する包括的かつ独自の権限を持つべきであるとの主張は聞かれない。現時点では，社会保障制度の在り方に関する基本的な決定はヨーロッパレベルではなく各国レベルで行われるべきであるとの考え方が支配的であるといえる（Becker, 2006：13）。

　一方，欧州統合が進められるなかで，社会保障の分野でも加盟国に共通の進展がみられることは否定できない。このような進展は，各国の社会保障制度に関して適用される法的拘束力のある基準が定められることによりもたらされたわけではない。むしろ，その原因の一つとしては，各加盟国の社会保障が共通する問題に直面していることがあげられる。各国の社会保障が直面

する最も重要な共通課題は人口学的な変化である。各国の社会保障制度の間には明らかな差異が存在しているが，それにもかかわらず人口学的な変化は全てのヨーロッパ諸国の社会保障制度に類似の問題を投げかけている。つまり，全ての国の社会保障制度は人口構成の高齢化と人口減少という二重の変化による影響を免れることができない状況にある。

　もう一つの原因としては，各国が自国の制度を企業にとってより魅力的なものとすることを競い合う，いわゆる「システム競争（Systemwettbewerb）」の結果として，社会保障制度を社会経済情勢の変化に適応させることを求める圧力が高まっていることがあげられる。「システム競争」が起こる背景としては，人・物・サービス・資本の自由移動が保障される中で，ある加盟国の経済主体が他の加盟国に移動することにより，それまで所在した国の法規定の適用を免れることができる可能性が高まっているという状況がある。企業により重い負担を課す社会保障制度は企業の国際競争力を弱めることから，そのような社会保障制度を有する国の立地場所としての魅力は，他の国との比較において低下する恐れがある。そうなれば，例えば企業の生産拠点がそのような国から他の国に移転することにより，国内雇用の減少，失業者の増加などの問題が生じることが危惧される。このため，各加盟国は，社会保障に関する政策においてもこのような意味でのシステム競争への影響を考慮せざるを得なくなっている。

　近年，ヨーロッパにおいては，介護保障をはじめ社会保障に関する比較が盛んに行われている。もちろん，他国における制度や改革の取り組みを単純に自国に取り入れることができるわけではないが，他国における社会保障の状況や改革の成果を比較の視点からみることは，自国の政策を考える上で重要であると考えられるようになってきている。また，欧州連合も，いわゆるOMKの導入等を通じて加盟国間での比較を促進する役割を果たしている。しかし，このような比較から自国の社会保障制度改革の可能性に関してどのような結論を導き出すかは，欧州連合ではなく依然として各国の判断に委ねられている。つまり，社会保障の制度設計や改革の方向性に関してはヨーロッパレベルでの統一的な議論が行われているわけではない。

第Ⅰ部　ヨーロッパの介護政策

　欧州連合によるOMKなどの取り組みが，各加盟国間での社会保障制度の違いを縮小させ，それらを一定の範囲に収斂させることにつながるかどうかを現段階で断言することは困難である。その重要な理由の一つは，社会保障に関する各国の改革の進展には分野ごとに大きな違いがみられることである。老齢保障の分野では加盟国の間に共通する改革の方向性が見出せる。例えば，公的な給付制度における保険料と給付との関連性を強めること，賦課方式の財政システムを積立方式により補完すること及びそれにより重層的な保障モデルを実現することなどである。これに対して，介護保障の分野では，次章で後述するように，各国における制度の在り方と改革の方向は極めて多様である。

注
(1)　欧州連合においては2009年末現在で23か国語が公用語となっている。これらの言語間の優先順位は存在しない。本書においてはドイツ，オーストリア及びスイスの間の比較検討が重要な構成部分となっており，この3か国の公用語又は公用語の一つはドイツ語であることから，欧州連合関係の用語は基本的にドイツ語で表記することとした。また，欧州連合に関する条約，規則，指令などに関する記述は基本的にドイツ語版を基礎としている。
(2)　欧州連合の前身となる欧州経済共同体は，1957年に締結された欧州経済共同体設立条約（Vertrag zur Gründung der Europäischen Wirtschaftsgemeinschaft）に基づき設立された（1958年発効）。1992年に欧州連合条約（Vertrag über die Europäische Union），いわゆるマーストリヒト条約が締結されたことにより欧州連合が発足することになったが（1993年発効），欧州経済共同体は，「欧州共同体（Europäische Gemeinschaft）」と改称され，欧州連合を構成する一つの柱として存続した。2007年に締結されたリスボン条約により，欧州共同体は廃止され，欧州連合自体に引き継がれることになった（2009年発効）。本書で用いる「欧州連合」は，欧州連合発足までの時期に関しては「欧州経済共同体」を指し，リスボン条約発効までの時期に関しては「欧州共同体」を含む欧州連合全体を指す。
(3)　Convention concerning Minimum Standards of Social Security, C102, 1952.

(4) European Code of Social Security, Strasbourg, 16. IV. 1964.
(5) 例えばドイツでは，要介護のリスクに対する社会給付は，長年，戦争犠牲者援護，労災保険，社会扶助等において特定の原因及び対象者に限って行われてきた。一般的な要介護のリスクに対する社会的な保障は，1995年に介護保険が導入されて初めて実施されることになった。
(6) 閣僚委員会は，欧州評議会の意思決定機関であり，加盟国の外相で構成される。閣僚委員会は年1回会合を開催し，条約や協定，勧告の採択，予算承認等を行う。
(7) この勧告の原文では，Dependence（依存）という用語が用いられている。Dependenceとは，身体的，精神的及び知的な自立性を欠いている，あるいは，自立性が減少していることを理由として，通常の日常生活活動を送るなかで重要な支援・援助を必要とする状態と定義されており（同勧告パラグラフ1.)，本書でいう「要介護」に相当する。
(8) Council of Europe, Committee of Ministers, Recommendation No. R(98) 9 of Committee of Ministers to Member States on Dependence (Adopted by the Committee of Ministers on 18 September 1998 at the 641st meeting of Ministers' Deputies).
(9) European Social Charter (revised), Strasbourg, 3. V. 1996, ETS 163.
(10) 欧州連合の概要に関する以下の記述は，基本的に2009年12月のリスボン条約（Vertrag von Lissabon zur Änderung des Vertrags über die Europäische Union und des Vertrags zur Gründung der Europäischen Gemeinschaft, ABl. Nr. C 306/1 vom 17. Dezember 2007）発効後の状態を前提としている。
(11) 欧州連合条約（Vertrag über die Europäische Union, ABl. C 115/13 vom 9. Mai 2008）は欧州連合の目的，基本原理，組織の骨格などを定めているのに対して，欧州連合運営条約（Vertrag über die Arbeitsweise der Europäischen Union, ABl. C 115/47 vom 9. Mai 2008）は個別の分野における欧州連合の活動や欧州連合の組織の具体的な機能などについて定めている。
(12) 欧州委員会の提案は，理事会又は欧州議会のどちらかが承認しない場合には採択されない。
(13) 欧州理事会は，加盟国首脳（国家元首又は政府の長），欧州理事会議長（いわゆる「EU大統領」），欧州委員会の委員長から構成される。欧州理事会は，欧州連合の発展に必要な刺激を与えるとともに，欧州連合の一般的な政策目標の設定と政策的な優先順位を定める。

⑭　欧州委員会の構成員数は2014年11月から加盟国数の3分の2に相当する数になる予定である。欧州委員会を補佐するため，各委員の元に総局及びその他の部局が置かれている。このうち介護保障政策に関連する部局としては，雇用・社会問題総局及び保健・消費者保護総局があげられる。

⑮　欧州議会の総議席数は736（2009年7月現在）である。国別の議席配分は各加盟国の人口数を反映したものとなっている。

⑯　この場合に，加盟国の裁判所が上訴を許さない最上級の裁判所である時は，当該裁判所は欧州裁判所に拘束力のある解釈を必ず求めなければならないとされている。

⑰　ただし，連合法の優先適用の対象とならない欧州連合非加盟国あるいは非加盟国国民との関係において当該国内法の規定はなお適用可能である。

⑱　欧州連合においては「社会保護」の用語は，その財源が税又は社会保険料によるのか，管理運営が公的又は私的に行われるのかにかかわりなく，疾病及び母性，老齢及び障害，労働災害及び職業病，失業などのリスクに対する社会的な保障制度及び社会扶助制度を含んでいる（Eichenhofer, 2006：23）。

⑲　Charta der Grundrechte der Europäischen Union, ABl. C 364/1 vom 18. Dezember 2000.

⑳　2010年5月1日からは，規則VO（EWG）1408/71及び規則VO（EWG）574/72に代わって，規則VO（EG）883/04及び規則VO（EG）987/09が適用されている。

㉑　EuGH, Rs. C-160/96 (Molenaar), Slg. 1998, I-843.

㉒　規則VO（EWG）1408/71第4条においては社会扶助が社会保障とは別のものとしてとらえられている。同条が適用されることにより同規則による調整の対象となるのは，社会保障分野の給付だけである。同規則がこのような仕組みをとっている理由は，同規則が欧州共同体設立条約第42条（欧州連合運営条約第48条）に基づき，労働者の自由移動を促進することを目的とするからである（Fuchs, 2005：120）。

㉓　ドイツでは，「医療保険の屋根の下での介護保険」の考え方に基づき，医療保険の保険者である疾病金庫が介護保険の保険者である介護金庫を兼ねている。

㉔　したがって，例えば，ドイツの医療保険の被保険者でフランスに居住する者が医療を受ける場合には，ドイツでの場合とは異なり，給付は償還払いにより行われる可能性があり，かつ，相応の自己負担を負わなければならなくなる。

㉕　EuGH, Rs. 61/65 (Vaassen-Goebbels), Slg. 1966, 583 ff., 607.

㉖　これにより，被保険者が外国にいる場合には介護保険給付の受給権を停止するとするドイツ社会法典（Sozialgesetzbuch）第11編第34条第１項の規定は，連合法の規定に抵触することとなり，被保険者が他の欧州連合加盟国にいる場合には同規定は適用されないことになった。

㉗　そもそも，給付が受けられるかどうかは対象リスクが発生した時点で受給要件を満たすかどうかにかかっているわけで，保険料支払い時点の状況からは判断できない。特に労働者の居住地は保険加入後あるいは保険料納付後にも変更される可能性がある。

㉘　EuGH, Rs. C-215/99（Jauch）, Slg. 2001, I-1901.

㉙　オーストリア連邦介護手当法によれば，介護手当を受給することができるのは，国内に住所を有する一般社会保険法（Allgemeines Sozialversicherungs-gesetz）による年金受給者などであって，介護の必要性が一定以上の者（要介護者）である。この介護手当支給制度の詳細については，第５章第２節において後述する。

㉚　EuGH, Rs. C-502/01（Gaumain-Cerri）und C-31/02（Barth）, Slg. 2004, I-6483.

㉛　この年金保険料負担の詳細については，第６章第１節第３項において後述する。

㉜　スイス以外のEFTA加盟国は2000年から，スイスは2002年からMISSOCに参加している。

㉝　MISSOCの比較表は，欧州委員会ホームページ（http://www.ec.europa.eu）において公表されている。

㉞　OMKは，欧州連合の雇用政策においてそれ以前から適用されてきた（Eichenhofer, 2006：268）。

㉟　Europäische Kommission, Beschäftigung und Soziales, Sozialschutz und soziale Eingliederung, Koordinierungsprozess, „Das Verfahren: die Offene Methode der Koordinierung". (http://eu.europa.eu)

㊱　Europäische Kommission, Zusammenarbeiten, zusammen mehr erreichen: ein neuer Rahmen für die offene Koordinierung der Sozialschutzpolitik und der Eingliederungspolitik in der Europäischen Union, KOM（2005）706 endgültig.

㊲　国別戦略報告及び共通報告は，欧州委員会のホームページ（http://ec.europa.eu）において公表されている。

⑶⑻　EuGH, Rs. C-280/00 (Altmark Trans), Slg. 2003, I-7747.

⑶⑼　「一般の経済的利益のためのサービス (Dienstleistungen von allgemeinem wirtschaftlichem Interesse)」という概念は，必ずしも明確なものではない。欧州委員会の見解では，「一般の経済的利益のためのサービス」には，加盟国又は欧州連合により公共の福祉に関する責務と結びつけられた経済的活動が該当する (Voet van Vormizeele, 2009：970-971)。

⑷⑼　Entscheidung der Kommission vom 28. November 2005 über die Anwendung von Artikel 86 Absatz 2 EG-Vertrag auf staatliche Beihilfen, die bestimmten mit der Erbringung von Dienstleistungen von allgemeinem wirtschaftlichem Interesse betrauten Unternehmen als Ausgleich gewährt warden, ABl. L 312/67 vom 29. 11. 2005.

⑷⑴　このほかにも，サービスの自由移動の適用対象としては，放送サービスのようにサービスだけが国境を超える場合がある。

⑷⑵　「開業」には，自然人である自営業者としての活動を開始・遂行すること及び法人たる企業を設立・経営することが含まれる。

⑷⑶　当該活動が「一時的」なものであるかどうかは，時間的な長さだけでなく，頻度，反復性又は継続性も考慮して判断される。また，当該活動を「一時的」なものと性格づけることは，サービス提供に必要な事務所などが存在することを必ずしも排除するわけではない (Holoubek, 2009：713-714)。

⑷⑷　このほか，欧州裁判所は，同条約に明記されていないが，「公共の利益の避けがたい要請」を理由としてサービスの自由を制限する規定を設けることを認めている。

⑷⑸　Erwägungsgrund 6, RL 2006/123/EG.

⑷⑹　Richtlinie über Dienstleistungen im Binnenmarkt, RL 2006/123/EG, ABl. L 376/36 vom 27. 12. 2006.

⑷⑺　Erwägungsgrund 22, RL 2006/123/EG.

⑷⑻　Vorschlag für eine Richtlinie des Europäischen Parlaments und des Rates über Dienstleistungen im Binnenmarkt, KOM (2004) 2 endgültig.

⑷⑼　Vorschlag für eine Richtlinie des Europäischen Parlaments und des Rates über die Ausübung der Patientenrechte in der grenzüberschreitenden Gesundheitsversorgung, KOM (2008) 414 endgültig.

⑸⑼　EuGH, Rs. C-120/95, (Decker), Slg. 1998 I-1831.

⑸⑴　EuGH, Rs. C-158/96, (Kohll), Slg. 1998 I-1931.

第 1 章　ヨーロッパレベルの政策

⒡　その他の訴訟の判決を含め，その概要が，福田・福田（2009：176-180）で紹介されている。
⒢　EuGH, Rs. C-385/99（van Riet und Müller-Fauré）, Slg. 2003, I-4509.
⒣　EuGH, Rs. C-372/04（Watts）, Slg. 2006, I-4325.
⒤　Richtlinie über die Anerkennung von Berufsqualifikationen, RL 2005/36/EG, ABl. L 255/22 vom 30. 9. 2005.
⒥　同指令第11条は，職業資格をそのための養成教育の期間及び水準に応じて最低のaから最高のeまでの5段階に区分している。申請者の保有する資格が受け入れ国で求められる相当資格の区分と同じ，又は，その直近下位の区分に属する場合には，担当官署は申請者の資格の承認を拒否することはできない。
⒦　オーストリアの社会介護職については，第8章第2節を参照されたい。
⒧　同指令別表Vにおいて加盟国ごとに定められた期日以降に交付された養成教育修了証明書は，通常の場合，当該養成教育が同指令の定める最低基準を満たしていることを証明する。
⒨　ABl. 2003 L 236, 1.
⒩　ブルガリア及びルーマニアに関しては，最初の2年間の経過措置は2008年12月31日までとなる。
⒪　Europäische Kommission, Übersichtstabelle zu Politiken der Mitgliedstaaten（Stand: 1. Mai 2009）.（http://eu.europa.eu）
⒫　この問題の詳細については，第9章において後述する。
⒬　Abkommen über den Europäischen Wirtschaftsraum（EWR）, BGBl. 1993 II 266.
⒭　欧州自由貿易圏には2009年現在でスイスのほか，アイスランド，ノルウェー及びリヒテンシュタインの計4か国が加盟している。
⒮　Abkommen zwischen der Schweizerischen Eidgenossenschaft einerseits und der Europäischen Gemeinschaft und ihren Mitgliedstaaten andererseits über die Freizügigkeit, SR 0.142.112.681.
⒯　この介護手当の詳細については，第5章第3節において後述する。

第2章
各国レベルの政策

 ヨーロッパにおいては，欧州連合の役割が拡大しているものの，介護政策に関する具体的な決定は依然として各国に委ねられている。このため，介護保障に関する制度は，各国の国内制度として定められ，各国で独自の発展を遂げてきた。

 この章では，各国レベルでの介護政策の全体像を把握するため，介護に関連して，各国が直面している状況を把握するとともに，それに対応した各国の制度・政策の比較分析を行う。

1 介護を巡る状況

 ヨーロッパ諸国においては，人口の高齢化が今後一層進展するものと予測されている。2004年に欧州連合の加盟国が旧東欧諸国にまで拡大される前の欧州連合加盟15か国（EU15）の多くでは，65歳以上人口が全人口に占める割合は，2008年にはなお16～18%であるが，2050年には25%を超えるものと見込まれている。また，この間に80歳以上人口の割合は多くの国で4～5%の水準から9～11%へと急速に上昇する。もちろん，EU15の中でも，ドイツやイタリアのように2050年における高齢者の割合が他国に抜きんでて高くなる国がある一方で，アイルランドのように他国に比べて低い水準にとどまる国もある。EU15における全体的な傾向としては，概ねこのようなことがいえる。

 一方，旧東欧諸国を中心とする，欧州連合新規加盟国における高齢者の割合は現状ではEU15に比べて低い水準にある。しかし，寿命の伸長，出生率

の低下,国外への移民の増加により,これらの国でも将来的には高齢化の問題がより先鋭化した形で表れる可能性がある。

　寿命の伸長と高齢者の増加が今後数十年間において要介護者数に与える影響については,慢性疾患や要介護の発性率の推移に関してどのような前提を置くかにより見解が分かれている。しかし,いずれにしても,総人口に占める要介護者の割合は今後とも上昇すると見込まれている。例えば欧州委員会の経済・財政総局(DG ECFIN)の推計によると,2004年から2050年の間にEU15における要介護者数は,年齢階級別の要介護者の発生率が変化しないと仮定した場合(不変シナリオ)には2倍程度に増加すると見込まれている(European Commission, 2008:11)。一方,寿命が延びても要介護者として過ごす期間(要介護期間)の長さが変わらないように年齢階級別の要介護者の発生率が低下すると仮定した場合(低下シナリオ)には,この伸び率が30%にとどまる。

　要介護者数の推移のような介護サービスの需要側の要因のほかに,公私の役割分担,在宅介護と入所介護のバランスなどの介護サービスの供給側の要因が,将来の介護費用の推移に影響を及ぼすことになると考えられる。したがって,介護費用に関する将来推計も,前提条件が異なればその結果には大きな違いが生じる可能性がある。例えば,欧州委員会経済政策委員会(Economic Policy Committee)の「人口高齢化と持続可能性に関するワーキンググループ(Working Group on Ageing Populations and Sustainability)」は,年齢階級別の要介護の発生率,フォーマルな介護の比重などに異なる前提を置いて,ブルガリア及びルーマニアを除く欧州連合加盟25か国(EU25)の公的介護支出の推移を推計している(Economic Policy Committee and the European Commission (DG ECFIN), 2006:157-163)。その結果によれば,年齢階級別の要介護発生率に関して低下シナリオを前提とした場合には,公的介護支出のGDP比はEU25平均で2004年の0.9%から2050年の1.3%に上昇する。一方,不変シナリオを前提とした場合には,公的介護支出のGDP比は2050年に1.7%に上昇する。さらに,インフォーマルな介護の受け手が毎年1%ずつフォーマルな介護の受け手に代わる場合には,この値が0.6%ポイ

第2章　各国レベルの政策

表2-1　65歳以上の者の主たる家族介護者の続柄

（単位：%）

	ドイツ	ギリシア	イタリア	ポーランド	スウェーデン	イギリス
子	53.4	55.4	60.9	51.1	40.5	31.6
嫁・婿	9.0	13.9	9.7	13.4	4.5	15.3
配偶者・パートナー	18.4	17.1	10.9	18.2	48.1	22.8
甥・姪	2.8	4.2	8.3	3.0	1.3	4.6
兄弟姉妹	3.0	1.8	2.4	0.9	1.8	3.6
おば・おじ	2.7	1.0	0.6	0.6	0.9	1.5
いとこ	0.7	0.1	0.5	0.9	0.1	1.1
その他	10.1	6.5	6.7	11.9	2.8	19.5

出典：Kofahl, 2008.

ント増加するため，公的介護支出のGDP比は2050年で2.3%となる。EU25の中でも，これまでのところ公的な介護サービスの水準が低く，今後，大幅な拡充を行いたいと考えている国では，介護のための公的支出が大きく上昇することになる。

　インフォーマルな介護の位置づけには国による差がみられるが，今日においても，多くの要介護者が家族とのつながりを持ち，家族による介護を受けている。欧州連合の助成に基づき欧州連合加盟国の八つの大学及び研究機関が2003年から2005年にかけて共同で実施した調査プロジェクトにおいては，[6] 65歳以上の要介護者で，週4時間以上家族による介護を受けている者の主たる介護者である家族を対象とするアンケート調査が実施された（Kofahl, 2008：130-145）。対象国としてはドイツ，ギリシア，イタリア，ポーランド，スウェーデン及びイギリスが選定されており，その特性に大きな偏りがないように配慮されている。この調査の結果によれば，いずれの国においても，主たる介護者としては子の割合が最も大きく，それに次いで配偶者・パートナー，義理の子（嫁及び婿）の順となっている（表2-1）。ただし，スウェーデンでは配偶者・パートナーの割合が子の割合を上回っている。介護を行っている家族の7割以上が女性であり，その平均年齢は50歳を超えている。平均介護時間は週40～50時間程度となっている（表2-2）。家族の介護を引き受けた主な理由としては，いずれの国でも「愛情などの感情的なつながり」をあげる者の割合が最も多く，「社会的な使命」及び「人としての倫理的な

表2-2　要介護者及び主たる家族介護者の属性

	ドイツ	ギリシア	イタリア	ポーランド	スウェーデン	イギリス
要介護者に占める女性の割合(%)	68.5	64.5	71.2	72.8	57.7	69.5
主たる家族介護者に占める女性の割合(%)	76.1	80.9	77.1	76.0	72.0	75.4
要介護者の平均年齢(歳)	79.7	79.5	82.0	78.6	81.3	78.0
主たる家族介護者の平均年齢(歳)	53.8	51.7	53.4	51.0	65.4	54.5
平均介護時間（週当たり平均時間）	39.4	50.8	49.7	44.7	37.6	50.6

出典：表2-1と同じ。

義務」をあげる者の割合がこれに次いでいる。

　このような，家族等により無償で行われるインフォーマルな介護という伝統的な形態は，人口学的な変化をはじめ，社会的・経済的な変化にさらされている。すなわち，高齢世代に属する者であって，その介護を引き受けることができる子供を持つ者は，ますます少なくなっている。未婚，配偶者の死亡，離婚，パートナーとの別離が原因で，一人暮らしとなっている高齢者もますます増加している。また，労働市場の事情により労働者が仕事や居住地を変更しなければならない機会も増加しており，そのために勤労世代に属する者が要介護の家族と離れた場所で生活しなければならず，介護を引き受ける気持ちがあっても実際には介護できなくなっている。こうした変化に伴い，伝統的な形態である家族による介護が今後とも維持できるかどうかが疑問視されている。維持できないとすれば，このような社会的・経済的な変化はフォーマルな介護の比重を高め，介護費用を増加させることになる。

　人口学的な変化は，要介護者を増加させるだけでなく，勤労世代の減少を通じてフォーマルな介護に携わる介護従事者の確保を困難にする。また，介護従事者の給与と社会的評価が低いことや，人員配置が不十分であり過重な労働を強いられることなどが，介護部門の労働者を確保し，定着させることを難しくしている。このような状況を背景として，「生活条件及び労働条件の改善のためのヨーロッパ財団（Eurofound）」は2003年及び2004年にヨーロッパの介護部門での雇用に関する調査を実施した。[7]この調査の主な目的は，

第2章 各国レベルの政策

介護部門における現在及び将来の労働力供給を検証し，介護労働者の質的・量的改善のための方策を把握し，在宅及び入所の部門間，異なる種類の施設間及び国の間での介護労働者の移動の規模について検討することなどにあった。

　この調査から得られた主要な結果は次のようなものである（Eurofound, 2006：18-19）。介護部門は多くの労働者に雇用機会を提供する経済的な重要性を有する雇用分野である。介護はフォーマル及びインフォーマルの形態で行われるため，介護政策はこの両方を対象にする必要がある。介護活動の法的地位が明確でないことが多くのインフォーマルな介護者の労働条件及び介護の質の悪化につながる恐れがある。介護労働者の高齢化が進んでおり，労働条件の改善と新たな介護労働者の確保が特に必要となっている。介護労働者の多くは女性であり，その報酬は低いことが多く，キャリアアップの見込みも少ない。公的，私的及びボランティア部門において，介護労働力の供給を促進するための多くの取り組みが行われてきている。介護の質を確保することは，財政的な実施可能性の改善にとっても重要な意味を持つ。EU15では介護者に対する需要が供給を上回っているが，新規加盟国の中には供給が需要を上回っている国がある。しかし，後者においても長期的にはEU15の場合と同様の状況に直面することになる。介護に対する需要を抑制する政策が多くの国で行われており，そのことは労働力不足を回避するためにも重要な意味を持っている。特に，新規加盟国の介護に関しては，家族がより大きな役割を担っていること，人口高齢化の進展が緩やかであること，介護部門の労働条件がEU15よりも悪いこと，より大きな地域格差が存在することなどの特性がみられる。

　ヨーロッパ諸国の国民の介護に関する考えについては，2007年に欧州委員会が「医療と介護に関するアンケート調査」を実施した。この調査は，欧州連合加盟27か国及び欧州連合加盟候補国であるクロアチアとトルコで計3万人弱の15歳以上の国民にインタビューを行うことにより実施された。この調査からは，次のような結果が得られた（European Commission, 2007：66, 68, 72, 100, 104）。大部分の回答者は，「高齢者に対して必要な在宅介護及び入所

介護が公的に提供されるべきである」との考えや「家族介護者に対して公的な財政支援を行うべきである」との考えに賛同している。回答者の58％は「自分のキャリアをある程度犠牲にしてでも要介護者の近親者が介護を行うべきである」との考えに否定的である。また，回答者の70％は「要介護者が自分で介護費用を負担できない場合には，自分の住宅の処分などを行うべきである」との考えに否定的である。「（介護ホームや在宅介護サービス事業の）介護職が適切に職務を行っている」とする者が過半数を占めるのに対して，半数近くの者は「介護ホームでの介護が満足できる水準にない」としている。「介護職による在宅介護が支払い可能な価格で利用できる」とする者は，回答者の3分の1に過ぎない。

　一人暮らしの親が要介護となった場合の望ましい介護の在り方としては，回答者の30％は「子の一人と同居する」こと，27％は「在宅介護サービス事業者が居宅を訪問し，適切な介護を行う」こと，24％は「子の一人が定期的に居宅を訪問し，必要な介護を行う」ことをあげており，「介護ホームに入所する」こととする者は10％に過ぎない。一方，自分が介護サービスを必要とし，そのために費用を負担しなければならなくなった場合に，回答者の48％は「自分で負担する」，また，32％は「公的主体又は社会保険が負担する」としており，「自分の家族，子又はパートナーが負担する」と答えた者は18％に過ぎない。回答者の半数弱は，将来，自分が必要とする介護を十分に受けられないとすれば，その理由としては「経済的な理由」が考えられるとしている。

　この調査結果からは，要介護者の介護に関しては，家族その他のインフォーマルな介護者よりも，介護サービス確保の面だけでなく，費用負担の面でも，公的主体に対する期待が大きいことがわかる。

2　各国介護保障制度の現状

　第1章で述べたように，欧州連合加盟国等を対象とする社会保護相互情報システム（MISSOC）は，各国からの公式の情報に基づき，介護保障を含む

第 2 章　各国レベルの政策

社会保護の各分野ごとに財政，組織，基本原理，給付などに関する比較可能な情報を一覧表に整理して提供している。また，MISSOC においては各国比較表を補完し，より広範な視点からより包括的かつ詳細な情報を提供するため，1 年に 2 回の頻度で MISSOC-Info が出されている。2006年版 MISSOC-Info には，MISSOC の各国担当者による各国の介護制度・政策に関する報告が盛り込まれている（Europäische Kommission, 2006）。さらに2006年には，当時の欧州連合議長国であったドイツの連邦労働・社会省により，MISSOC による比較表を基に各国の情報を整理した「ヨーロッパ社会コンパス」が作成された（BMAS, 2006）。その目的は，他の国がある問題に対してどのような対応を行っているかを知ることにより，ヨーロッパ社会政策の可能性と限界をより良く認識することにあった。これらの情報等からはEU15及びスイスにおける現行の介護保障制度の概況は次のようにまとめられる。[8]

① 　ベルギー

介護給付は医療保険及び障害保険並びに最低保障制度（公的扶助）の給付として行われている。[9]このほか，地方自治体による追加的な給付もある。医療保険及び障害保険の給付受給者並びに最低保障制度の給付対象者は，[10]日常生活において行わなければならないことを自分では行えない場合に介護給付を受けることができる。給付は現物給付が中心である。給付費用は，医療保険及び障害保険の場合には基本的に保険料で，最低保障制度の場合には税で賄われている。要介護者の自己負担はない。

② 　デンマーク

介護給付は地方自治体による普遍的な保障システムの枠内で行われている。全ての居住者は，健康上の支障により身体の手入れ，家事，その他の必要な行為を自分で行える状態にない場合に給付を受けることができる。給付は基本的に現物給付として行われるが，一定の場合には現金給付が支給される。[11]給付費用は税で賄われている。一時的な在宅介護の場合には収入に応じた自

己負担が求められる。また、入所施設での居住費及び食費（ホテルコスト）は自己負担となる。

③　ドイツ

要介護のリスクに対する保障を行う介護保険制度が存在する。介護給付は基本的に介護保険の給付として行われている。被保険者であって、心身の障害により日常生活活動に継続的に相当程度の援助を必要とする者は、介護保険の給付を受けることができる。給付には現物給付と現金給付がある。給付受給者は、在宅介護の場合には現物給付に代えて現金給付を選択することができる。給付費用は保険料で賄われている。給付受給者の一部負担金は存在しないが、給付上限額を超える部分の介護費用及び入所施設でのホテルコストは自己負担となる。

④　フィンランド

介護給付は地方自治体による保健・社会サービスの枠内で行われている。全ての居住者は、継続的に週1回以上の介護を必要とする場合に介護給付を受けることができる。給付は現物給付が中心であるが、障害又は疾病のある在宅の年金受給者などに対する現金給付も行われている。給付費用は税で賄われている。3か月を超える長期介護の場合には、収入に応じた自己負担が求められる。

⑤　フランス

要介護の高齢者に対して個別自立手当（APA）が支給されている。APAを受給できるのは、国内に居住し、60歳以上で心身の状態により自立が制約されている者である。APAは、介護サービスを利用するために用いることとされており、実質的には現物給付的な性格を有している。APAに必要な費用は税、一般社会税（CSG）などで賄われている。APAの金額は、要介護者の介護に必要な費用から資力に応じた自己負担額を控除することにより算定される。

⑥　ギリシア

　介護給付は障害・老齢保険及び最低保障制度（公的扶助）の給付として行われている。前者の給付を受給できるのは，年金受給者又は被保険者であって常時の介護を必要とする者，後者の給付を受給できるのは，国内に居住する高齢の要介護者である。給付は，現物給付及び現金給付として行われる。障害・老齢保険の給付は保険料などで，最低保障制度の給付は税で賄われている。通常は要介護者の自己負担はない。

⑦　イギリス

　介護給付のうち現物給付（在宅及び入所）は地方自治体による社会サービス及び国による国民保健サービス（NHS）の枠内で行われている。地方自治体によるサービスは全ての居住者を対象にそのニーズに応じて行われる。このほかに，国内に居住する要介護者及び介護者を対象とした各種の現金給付も行われている。これらの給付の費用は主として税で賄われている。サービスの利用に関しては資力に応じた自己負担が求められる。

⑧　アイルランド

　介護給付は，公的給付制度及び社会保険システムにより，現物給付（在宅及び入所）及び現金給付として行われている。現物給付を受給できるのは，居住者であって，在宅介護を必要とする者及び入所介護の費用を賄うのに十分な資力を有しない者である。現金給付の受給要件は現金給付の種類により異なる。特定の現金給付の費用は保険料で，その他の給付の費用は税で賄われている。入所介護の現物給付の場合には，自己負担が求められる。

⑨　イタリア

　要介護者に対して全国一律の現金給付が支給されている。この給付を受給できるのは，居住者であって，日常生活活動に恒常的な援助が必要な者などである。給付額は受給者の要介護度や収入にかかわらず一律である。給付費用は税で賄われている。在宅介護及び入所介護の現物給付は地方レベルで実

施されている。ただし，その内容には地域による大きな違いがみられる。

⑩　ルクセンブルク

　要介護のリスクに対する保障を行う介護保険制度が存在する。被保険者であって，心身の疾病又は障害により定期的に他者の援助を必要とする者は介護保険の給付を受けることができる。給付には現物給付と現金給付がある。給付受給者は，在宅介護の場合には現物給付に替えて現金給付を選択することができる。給付費用は保険料及び税で賄われている。給付受給者の一部負担金は存在しないが，介護給付には上限が設けられている。入所施設でのホテルコストは自己負担となる。

⑪　オランダ

　要介護のリスクは全ての居住者を対象とする「特別の疾病費用のための保険（AWBZ[19]）」による保障が行われている。AWBZによる介護給付を受けることができるのは，長期入院者，高齢者，心身の障害がある者である。中心となる給付は在宅介護及び入所介護の現物給付である。現金給付は，個々の受給者のニーズに応じて設定された個人予算に基づき行われる。現金給付は，その大部分を必要な介護サービスの購入に充てることとされており，実質的には現物給付的な性格を有している。給付費用は保険料で賄われている。18歳を超える者が入所施設に入所した場合には，収入に応じた自己負担が求められる。

⑫　オーストリア

　要介護のリスクに対する保障は，主として，連邦及び州により統一的に支給される介護手当により行われている。全ての居住者は，継続して月50時間以上の援助が必要な場合には要介護度に応じた金額の介護手当を受けることができる。介護手当に要する費用は税で賄われている。介護手当の金額は受給者の収入による影響を受けない。なお，要介護者が必要とする介護サービスの費用を介護手当，年金などの収入により負担しきれない場合には社会扶

助による給付が行われる。

⑬　ポルトガル

　社会保険では保険料等を財源に，最低保障制度では税を財源に，要介護者に対する現金給付が行われている。これらの給付を受給できるのは，障害・老齢・遺族年金及び家族給付の受給者であって，日常生活活動に他者の援助を必要とする者である。このほか，医療保険及びいわゆる「社会福祉活動」が要介護者に対する現物給付を行っている。社会保険及び最低保障制度の給付の場合には受給者の自己負担はないが，「社会福祉活動」の給付の場合には収入に応じた自己負担がある。

⑭　スウェーデン

　介護給付は地方自治体による普遍的な保障システムの枠内で行われている。全ての居住者は，介護を必要とする場合に，在宅介護及び入所介護の現物給付を受けることができる。給付は基本的に現物給付で行われる。給付費用は税で賄われている。一時的な在宅介護の場合には収入に応じた自己負担が求められる[20]。また，入所施設でのホテルコストは自己負担となる。

⑮　スペイン

　社会保険では保険料を財源に，最低保障制度では税を財源に，要介護者に対する現物給付及び現金給付が行われている。社会保険による給付を受給できるのは，継続的に就労不能な被用者であって，日常生活活動に他者の援助を必要とする者である。最低保障制度による給付を受給できるのは，一定の障害又は疾病を有し，日常生活活動に他者の援助を必要とする18歳から65歳までの者である。いずれの場合も受給者の自己負担はない。

⑯　スイス

　介護給付は医療保険，障害保険及び老齢・遺族保険により行われている。介護給付を受給できるのは，医療保険では被保険者であって在宅介護又は入

所介護が必要な者，障害保険及び老齢・遺族保険では健康上の支障により日常生活活動に継続的に他者の援助が必要な者である。介護給付は，医療保険では現物給付として，障害保険及び老齢・遺族保険では現金給付として行われている。給付費用は，前者では保険料で，後者では税で賄われている。医療保険の給付には一部負担が設けられている。また，入所施設のホテルコストは自己負担となる。医療保険等によるこれらの給付を補完する補足給付も行われている。

3　比較分析

（1）　介護政策の展開

　以上のように，ヨーロッパ諸国は，類似する課題や問題点に直面しているにもかかわらず，極めて多様な介護保障制度を発展させてきた。すなわち，要介護のリスクに対する保障が普遍的な保障システムの枠内で行われている国（例：デンマーク，フィンランド，スウェーデン）もあれば，要介護のリスクに対する保障が主として社会保障システムの中の独立した一つの制度で行われている国（例：ドイツ，ルクセンブルク，オランダ）や社会保障システムの中のいくつかの制度で行われている国（例：ベルギー，ギリシア，ポルトガル，スペイン，スイス）もある。さらに，それぞれの制度は，給付の種類（在宅給付又は入所給付，現金給付又は現物給付など），給付要件（受給者の年齢制限，所得制限の有無など），財源（税又は保険料），要介護者の自己負担などを基準としてみると[21]，極めて多様なものであることがわかる。このように，介護保障に関しては現在までのところヨーロッパにおいて中心的な位置を占める単一のモデルは存在しない。このことは，ヨーロッパの介護政策について論じる際の最も重要な点の一つである。

　ヨーロッパ諸国のなかでも，北欧諸国，オランダ及びイギリスでは要介護のリスクに対する社会的な対応が比較的早い時期から行われてきた。例えば，デンマークでは1970年代の初頭に介護システムの基盤が整備され，サービスの包括的な利用が可能となった（Österle, Meichenitsch, 2007：540）。これに

対して，その他の国，例えばドイツやオーストリアにおいては，ようやくこの20年ほどの間に要介護のリスクが独立した社会的リスクとして強く認識されるようになった。多くの国では，90年代から，直面する課題に対応した将来の介護の在り方に関する議論が盛んに行われ，介護政策の見直しや新たな介護保障制度の導入が行われた。

一方，大部分の東欧諸国や南欧諸国では，今のところ介護政策に関するこのような展開はみられない。これらの国々も他のヨーロッパ諸国と同様の人口学的，社会・経済的な課題に直面しており，むしろ中期的にはより深刻な状況になることが予想されている。これらの国の中にも体系的な介護政策のためのプログラムを構想している国があるが，それらは今のところ実施に移されていない（Österle, Meichenitsch, 2007：543-544）。

この20年間に各国で実施されてきた介護政策には次のような共通点がみられる。それは，伝統的に重要な位置を占めてきた入所介護施設に代わって在宅介護サービスの提供に重点を置くこと，家族等によるインフォーマルな介護を支援し，その負担の軽減を図ること及び公的な支援策を拡充するなかで財政支出の増加を抑制することである。

このような共通性が存在するにもかかわらず，前述のように多様な政策プログラムが実施されることになった原因としては，社会保障制度の体系や福祉国家としての位置づけだけでなく，政策目的に対する重心の置き方についても国による違いがあることがあげられる。例えば，エスピン＝アンデルセンの福祉レジーム論によれば，ドイツ，オーストリアなどは保守主義的福祉国家に，北欧諸国は社会民主主義的福祉国家に分類されている（エスピン＝アンデルセン，2001：28-31）。伝統的なリスクである疾病に対する保障については，前者では社会保険が，後者では普遍的な公的サービスの提供が中心となっている。確かに，要介護のリスクに対する保障についても，北欧諸国では公的主体による普遍的なサービスの提供が中心となっているのに対して，ドイツでは社会保険としての介護保険が導入された。しかし，オーストリアでは税を財源とする介護手当が導入され，要介護のリスクに対しては疾病のリスクの場合とは異なる対応が行われた。ドイツとオーストリアでこのよう

な違いが生じた背景の一つには、ドイツでは要介護者の増加に伴い増大する介護費用を国の財政事情にかかわらず安定的に賄うことのできる財源を確保することが重視されたのに対して、オーストリアでは社会保険料負担の増加に伴う労働コストの上昇による国際競争力の低下を避けることが重視されたことがある。

また、オーストリア、オランダ及びフランスにおいては、いずれも要介護者に対する現金給付が導入されたが、これらの現金給付には後述するように使途の制限などに関する重要な相違点が存在する。その背景には、この3か国の間には現金給付により実現しようとする政策目的に関する考え方の違いが存在する。すなわち、オーストリアでは要介護者自身の自己決定と選択を可能にすることが重視されている。これに対して、オランダ及びフランスでは現金給付が必要な介護サービスの利用に確実につながることが重視されている。

(2) 各国の分類

次に、ヨーロッパ諸国における介護保障制度の全体像を把握するため、介護に関する基本的な考え方や制度の重要な特徴を基に各国の分類を行うこととする。

① 家族間の援助義務の在り方

ミラーらがEU15にノルウェーを加えた16か国を対象に行った調査によれば、家族間での世話や経済的な援助に関する民法及び社会保障法上の義務の在り方に応じて対象国は三つのグループに分類される（Millar, Warman, 1996）。北欧諸国（デンマーク、フィンランド、ノルウェー、スウェーデン）では、個人の権利が重視され、家族が法的に援助の提供を求められることはほとんどない。これに対して、オーストリア、ベルギー、フランス、ドイツ、アイルランド、ルクセンブルク、オランダ及びイギリスでは夫婦及び親子の間に法的な義務が存在している。これらの国の中でも、親子に関しては、アイルランド及びイギリスでは親から子への経済的な援助を行う法的義務だけ

第2章 各国レベルの政策

表2-3 経済的な援助及び世話に関する家族間の義務による分類

家族間の義務	国
1　個人自治グループ 　　公的責任が中心	デンマーク，フィンランド，ノルウェー，スウェーデン
2　核家族グループ 　　夫婦・親子間で法的義務が存在	オーストリア，ベルギー，フランス，ドイツ，ルクセンブルク，オランダ
夫婦・親子間で法的義務が存在 　　（親子間の経済的援助は親から子に限定）	イギリス，アイルランド
3　大家族グループ 　　夫婦・親子よりも広範囲の家族間で 　　法的義務が存在	ギリシア，イタリア，ポルトガル，スペイン

出典：Millar, Warman, 1996に基づき著者作成。

が定められているのに対して，その他の国では親から子，子から親への経済的な援助を行う法的義務が定められている。さらに，南欧諸国（ギリシア，イタリア，ポルトガル，スペイン）では，このような法的な義務が夫婦及び親子の間だけでなく，それを超えた，より広範囲の家族（兄弟姉妹など）の間で課せられていることに特徴がある（表2-3）。

　これらのことは，介護に関する家族の基本的な役割にも影響を与えている。このような義務の存在は，必ずしも家族に要介護者の介護を自ら行う責務があることを意味するものではないが，各国の介護政策に様々な形で反映されている。北欧諸国では，社会給付を受けることが国民の法的権利として認められており，包括的な介護が地方自治体による普遍的なサービスとして提供されている。これらの国々では，公私の役割分担についての考え方が介護システムの在り方だけでなく国民の認識にも反映されており，高齢者の介護を行うことは家族の義務とは考えられていない。これらの国々でも実際には家族の中で相当の介護が行われているが，家族による援助はあくまでも社会的な介護システムを補完するものとして位置づけられている。

　一方，オーストリア，ドイツなどでは，介護に関する家族の役割がより強調され，家族が介護の役割を引き受けることに依然として大きな価値が置かれている。例えば，ドイツの介護保険は，家族等による介護及び要介護者による費用負担が行われることを前提に，それを補完して要介護者を支援する

ための基礎的な保障を行うものとして位置づけられている。そのことが顕著に表れるのは介護ホームへの入所の場合である。要介護者が介護ホームに入所した場合に本人が負担しなければならない費用は，介護保険を利用しても相当な高額に上る。このため，介護ホーム入所者の相当数は，この費用を自分では負担しきれず，社会扶助（介護扶助）を受けている[23]。社会扶助が適用されることになれば，要介護者の家族にも一定の負担が求められることになる。

イギリスはこの両グループの中間に位置しているといえる。イギリスにおける給付は，北欧諸国における普遍的な援助の考え方に沿っているが，給付水準はより低いものにとどまっている。また，介護ホーム等に入所した場合にも，入所者の資力に応じた自己負担が求められる。

② インフォーマル介護の位置づけ

要介護者の家庭において家族，知人，友人などにより，人的な関係に基づき無償で行われる介護（インフォーマル介護）は，ヨーロッパ諸国においても今日に至るまで，必要な介護を確保する上で重要な役割を果たしている。しかし，インフォーマル介護が介護全体に占める割合は国によって大きく異なっている。スウェーデン，デンマーク，オランダでは，在宅の要介護高齢者は主として地方自治体や介護サービス事業により提供される在宅介護サービスを利用している。これに対して，フランス，ドイツ，オーストリアでは，介護サービスの利用と並んで，家族，知人などによるインフォーマル介護が重要な役割を担っている（図2-1）。さらに，スペイン，イタリア，ギリシアでは在宅の要介護高齢者は主としてインフォーマル介護を受けている。

このような地域差の存在は，公的な介護サービスの供給水準と家族の世話に関する法的義務とに密接に関連している。つまり，在宅介護サービスの供給が充実している国では，家族や知人によるインフォーマル介護の割合が相当に小さくなっている。また，子が親を援助する法的義務の在り方は子による介護を受けている者の割合に顕著な影響を及ぼしている（Haberkern, Szydlik, 2008：90-91）。パートナー及び子によるインフォーマル介護が行わ

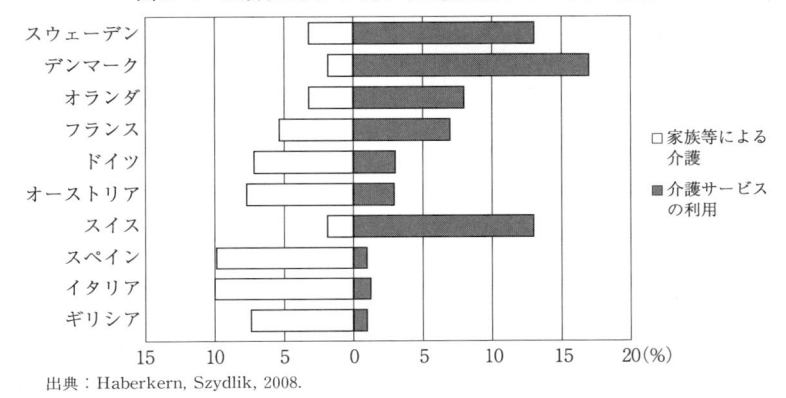

図2-1 65歳以上人口に占める介護を受けている者の割合

出典：Haberkern, Szydlik, 2008.

れているケースだけを取り出してみると，スウェーデン，デンマーク，オランダ，フランスでは，パートナーによる介護を受けている者の割合が60％を超えているのに対して，ドイツ及びオーストリアではこの割合が50％，イタリア及びスペインでは40％となっている。

③ 現金給付と現物給付

　現金給付と現物給付の関係には，時代とともに大きな変化がみられる。1980年代までは，要介護となった場合の公的な援助としては，現物給付が中心となっていた。すなわち，北欧諸国では包括的な入所サービス及び在宅サービスの提供が行われ，また，その他の国では入所施設に入所した場合に要介護者本人が負担しきれない費用が，社会扶助などにより負担されていた。現金給付は一定以上の障害がある者など，限られた範囲の者を対象として実施されていたにすぎなかった。しかし，90年代には現金給付を実施する国が拡大していった。ただし，こうして現金給付が導入された国の中にも，オーストリアやイタリアのように現金給付が介護問題に対する対応の中心となった国もあれば，イギリスやオランダのように既存の現物給付を補完するものとして現金給付が実施された国もある。このような展開を経て，今日では現物給付と現金給付の比重は国によって様々となっている。

第Ⅰ部　ヨーロッパの介護政策

　一般的に，現物給付は要介護者に対する質の保障された介護サービスの提供につながる制度であるのに対して，現金給付は要介護者による選択の自由とサービス利用の拡大につながる制度であるといえる。しかし，一口に現金給付といっても，追求する目的に応じて，支給対象とする要介護者の範囲，支給額の水準，使途制限の有無，所得制限の有無などに関して多様なものが存在する（表2-4）。

　オーストリアの現金給付の場合には，その使途については，法的な制限が設けられておらず，受給者自身の自由な決定に委ねられている。受給者が介護ホームに入所している場合には現金給付はホームの運営者に直接支払われるが，その他の場合には要介護者に支払われ，介護サービスの利用やインフォーマルな介護者への支払いに充てることが可能となっている。イタリアの現金給付にもオーストリアと同様に使途の制限は設けられていない。この両国の現金給付は，対象者の年齢及び所得，要介護の原因などにかかわりなく要介護の存在だけを要件として支給され，その使途が受給者の自由に委ねられている点において，ヨーロッパの中でも最も現金給付本来の形態に近いものとなっている。

　これに対して，オランダのAWBZで実施されている個人予算制度においては，要介護者は必要な援助の種類及び量に応じて定められる金額を自らが選択し，契約を締結して利用したサービスの費用に充てるものとされている。この場合の契約のチェックと現金の管理は社会保険銀行（Sociale Verzekeringsbank）において行われる[24]。ただし，個人予算の中で年額2500ユーロ（2007年現在）までは要介護者自身が自由に使途を決定することが認められている。

　フランスの場合にも，現金給付（APA）は介護サービスの費用に用いることが前提となっている。ただし，要介護者が労働契約を締結することにより配偶者（内縁関係者を含む）以外の親族をホームヘルパーとして直接雇用し，その費用にAPAを充てることも認められる。このように，この両国の現金給付はサービスの利用と直接的に結びついており，その意味において実質的には現物給付に近い性格を有している。

第2章 各国レベルの政策

表2-4 現金給付の比較

	オーストリア	イタリア	スイス	ドイツ	オランダ	フランス
制度の対象者	全居住者	全国民	老齢・遺族保険,障害保険の被保険者	介護保険の被保険者	全居住者	60歳以上の全居住者
給付額(月額)	要介護度に応じて154.20～1,655.80ユーロ[2010年1月現在]	一律に472.04ユーロ[2009年7月現在]	保険制度,在宅・入所の別及び要介護度に応じて228～1,824フラン[2010年1月現在]	要介護度に応じて225～685ユーロ[2010年1月現在]	個々の要介護者に必要なケアの種類と量に応じた金額	(在宅)個々の要介護者ごとのケアプランに応じた金額(要介護度に応じた限度額あり)(入所)要介護度ごとに定められた介護料金
所得制限/所得算入	なし	なし	なし	なし	受給者の収入額に応じて定められた自己負担分を給付額から控除	受給者の収入額に応じて定められた自己負担分を給付額から控除
要介護認定/ニーズ判定	医師による審査	地方自治体による審査	障害保険署(IV-Stelle)による審査	専門審査機関(MDK)による審査	独立委員会(CIZ)による審査	各県の医療・福祉チームによる審査
使途	自由	自由	自由	自由	介護費用に充当(年2,500ユーロまでは使途の制限なし)	介護費用に充当
現物給付(在宅)との関係	現金給付を基にサービスを購入できる	現金給付を基にサービスを購入できる	現物給付と併せて受給できる	現物給付に代わる選択肢(現物給付との組み合わせ可)	現物給付に代わる選択肢(現物給付との組み合わせ可)	現金給付を基にサービスを購入
現物給付(入所)との関係	同上(その場合,現金給付はホームに直接支払われる)	現金給付を基にサービスを購入できる	現物給付と併せて受給できる	ホーム入所の場合は支給されない	ホーム入所の場合は支給されない	同上(その場合,現金給付はホームに直接支払われる)

出典:著者作成。

この二つのグループの中間に位置するのが、ドイツの介護保険による現金給付である。ドイツの場合には、在宅介護の現物給付に代わる選択肢として現金給付が支給されている。要介護者は現物給付と組み合わせて現金給付を受給することも可能である。現金給付の使途に関してはオーストリア、イタリアの場合と同様に制限が設けられていない。しかし、現金給付の支給に当たっては当該要介護者に必要な介護が適切な方法により確保されることが要件となっている。[25]この要件は、家族等によるインフォーマル介護のほか、要介護者が介護者を直接雇用することによっても満たすことが可能である。

一方、現物給付に関しては、ヨーロッパの中でも地域による格差がみられる。デンマークでは65歳以上人口の6％、オランダでは10％が入所施設で暮らしている。[26]この両国においては、入所施設の費用は公的給付として負担されており、入所者自身による負担割合は小さい。イギリスでは65歳以上人口の5％が入所施設で暮らしている。イギリスでは、入所施設の費用は公費及び入所者の自己負担で賄われており、自己負担の額はデンマークやオランダに比べて遙かに高い。[27]家族に費用の一部の負担を求めることは可能であるが、家族に負担義務があるわけではない。ドイツ及びオーストリアでは、イギリスと同程度の割合の高齢者が入所施設で暮らしている。ドイツでは入所施設の費用のうち介護保険により負担されるのは介護費用の一定額までとされている。したがって、介護費用のうちそれを超える部分及びホテルコストは入所者の自己負担となる。また、オーストリアでは、入所者自身が年金収入、介護手当などを基に入所施設の費用を負担しなければならない。一方、イタリアでは、入所施設で暮らす者は65歳以上人口の2％に過ぎない。入所施設の費用のうち医療・介護給付に関するものは公費で負担されるが、ホテルコストは入所者本人又は社会扶助により負担される。

在宅サービスに関しても同様の傾向がみられる。デンマークやオランダでは充実した在宅サービスの提供が確保されている（図2-1）。その費用の大部分は公費により負担されており、要介護者による自己負担は僅かの割合にとどまっている。イギリスでは訪問看護のように国民保健サービスによる在宅サービスとして行われるものは全額公費により行われるが、地方自治体の

表2-5 現物給付及び現金給付のバランス

バランス	国	給付の状況
現物給付志向 ↑↓ 現金給付志向	デンマーク	高水準のサービス提供、現金給付はあまり意味を持たない
	オランダ	高水準のサービス提供、使途が制限された現金給付
	イギリス	中水準のサービス提供、特定のグループ等に対する現金給付
	ドイツ	中水準のサービス提供、現金給付と現物給付の組み合わせ
	オーストリア	中水準のサービス提供、全国的な現金給付
	イタリア	低水準のサービス提供、全国的・地域的な現金給付

出典：Österle, Hammer, 2004に基づき著者作成。

社会サービスとして行われるホームヘルプなどの費用は公費及び利用者の自己負担により賄われている。一方、ドイツでは、在宅サービスの費用の一定額までは介護保険により負担されるが、それを超える部分は自己負担となる。

以上のことから、各国の介護保障制度については、現金給付及び現物給付のどちらに重心を置いたものかによって、表2-5のような整理が可能である。

④ 介護のための公的支出の水準

OECDのデータによると2005年に介護のための公的支出が国内総生産（GDP）比で1.5％を超えるのは、スウェーデン、フィンランド、デンマークなどの少数の国にとどまっている（図2-2）。これに対して、フランス、ドイツ、オーストリアのように、過去20年ほどの間に新たな介護保障制度が導入された国では、介護のための公的支出は国内総生産の1.0から1.5％の範囲内にとどまっている。さらに、旧東欧諸国では、この比率が0.5％を下回っている。

これらの数値に関しては、データ収集上の問題があるため、慎重な取り扱いが必要ではあるが、人口構造の違いだけでなく介護システムの形態（財政構造、フォーマルな介護とインフォーマルな介護との関係など）に関する大きな違いを反映したものとなっていることは確かである。すなわち、最初のグループに属する国では、介護が社会全体の責務として認識されており、包括的な介護サービスが公費により提供されている。2番目のグループに属する国

第Ⅰ部　ヨーロッパの介護政策

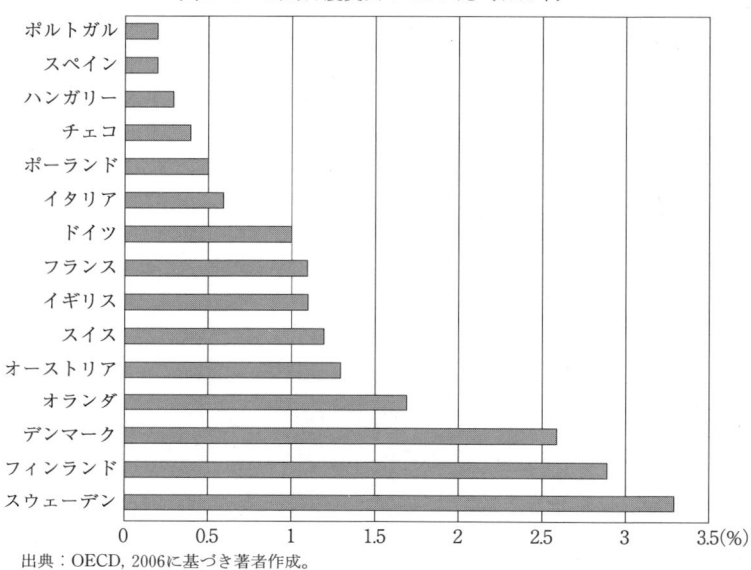

図2-2　公的介護支出のGDP比（2005年）

国	GDP比(%)
ポルトガル	約0.2
スペイン	約0.2
ハンガリー	約0.3
チェコ	約0.4
ポーランド	約0.5
イタリア	約0.6
ドイツ	約1.0
フランス	約1.1
イギリス	約1.1
スイス	約1.2
オーストリア	約1.3
オランダ	約1.7
デンマーク	約2.6
フィンランド	約2.9
スウェーデン	約3.3

出典：OECD, 2006に基づき著者作成。

では、近年において要介護者に対する公的な支援が大幅に拡充されたが、これと併せて家族等による介護が促進されている。3番目のグループに属する国では、包括的な介護システムは未だ確立しておらず、要介護者への支援は低い水準にとどまっている。

　以上の①から④までの検討結果は次のように整理することができる。北欧諸国では、介護に関する公的な責任が重視され、地方自治体により高水準の介護サービスが現物給付として提供されており、家族等によるインフォーマル介護を受ける者の割合は小さい。一方、南欧諸国においては、介護に関する家族の責任が重視され、公的に提供される介護サービスの水準は低く、家族等によるインフォーマル介護を受ける者の割合は大きい。このような状況は、公的介護支出の水準に関する両者の間での大きな違いをもたらしている。ドイツ、オーストリアなどの中欧諸国では、公的介護支出の水準、介護に関する家族の責任の程度、介護サービスの水準及びインフォーマル介護の割合

がおおむね両者の中間に位置しているということができる。現金給付は，公的責任が重視される北欧諸国以外の多くの国で重要な役割を果たしている。ただし，現金給付と現物給付との関係や現金給付の形態（使途制限の有無など）にはそれぞれの国による大きな違いがみられる。

なお，この分類と関連して注目されるのはスイスにおける状況である。スイスにおいては，北欧諸国と同様に介護が地方自治体の責務に属する事柄として認識されており，介護に対する家族の役割は他の中欧諸国の場合のようには強調されていない。このことは，在宅介護サービスを受けている高齢者の割合や，パートナーによる介護の割合が北欧諸国並みであることにも表れている。この背景には，スイスにおいては，地方自治体による高齢者援護の長い伝統があること，比較的早い時期に伝統的な夫婦・家族観に縛られない考え方が広がったことなどがある（Höpflinger, Perrig-Chiello, 2008：234）。

（3） 政策の方向性

第1章で述べたように，介護は，欧州共同体が各加盟国の権限を尊重しつつその改革努力を支援する観点から導入した開放型調整方式（OMK）の対象分野の一つとなっている。OMKでは，適切な介護へのアクセスを保障すること，介護サービスの高い質を確保すること，制度の長期的な持続可能性を確保することが各加盟国共通の目標とされている。2006年に各国からに提出された報告書に基づき，欧州委員会はこの目標実現のために各国で展開されている介護政策の分析を行った（European Commission, 2008：16-35）。この分析に基づき，介護に関するOMKの三つの目標との関連において政策の方向性を次のように整理することが可能である。

① 適切なアクセスの保障

介護へのアクセスが個人の費用負担能力（所得又は資産）に左右されないようにすること，及び要介護となることが貧困や他者への経済的依存につながらないようにすることは，各国における介護政策の重要な目標の一つとされている。各国においては，その国の全ての居住者にアクセス権を認める公

的なサービス供給システムにより，あるいは，保険料納付者及びその家族にアクセス権を認める社会保険システムと保険料非納付者のアクセス権を公的に保障するシステムを組み合わせることにより，介護へのアクセスに関する普遍的な権利，あるいはそれに近い権利が認められている。しかし，現実には，アクセスに関する不平等が残されている。社会保険による保護の対象にならない者が存在すること，特定の種類の介護給付が公的給付制度の対象にならないこと，介護を受けることができるまでの待機期間が長いこと，情報が不足していること，利用手続きが複雑なことなどが，アクセスの平等を妨げる原因として指摘されている。

　国によっては，要介護者に対する医療と福祉の連携の取れたサービス提供が行われないために，必要な介護を継続的に確保することが難しくなっている。また，中央及び地方の行政主体や公私のサービス供給者間での連携・協力が進まないことが，様々なサービス事業間での分断や行政的な障壁をもたらし，要介護者の必要なサービスへのアクセスを阻害する可能性がある。このような連携を図るためには二つの要素が重要となる。一つは，様々なサービスが相互に調整されて提供されることであり，もう一つは，要介護者（患者）の入院療養，在宅介護及び入所介護の各部門間の移行に関して適切なマネジメントが行われることである。このため，例えばドイツでは我が国のケアマネージャーに相当する介護相談員の制度が導入された。

　介護費用の自己負担が高いことも，低所得者にとっては介護へのアクセスを阻害する要因となる。このため，要介護者自身の負担を軽減する措置として，自己負担の免除，所得に応じた自己負担の設定，要介護者への追加的な給付，公的扶助の枠内での低所得世帯への介護費用の公的負担などが行われている。その一方で，これらの取り組みとは逆に介護給付の費用に関する自己負担を新たに導入した国もある。また，多くの国がリハビリテーションを推進したいと考えているが，その費用が医療保険などにより負担されない場合がある。

　公的費用負担の対象となるサービスが不足していることは，特に入所介護の場合に入所待機の問題を発生させる。待機が必要な状況には都市部と農村

部などの地域による違いがみられる。この問題を解決するため，例えばスペインでは，全国の全ての地域において介護へのアクセスを保障することを優先した取り組みが行われている。

② 質の確保

　質の確保に関しては，主として，入所介護施設及び介護サービス事業により提供される介護を対象とした取り組みが行われている。介護サービスの質に関しては，各種のアンケート調査の結果や報告において利用者の不満が明らかにされ，その問題点が人々の注目を集めている。問題点は，入所介護施設における居住が快適でないことやプライベートな空間がないことから，介護施設が入所者の自由を不適切に制約することや，職員が入所者に暴力をふるうことにまで及んでいる。このような状況に対応して，各国は，介護サービスの質に関する高い基準を設定し，その遵守を確保するために必要な規定を定めている。

　様々な介護サービスの質を評価することは決して容易ではない。OECDが設けた構造（人員配置，施設・設備など），プロセス及び結果に関する指標でみる限りは，全体的には介護の質の改善傾向がみられる。また，質を確保する取り組みは，定められた最低基準を遵守することから，要介護者の権利や介護職員への継続的な教育などの面も考慮に入れた包括的な質の確保へと重点が移っている。

　質の改善のための各国の対応は様々である。オランダなどでは，質の基準を満たす施設・事業に認証を与える方策がとられており，ドイツ，フランスなどではこの認証が監査と結びつけられている。ドイツやルクセンブルクでは，「根拠に基づく医療」の考え方を基礎とした介護に関する臨床的なガイドラインも導入されている。介護サービスの提供に関する地域的な格差及び要介護者のニーズに関する恣意的な判定を避けるため，ドイツ，スウェーデン，イギリスなどでは，統一的な質の確保のためのメカニズムが導入されている。例えば，ドイツでは介護保険の保険者である介護金庫側とサービス供給者側との間で全国の認可介護施設・事業に適用されるサービスの質の基準

と質の確保方策に関する取り決めが行われている。

　ヨーロッパにおいては，要介護者に対する虐待や暴行を防ぐことについての一般的なコンセンサスが存在する。このことは，「高齢者の尊厳を守る——高齢者に対する暴力と放置の防止」をテーマに，2008年3月にブリュッセルで開催された会議においても強調された。その際には，虚弱及び要介護の高齢者の尊厳及び基本権を尊重することはヨーロッパ社会の最も重要な課題であることが合意された。

③　持続可能性

　介護保障制度の将来における財政的な持続可能性については，ヨーロッパ諸国の多くが大きな関心を寄せている。なぜならば，高齢化の進展等に伴い介護保障制度は大きな財政的圧迫を受けることになると予想されるからである。前述のとおり，各国の介護保障制度における財政システムには多様性がみられる。包括的な介護保障制度のための費用については，ドイツやルクセンブルクのように社会保険の枠組みを通じて賄っている国もあれば，北欧諸国のように税により賄っている国もある。さらに，ベルギーやフランスのように両者をミックスした方式をとっている国もある。介護保障制度の財政的な持続可能性を考える際には，このほかにも，制度がカバーするリスクの範囲，要介護者による自己負担の水準，介護に関する公私の責任分担などが重要な要素となる。

　介護費用を賄うためには，公的及び私的な費用負担を適切に組み合わせることが重要とされている。私的な費用負担としては，公的に行われる介護給付に関して受給者の自己負担を求める方法が考えられる。さらに，公的な介護給付ではカバーされないサービスや自己負担を賄うために私的な保険を活用することも一つの方法として考えられる。しかし，完全に市場メカニズムに基づく制度の下では適切な質の介護サービスが十分に提供されないことが懸念されている（Ministère de la Sécurité Sociale, 2005：92）。

　高齢になっても健康を保つことは，より長く活動的な人生を送る上で重要であるだけでなく，高齢化に伴う医療・介護費用の増加を抑えることを通じ

て社会全体にとってメリットをもたらす。このため，多くの国は疾病の予防措置や高齢期の健康を促進するためのキャンペーンを実施している。同様に，財政的な持続可能性を高める観点からはリハビリテーションも重要な意味を持っている。リハビリテーションは，自立を回復させ，できるだけ長く通常の生活が送れるようにし，場合によっては職業生活への復帰を可能にする。リハビリテーションを効果的に推進するためには，それに携わる適切な人材の確保が必要であることが各国の共通認識となっている。

このほか，介護サービスの供給を支える人材を安定的に確保することも，介護保障制度の持続可能性にとって重要となっている。このため，必要な専門知識を備えた介護労働者の量的な不足を解消するとともに，適切な養成教育制度を確保することが求められている。既に多くの国が需要の増加に対応して，介護労働者の確保及び養成教育の改善のための方策を講じている。特に旧東欧諸国では，専門職が国外に流出しないように，給与など労働条件の改善が行われた。一方，家族などインフォーマル介護を行う者への支援も実施されている。具体的な支援策としては，助成金の支給，税制上の優遇措置の適用，介護休業制度の導入，介護期間の年金受給権への算入，介護者への社会保障の適用などが挙げられる。

以上述べた三つの政策目標は，制度の違いを超えた各国共通の目標として設定されている。OMKを通じてこの目標の実現に向けた各国の取り組みが相互に比較され，評価されることは，各国の政策判断を尊重しつつ望ましい介護システムの実現に向けた各国の努力を促進する効果を持つと期待される。

注
(1) 人口推計に関する数値はいずれもEurostat, EUROPOP 2008 convergence scenarioに基づく。
(2) 2050年における65歳以上及び80歳以上人口の割合は，ドイツでは31.71％及び13.99％，イタリアでは32.62％及び13.11％，アイルランドでは23.74％及び7.26％になると見込まれている。
(3) 欧州連合非加盟国であるスイスにおいても，この間に65歳以上人口の割合が

16.41%から27.00%に，80歳以上人口の割合が4.67%から10.95%に上昇すると見込まれており，EU15と同様の傾向がみられる。

(4) データが得られないため，ギリシア，フランス及びポルトガルはこの推計の対象に含まれていない。

(5) この推計の詳細については，我が国でも金子（2008：25-40）において論じられている。

(6) Project "Services for Supporting Family Carers of Elderly People in Europe: Characteristics, Coverage and Usage" (EUROFAMCARE).

(7) この調査は，EU15に属するフィンランド，フランス，ドイツ，ギリシア，イタリア及びイギリスの6か国と，ブルガリア及びルーマニアを除いた欧州連合新規加盟10か国（EU10）に属するチェコ，ハンガリー，リトアニア，ポーランド及びスロベニアの5か国並びに，当時の欧州連合加盟候補国であったブルガリア及びルーマニアを対象に実施された。

(8) この取りまとめに当たっては，このほかにも，Institut für Höhere Studien Kärnten（2005：18-72），Österle, Meichenitsch（2007：541-544），Schulte（2009c：88-97），Gori, Da Roit（2007：60-80）などを参考にした。

(9) ただし，フランドル地域のみを対象とした介護保険が存在する。

(10) 最低保障制度による給付対象者は，ベルギーに居住し，21歳以上で障害を有する者である。

(11) 現金給付を受けることにより，障害者が必要な介護サービスを自分で調達することが可能となる場合には，在宅介護サービスに替えて現金給付が行われる。

(12) 継続的な介護が必要な場合には自己負担は求められない。

(13) このほか，社会扶助による介護給付（介護扶助）も存在する。介護扶助は，介護保険等の給付及び自らの資力では満たしきれない介護ニーズを満たす必要がある場合に行われる。

(14) 介護に必要な費用の額は，在宅サービスの場合には要介護度別の限度額の範囲内でケアプランに基づき決定され，入所サービスの場合には要介護度別に定められた施設の料金表に基づき算定される。

(15) 国民保健サービスの枠内で提供されるサービスには，訪問看護，ナーシングホームなどがある。

(16) 国民保健サービスによる在宅サービスの利用は原則として無料である（平部，2008：24-25）。

(17) 介護に関する最も重要な現金給付である継続介護手当を受給できるのは，6

第2章 各国レベルの政策

か月以上にわたり介護を必要とするような障害の状態にある者である。
(18) 現金給付には，このほかにも，就労していない障害者に対して地方レベルで支給される介護手当などが存在する。介護手当の金額，支給対象者などは地域による違いがみられる（宮崎，2009：234）。
(19) AWBZ は医療保険システムを構成する4本柱のうちの一つであり，慢性疾患及び心身の障害に伴う治療・ケアの費用をカバーする。
(20) 継続的な介護が必要な場合には自己負担は求められない。
(21) これらの基準は OECD の高齢者の介護に関する報告でも用いられている（OECD, 2005：22-24, 82）。
(22) 例えばデンマークでは，家族も介護に一定の役割を果たしている。しかし，家族は，自分自身が介護することよりも，適切な介護職によるサービスが受けられるように要介護者を支援することに多くの労力を割いている。既婚の要介護者の場合には，通常は配偶者がその世話をしており，子による世話を受けている者の割合は少ない。家族から何らの支援も受けていない者の割合は20％弱である（Skuban, 2004：194）。
(23) 介護ホームに入所する要介護者に占める社会扶助受給者の割合は，ドイツでは約25％（2006年末現在），オーストリアでは57％（2007年現在）となっている。
(24) 最近の改革により受給者本人による予算の管理が認められたが，この場合には金銭の使途に関する記録を行うことが必要とされている。
(25) この要件を満たすかどうかは，申請の際の審査及び受給開始後の介護専門職による定期訪問を通じて確認される仕組みとなっている。
(26) 以下に述べる65歳以上人口に占める施設入所者及び在宅サービス利用者の割合はいずれも Pinnelli（2001：Table 10）による。これらの割合に関しては，それぞれの定義などに違いがあるために，類似する統計の間で相当の相違がみられることがある。しかし，そのことは，基本的な状況を把握することへの妨げとなるわけではない。
(27) イギリスでは入所介護の場合の自己負担の基準が国によって定められている。それによれば，3万ユーロを超える資産を有する者は公費による援助を受ける資格がない。保有する資産の額がこの額を下回る者はその収入に応じた自己負担が求められる（OECD, 2005：135）。
(28) スイスでは，16世紀には既に地方自治体が第一義的に高齢，病気又は貧困の状態にある市民の面倒をみることになっていた。19世紀には特別の地方自治体

立高齢者施設が設置された。
⑵⑼　The Conference on "Protecting the dignity of older persons – the prevention of elder abuse and neglect" (Brussels on 17 of March 2008).

第Ⅱ部　ドイツ，オーストリア及びスイスの比較分析

第3章
現行の介護保障制度

　ドイツ，オーストリア及びスイスでは，いずれも疾病，老齢及び障害，失業並びに労災のリスクに対しては社会保険による保障が行われている。これに対して，要介護のリスクに対する保障は，ドイツでは社会保険の一つである介護保険で，オーストリアでは介護手当支給制度で，スイスでは医療保険などで行われている。この章では，この3か国の介護保障制度に関する比較分析を行うことにより，重要な共通点と相違点，並びにそれが生じた背景を明らかにする。

1　ドイツの介護保険制度

（1）　介護を巡る状況

　ドイツにおいては，出生率の低下と寿命の伸長による人口構造の変化が進展している。2005年から2030年の間に，60歳以上人口は2050万人（総人口の24.9%）から2850万人（35.8%）に，80歳以上人口は370万人（4.5%）から630万人（7.9%）に増加すると見込まれている（Statistisches Bundesamt, 2006：23, 58, 63）[1]。年齢区分別人口に対する要介護者の割合は，60歳未満では0.7%であるが，年齢とともに上昇し，60歳以上80歳未満では4.4%，80歳以上では28.6%となっている（BMG, 2009c：14）。この割合が変化しないとすれば，要介護者数は高齢者の増加により2002年末の190万人から2030年には310万人へと大幅に増加すると見込まれている[2]（BMG, 2003：189）。

　多くの要介護者はできる限り長く居宅で生活することを望んでいる。この希望をかなえるために在宅介護を優先的に支援することは，ドイツにおける

77

表3-1 要介護者の概況

要介護者合計　225万人

在宅　154万人（68%）	入所　70.9万人（32%）

家族等による介護のみ 103万人 要介護度Ⅰ　61.8% 要介護度Ⅱ　29.9% 要介護度Ⅲ　8.3%	介護サービス利用 50.4万人 要介護度Ⅰ　52.5% 要介護度Ⅱ　35.4% 要介護度Ⅲ　12.1%	要介護度Ⅰ　35.7% 要介護度Ⅱ　42.3% 要介護度Ⅲ　20.5%

注：2007年末現在。
出典：Statistisches Bundesamt, 2008.

介護政策の基本的方向であり，現在のところ，この考え方は現実のものとなっている。すなわち，連邦統計庁による調査によれば，2007年現在，225万人の要介護者のうち154万人（68%）は在宅で，71万人（32%）は入所施設で介護を受けながら生活している（Statistisches Bundesamt, 2008：12）。在宅の要介護者のおよそ7割に相当する103万人は，事業者による介護サービスを利用せず，家族等（家族のほか，友人，隣人，知人，ボランティアなどを含む）による介護のみで居宅での生活を送っている（表3-1）。しかし，女性の就労率の上昇，一人暮らし世帯の増加などの就労状況及び家族関係の変化に伴い，家族等が要介護者の希望に応えることは今後ますます難しくなっていくものと予想される。

2002年末に実施された抽出調査の結果によると，在宅の要介護者のうち92%は家族による介護を受けている（Schneekloth, 2005：76-80）。在宅の要介護者の主たる家族介護者（友人，隣人及び知人を含む）の28%は配偶者又はパートナー，26%は娘，12%は母，10%は息子であり，女性の占める割合は73%である（表3-2）。それでも，男性の割合は1991年末の17%から27%に上昇している。既婚の要介護者の場合には配偶者が，配偶者と死別した高齢者の場合には子が，若年の要介護者の場合には親が主たる家族介護者となっているケースが多い。また，主たる家族介護者の6割が55歳以上である。このように，家族による介護は多くの場合，中高年の女性によって担われている。

友人，隣人又は知人による介護の割合は，以前に比べて増加しているものの，依然として主たる家族介護者の8％を占めるにすぎない。ボランティアによる在宅介護への参加も増加しており，要介護者のいる世帯のうち11％がボランティアによる援助を受けている。

主たる家族介護者が要介護者の介護及び世話に要する時間（要介護時間）は平均で週36.7時間となっている。要介護時間は，要介護度が高くなるほど長くなる。また，要介護度のみならず，認知症の有無が要介護時間に影響を及ぼしている。主たる家族介護者の51％は介護開始前から就労しておらず，21％は介護のために就労を中止又は制限している。

表3-2 主たる家族介護者

	割合（％）	
	1991年末	2002年末
（続柄）		
配偶者・パートナー	37	28
母	14	12
父	0	1
娘	26	26
嫁	9	6
息子	3	10
孫	1	2
その他の親族	6	7
友人・隣人・知人	4	8
（性別）		
男性	17	27
女性	83	73
（年齢）		
45歳未満	19	16
45～54歳	26	21
55～64歳	26	27
65～79歳	25	26
80歳以上	3	7
回答なし	1	3
平均年齢（歳）	57	59

出典：Schneekloth, 2005.

（2） 制度の概要

（1） 介護保険

ドイツにおいては，社会保険としての介護保険が介護保障制度の中心となっている。従来，ドイツでは，労働災害の補償，戦争犠牲者の援護などの個別の分野において，特定の要介護者を対象として介護給付を行う制度が存在するにすぎなかった。つまり，要介護のリスクに関しては，体系的な保障を行う制度は存在せず，要介護者やその家族が自ら対応することが基本となっていた。1989年には医療保険の給付として在宅の重度要介護者に対する給付が導入され，給付受給者の範囲は拡大されたが，要介護のリスクへの対応としては十分ではなかった。このため，1995年に社会保険の5本目の柱として介護保険が導入され，一般的な要介護のリスクに対する包括的な保障が行われることになった。

第II部　ドイツ，オーストリア及びスイスの比較分析

　要介護のリスクに対する保障としては，介護保険を導入する案のほかに，税を財源として地方自治体が介護給付を行う案，民間保険を活用する案などが提案された。この中で介護保険が選択された重要な理由の一つは，ドイツ統一の影響により公的財政需要が拡大している状況の下で，介護給付に必要な財源を税により確保することは困難であると考えられたことである。もう一つの理由は，民間保険では，既に要介護となっている者が対象とならず，また，高齢者等の保険料が高くなりすぎることである。
ドイツの介護保険制度の概要は次のとおりである。

① 　被保険者及び保険者
　介護保険の被保険者の範囲は，基本的には，医療保険の被保険者の範囲に準じたものとなっている。医療保険では，労働者（ブルーカラーの被用者）又は職員（ホワイトカラーの被用者）であって，その年間労働報酬が保険加入限度額を超えない者，失業手当等の受給者，公的年金の受給者などが強制被保険者となり，その配偶者又は子であってその収入が平均報酬額の7分の1を超えない者などが家族被保険者となる。これらの者は介護保険においてもそれぞれ強制被保険者及び家族被保険者となる。医療保険の任意被保険者は介護保険では強制被保険者となる。ただし，それらの者が，自分自身及びその家族被保険者となるべき家族について介護保険と同等の給付を行う民間介護保険に加入している場合には，申請により介護保険への加入義務が免除される。なお，医療保険の代わりに民間医療保険に任意で加入している者には，民間介護保険への加入義務が課されている。
　介護保険の保険者は介護金庫（Pflegekasse）である。介護金庫は，連邦，州及び地方自治体とは独立し，労使により自主管理原則に則って運営される公法上の法人である。介護金庫は，「医療保険の屋根の下での介護保険」という考え方に沿って，医療保険の保険者である疾病金庫（Krankenkasse）に設けられ，その組織は疾病金庫の組織が兼ねている。2010年4月現在，全国に166の介護金庫が存在する。各被保険者を医療保険において管轄する疾病金庫が介護保険においても当該被保険者を管轄する介護金庫となる。

第3章　現行の介護保障制度

表3-3　要介護度の区分

区　分	介護の分野及び頻度	必要介護時間
要介護度Ⅰ	身体の手入れ，栄養補給及び移動に関し，この3分野のうちの一つ又は複数の分野の最低二つの活動について，最低毎日1回の援助を必要とすること。加えて週に何回かの家事援助を必要とすること。	1日最低90分，うち基礎介護¹⁾に45分以上
要介護度Ⅱ	身体の手入れ，栄養補給及び移動に関し，異なった時間帯に最低毎日3回の援助を必要とすること。加えて，週に何回かの家事援助を必要とすること。	1日最低3時間，うち基礎介護に2時間以上
要介護度Ⅲ	身体の手入れ，栄養補給及び移動に関し，夜間も含めて24時間体制の援助を必要とすること。加えて，週に何回かの家事援助を必要とすること。	1日最低5時間，うち基礎介護に4時間以上

注：1) 基礎介護は，身体の手入れ，栄養摂取及び移動の分野における日常生活活動に関する援助であり，我が国でいう身体介護に該当する。
出典：著者作成。

② 要介護者

　介護保険の給付を受けるための最も重要な要件は要介護者に該当することである。介護保険における要介護者とは，疾病又は障害のために，日常生活活動を行うのに継続的（最低6か月）に相当程度以上の援助を必要とする者をいう。この場合の「日常生活活動」には，身体の手入れ，栄養摂取，移動及び家事の各分野における特定の活動が該当する。

　要介護者は，必要な介護の頻度，介護のために必要な時間等に応じて，表3-3のとおり，3段階の要介護度（Pflegestufe）に区分される。要介護の有無及び要介護度の区分は，専門審査機関である「医療保険のメディカル・サービス（MDK）」の審査結果に基づき，介護金庫により決定される。

③ 給　付
ア．在宅の要介護者に対する給付

　在宅の要介護者は，介護現物給付（Pflegesachleistung）として基礎介護及び家事援助を受けることができる（訪問介護）。この給付は，介護金庫州連合会がサービス供給契約を締結した認可介護サービス事業の介護職員により実施される。この給付には，受給者の要介護度に応じた上限額が定められて

第Ⅱ部 ドイツ，オーストリア及びスイスの比較分析

表3-4 給付の（上限）額

(単位：ユーロ)

	要介護度 I	要介護度 II	要介護度 III	特別のケース[1]
介護現物給付（月額上限）	440 [450][2]	1,040 [1,100]	1,510 [1,550]	1,918 [1,918]
介護手当（月額）	225 [235]	430 [440]	685 [700]	
介護者に支障が生じた場合の給付（年額上限）	1,510 [1,550]	1,510 [1,550]	1,510 [1,550]	
介護補助具（消耗品）（月額上限）	31			
技術的な介護補助具	費用の90％[3]			
住宅改造（1件当たり上限）	2,557			
デイケア・ナイトケア（月額上限）	440 [450]	1,040 [1,100]	1,510 [1,550]	
ショートステイ（年額上限）	1,510 [1,550]	1,510 [1,550]	1,510 [1,550]	
終日入所介護（月額上限）	1,023 [1,023]	1,279 [1,279]	1,510 [1,550]	1,825 [1,918]
障害者援護のための終日入所施設での介護	ホーム報酬の10％（最高月256ユーロ）			
一般的な世話の必要な要介護者に対する給付（月額）	100又は200	100又は200	100又は200	

注：2010年1月現在。
1) 極めて多くの介護が必要なケースを指す。
2) [ ] 内の数字は2012年1月以降の（上限）額。
3) 要介護者の自己負担は1補助具当たり最高25ユーロ。
出典：著者作成。

いる（表3-4）。基礎介護及び家事援助の費用がこれらの上限額を超える場合には，要介護者は当該超過部分を自ら負担しなければならない。

　介護現物給付に代わる選択肢として，現金給付である介護手当（Pflegegeld）が設けられている。介護手当の額は要介護度に応じて表3-4のとおり定められている。介護手当の使途に制限はなく，それを家族等の介護者に渡すかどうかは要介護者自身の決定に委ねられている。ただし，介護手当の支給は，当該要介護者にとって必要な基礎介護及び家事援助が適切な

方法により確保されることが要件となる。介護現物給付と介護手当を部分的に組み合わせて受給することも認められている。この場合には，受給する介護現物給付の割合に応じて減額された介護手当が支給される。

休暇，病気その他の理由により，家族等の介護者が介護を行うことに支障が生じた場合には，介護金庫は，介護サービス事業の介護職員などが家族等の代わりに行う介護（代替介護）のための費用を1暦年当たり4週間まで負担する。ただし，そのための介護金庫の支出は1暦年当たり1510ユーロを超えてはならない。この給付を受けるためには，最初に支障が生じるまでに介護者が当該要介護者をその居宅で6か月以上介護したことが必要である。このほかにも，介護金庫は介護補助具の支給及び住宅改造に対する財政的な補助を行う。

在宅介護が十分に確保されない場合，又はその補完もしくは強化が必要な場合には，要介護者はデイケア・ナイトケア（部分入所介護：teilstationäre Pflege）を受けることができる。介護金庫は，このための費用を要介護度に応じて定められた上限額（表3-4）まで負担する。要介護者は，居宅での介護が一時的に行われない，開始されない，又は必要なだけ行われない場合で，かつ，部分入所介護では不十分な場合には，入所施設でのショートステイ（Kurzzeitpflege）の給付を受けることができる。ショートステイの給付は，1暦年当たり4週間までに限定される。また，ショートステイの給付のための介護金庫の支出は，1暦年当たり1510ユーロを超えることはできない。

在宅介護を受ける者で，認知症，知的障害又は精神障害のために，具体的な日常生活活動との関連性を有しない一般的な見守り及び世話に対する相当のニーズを有する者は，通常の介護給付のほかに，追加的な金銭的援助を受けることができる。この援助の額は，一般的な見守り及び世話に対するニーズの大きさに応じて，月100又は200ユーロとされている。

イ．施設入所の要介護者に対する給付

要介護者は，在宅介護又は部分入所介護が不可能である場合，又は，個々のケースの特別の事情により在宅介護又は部分入所介護が考えられない場合には，入所介護施設である介護ホーム（Pflegeheim）で終日入所介護を受け

ることができる。この場合，介護金庫は介護に関連する費用等を要介護度に応じて定められた上限額（表3-4）まで負担する[14]。介護に関連する費用等がこれらの上限額を超える場合には，当該超過分は要介護者自身の負担となる。また，居住費及び食費（ホテルコスト）も要介護者自身の負担とされている。さらに，介護ホームへの投資費用が公的助成によっても完全にはカバーされない場合には，カバーされない部分について要介護者自身の負担が求められる。

　なお，障害者の社会参加，教育あるいは養育を主たる目的とする「障害者援護のための終日入所施設」(vollstationäre Einrichtung der Hilfe für behinderte Menschen)は，入所介護施設には該当しない。しかし，「障害者援護のための終日入所施設」に入所する要介護者の介護に関連する費用等を補填するため，介護金庫はホーム報酬（Heimentgelt）[15]の10％（月額256ユーロまで）を負担する。

ウ．家族介護者に対する給付

　家族介護者であって，要介護者を居宅で週14時間以上介護する者は，社会保障の各制度に関して次のような有利な取り扱いを受けることができる。家族介護者が介護活動の際に見舞われた労働災害は労災保険による保障の対象となる。ただし，これらの者に係る労災保険料は徴収されない。また，家族介護者は年金保険の強制被保険者となる。その年金保険料は，介護に従事する時間と介護の対象となる要介護者の要介護度に応じて，介護金庫により負担される。さらに，家族介護者は申請することにより失業保険の任意被保険者となることができる[16]。このほか，介護保険は介護休業期間中の医療保険，介護保険及び失業保険の保険料も負担する。

　介護金庫は，介護活動への社会的な取り組みの促進・強化，介護の質の確保及び介護に伴う心身の負担軽減を目的として，家族及びボランティアとして介護する者を対象に無料の介護講習（Pflegekurs）を実施する。この介護講習では，介護専門職が，家族等の介護者に在宅での介護の負担軽減及び改善に役立つ知識を教授する。

　このように，介護保険は，要介護者だけではなく，インフォーマルな介護

を行う家族等の介護者に対しても給付を行う[17]。

④ ケースマネジメント

　介護保険による給付を受ける者は，各種のサービスの選択・利用に関して，介護金庫の介護相談員（Pflegeberater/in[18]）により行われる個別の相談・援助であるケースマネジメント（Fallmanagement[19]）を受けることができる。ケースマネジメントにおいては，ニーズの把握，サービス計画の作成，サービス計画に基づく措置の実施についての働きかけ，サービス計画の実施状況の把握及びニーズの変化に対応した計画の変更などが行われる。

⑤ 介護サービスの供給

　介護保険の給付としての介護サービスの供給は，介護金庫州連合会との間でサービス供給契約を締結した介護サービス事業及び介護ホームを通じて行われる。このうち，介護サービス事業は要介護者の居宅における介護及び家事援助を行い，介護ホームは要介護者を終日，又は昼間もしくは夜間のみ受け入れ，かつ，食事の提供を行う。このいずれにおいても，自立した経営が行われ，介護専門職の恒常的な責任の下で要介護者の介護が行われる[20]。

　介護サービス事業及び介護ホームの経常費用は，提供された介護サービスに応じて要介護者及び介護金庫等の費用負担者が負担する介護報酬によって賄われる。ただし，介護ホームの場合のホテルコストは要介護者本人の負担とされている。介護報酬の基準はサービス供給者（介護サービス事業者及び介護ホーム開設者）と介護金庫等との間で取り決められる。

　効率的で，量的に十分で，かつ，経済的な介護サービス供給体制を整備することは州の責務とされている。州は，介護施設の投資費用に対して公的助成を行う[21]。ただし，介護施設の整備計画及び公的助成の具体的内容は州の裁量に委ねられている。

⑥ 質の確保

　介護サービス事業及び介護ホームにより提供される介護サービスの質を確

保するため，次のような措置が講じられている。
(i) 介護金庫の中央連合会等とサービス供給者の連邦レベルでの団体が，在宅介護及び入所介護の質及び質の確保並びにサービス供給者の内部的な質の管理の向上に関する原則及び基準を合意するとともに，科学的知見に基づき，かつ，専門家により合意される質の確保・向上に関する基準（専門家基準）を開発すること。
(ii) MDKが全ての介護施設を対象に少なくとも年1回はサービスの質の外部審査を行うこと。
(iii) MDKの審査結果等について，要介護者及びその家族にもわかりやすい形で情報公開を行うこと。

さらに，介護ホームに関しては，規制法であるホーム法により人員配置及び施設・設備の最低基準，入所者の利益の保護のための規制が設けられ，介護ホーム開設者にはそれらの遵守が義務づけられている。

このほか，2003年には連邦法としての老人介護法が施行され，介護サービスの重要な担い手である老人介護士の養成教育制度の全国統一化が図られた。これにより，老人介護士の養成教育の水準はより高い資質が求められていることに対応して，看護師と同等のものに引き上げられた。

⑦ 財　政

介護保険の費用は保険料によって賄われている。各被保険者に係る保険料の額は，保険料算定限度額までの保険料算定基礎収入の額に保険料率を掛けることにより算定される。被用者の場合には賃金・給与が，公的年金受給者の場合には年金収入が保険料算定基礎収入となる。一方，家族被保険者には保険料負担義務がない。保険料率は1.95％と定められている。介護保険の強制被保険者である被用者に係る保険料は，被保険者と使用者が折半で負担する。公的年金受給者は介護保険の保険料を単独で負担しなければならない。さらに，子のいない23歳以上の被保険者の場合には，保険料率が0.25％ポイントだけ上乗せされ，2.20％となる。この上乗せに相当する保険料は，被保険者単独で負担される。

このように，介護保険においては，保険料率は，各介護金庫が決定するのではなく，法律により全国一律に定められている。介護金庫によっては，必要な支出がこの保険料率の下で得られる収入を上回る場合も，下回る場合もある。このような状況に対応して介護金庫間の財政調整が実施されることにより，実質的には，介護保険における給付費及び事務費は全ての介護金庫により共同で負担される。

(2) 介護扶助　介護保険は，要介護者が必要とする介護の全てを保障するものではない。介護保険は，あくまでも，家族等による介護及び要介護者による費用負担が行われることを前提に，それを補完して要介護者を支援するための基礎的な保障を行うものと位置づけられている。このため，介護保険の給付には上限が設けられており，介護保険の導入後も，必要な介護サービスを受けるために要介護者が相当の金額の自己負担を行わなければならない場合がある。特に，介護ホームに入所する者の自己負担額（居住費及び食費を含む）は大きく，例えば，最重度の要介護度Ⅲの場合には平均で月1334ユーロ（2007年12月）となるなど，介護保険の実施後も相当の水準に達している（Statistisches Bundesamt, 2008：23）。また，低所得者に対する自己負担の軽減措置も設けられていない。

要介護者が自らの所得及び資産などでは自己負担額を負担しきれないときは，超過部分の費用が社会扶助の給付である介護扶助により負担される。介護保険における要介護者と認められない程度の軽度の要介護状態にある者が，必要な介護を受けるための費用を自らの所得及び資産などでは負担しきれない場合にも，介護扶助により同様の負担が行われる。介護扶助によりこのような費用負担を受ける場合には，受給者の資産の処分や家族による負担が求められることがある。

(3) 実施状況

介護保険の給付受給者数は，1996年末の約155万人から2008年末には約211万人にまで増加した（表3-5）。2008年末の給付受給者の31％は60～79歳，51％は80歳以上の高齢者である（BMG, 2008b）。また，平均寿命の差を反映

表 3-5 要介護度別の給付受給者数

区分	要介護度	1996年末		2008年末		人数の増減率
		人数（千人）	割合（%）	人数（千人）	割合（%）	(%)
在宅	要介護度Ⅰ	508	43.8	862	60.1	69.7
	要介護度Ⅱ	507	43.7	440	30.7	−13.2
	要介護度Ⅲ	146	12.6	131	9.2	−10.3
	計	1,162	100.0	1,433	100.0	23.3
入所	要介護度Ⅰ	112	29.1	275	40.4	145.5
	要介護度Ⅱ	163	42.3	273	40.1	67.5
	要介護度Ⅲ	110	28.6	133	19.5	20.9
	計	385	100.0	681	100.0	76.6
合計	要介護度Ⅰ	620	40.1	1,137	53.8	83.4
	要介護度Ⅱ	670	43.3	713	33.7	6.4
	要介護度Ⅲ	256	16.6	264	12.5	3.1
	計	1,547	100.0	2,113	100.0	36.6

出典：BMG, 2008c に基づき著者作成。

して女性が給付受給者の3分の2を占めている。給付受給者を要介護度別にみると，要介護度Ⅰの者の割合が上昇し，要介護度Ⅱ及びⅢの者の割合が低下している。2008年末の在宅介護給付の受給者は約143万人であり，給付受給者全体の68％を占めている。この割合は，1996年には75％であったが，その後は減少してきており，徐々にではあるが在宅から施設へのシフトが進んでいる。2008年末では，在宅介護給付受給者の6割は要介護度Ⅰの者であるのに対して，入所介護給付受給者の6割は要介護度Ⅱ又はⅢの者で占められている。

2008年における給付種類別の状況をみると，給付受給者全体に占める割合では，介護手当の受給者が46％と最も多く，次いで，介護ホームでの終日入所介護の受給者が28％，介護現物給付と介護手当との組み合せ給付の受給者が11％，介護現物給付の受給者が8％などとなっている（BMG, 2008d）。在宅介護給付受給者に占める介護手当受給者と現物給付受給者の割合をみると，1995年には88対12であったものが，2008年には79対21へと変化しており，現物給付へのシフトが進んでいる（BMG, 2009c：2）。家族等の介護者で，介護保険により年金保険料が負担されている者は，2006年で約44万人であり，そ

の90％以上は女性である(25)（BMG, 2009c：8）。

こうした状況を反映して，介護保険の支出は1996年の103億ユーロから2008年には182億ユーロにまで拡大した。介護保険財政は，保険料率の引き上げの影響により黒字となった2006年及び2008年を除き，1999年以降は毎年赤字となっている。このため，1995年から1998年までの黒字によりもたらされた資金残高は徐々に減少してきた（表3-6）。

介護保険の給付により金銭的な負担が軽減された結果，介護扶助受給者は1994年末の45万人から2006年末には27万人へと40％も減少した。これによって，介護扶助のための州及び地方自治体の支出総額も，1994年の91億ユーロから2006年には31億ユーロへと減少した（Bundesregierung, 2008：Tabelle 1, 3）。

表3-6 介護保険の財政収支差
（単位：10億ユーロ）

年	収支差	資金残高
1995	3.44	2.87[1)
96	1.18	4.05
97	0.80	4.86
98	0.13	4.99
99	−0.03	4.95
2000	−0.13	4.82
01	−0.06	4.76
02	−0.38	4.93[1)
03	−0.69	4.24
04	−0.82	3.42
05	−0.36	3.05
06	0.45	3.50
07	−0.32	3.18
08	0.63	3.81

注：1）介護サービス供給体制整備のための資金として1995年に介護保険から連邦に5億6,000万ユーロが貸し付けられ，2002年に返済された。
出典：BMG, 2009bに基づき著者作成。

サービス供給契約を締結した介護サービス事業の数は，2007年12月で約1万1500となっており，このうちの60％は有限会社などの民間事業者によるもの，38％は福祉団体などの公益的な主体によるものが占めている（Statistisches Bundesamt, 2008：15）。利用者数は1999年12月の約41万5000人から2007年12月には約50万4000人に増加した（表3-7）。これに対応して，従事者数も同期間に約18万4000人から約23万6000人に増加した（表3-8）。雇用形態別では，従事者の71％がパートタイム雇用である。介護従事者の約66％は看護師，老人介護士などの資格を有する専門職で占められている。

一方，サービス供給契約を締結した介護ホームの数は2007年12月で約1万1000であり，その39％は民間事業者によるもの，55％は公益的な主体によるものが占めている。入所定員は1999年12月の約64万5000人から2007年12月に

表3-7 介護サービス事業・介護ホーム数及び利用者・定員数

		1999年12月	2007年12月
介護サービス事業	事業数 伸び率（％）	10,820	11,529 6.6
	利用者数 伸び率（％）	415,289	504,232 21.4
介護ホーム	施設数 伸び率（％）	8,859	11,029 24.5
	定員数 伸び率（％）	645,456	799,059 23.8

出典：Statistisches Bundesamt, 2008に基づき著者作成。

表3-8 介護従事者の状況

	介護サービス事業		介護ホーム	
	1999年12月[1]	2007年12月	1999年12月[1]	2007年12月
従事者計（人）	183,782 100.00%	236,162 100.0%	440,940 100.0%	573,545 100.0%
（内訳） フルタイム	56,914 31.0%	62,405 26.4%	211,544 48.0%	202,764 35.4%
パートタイム（社会保険適用）	77,943 42.4%	114,445 48.5%	155,646 35.3%	269,262 46.9%
パートタイム（社会保険非適用）	39,126 21.3%	53,034 22.5%	42,795 9.7%	58,730 10.2%
介護従事者に占める老人介護士の割合 介護従事者に占める看護師の割合 介護従事者に占める小児看護師の割合	20.0% 35.7% 2.8%	24.3% 38.0% 3.4%	29.8% 14.8% 0.9%	32.9% 14.7% 0.9%

注：1）介護従事者に占める老人介護士，看護師及び小児看護師の割合に関しては2001年12月。
出典：表3-7と同じ。

は約79万9000人に増加した（表3-7）。これに対応して，従事者数も同期間に約44万1000人から約57万4000人に増加した（表3-8）。雇用形態別では，従事者の約57％がパートタイム雇用である。介護従事者の49％は看護師，老人介護士などの資格を有する専門職で占められている。

介護保険の実施によるこのようなサービス供給の拡大は，介護分野での30万人の雇用機会を創り出した（Bundesregierung, 2008：35）。

2 オーストリアの介護手当制度

(1) 介護を巡る状況

オーストリアにおいても人口の高齢化が進展している。2006年から2030年の間に、60歳以上人口は182万人（全人口の21.9％）から281万人（31.3％）に、80歳以上人口は37万人（4.4％）から64万人（7.0％）に増加するものと見込まれている（Statistik Austria, 2007）。年齢区分別人口に対する介護手当受給者の割合は、年齢とともに上昇し、40歳以下では1％にも満たないが、41～60歳では1.8％、61～80歳では9.4％、81歳以上では58.9％となっている（BMSK, 2008b：50-52）。この割合が変化しないとすれば、介護手当受給者数は高齢者の増加により2006年末の約39万人から2030年には約63万人に増加すると見込まれている（WIFO, 2008b：25）。

オーストリアにおいても在宅介護が中心となっており、要介護者の80％以上は、居宅において家族による介護を受けながら生活している（表3-9）。しかし、女性の就労率の上昇、一人暮らし世帯の増加などの就労状況及び家族関係の変化により、将来的には一層多くの要介護者が家族以外の者による介護を必要とすることになると考えられる。家族等によるインフォーマルな介護に代わる選択肢の一つは、介護ホームにおける介護である。しかし、介護ホームでの介護は居宅での介護よりも費用がかかり、またできる限り要介護者の住み慣れた地域での介護を促進するとの考え方に反することから、介

表3-9 介護の状況

（2008年3月現在）

介護形態	人数（万人）	割合（％）
介護ホーム入所	7	17.5
在宅サービスの利用（家族介護との組み合せを含む）	10	25.0
家族介護	21	52.5
在宅での24時間介護	2	5.0
計	40	100.0

出典：Rudda et al., 2008.

表3-10 主たる家族介護者

	割合（％）
（続柄）	
配偶者・パートナー	40
子	27
兄弟姉妹	11
父母	5
孫	4
姪・甥	4
嫁・婿	3
その他の親族	3
友人・隣人・知人	4
（性別）	
男性	21
女性	79
（年齢）	
45歳未満	15
45—54歳	22
55—64歳	30
65—79歳	22
80歳以上	7
回答なし	5
平均年齢（歳）	59

出典：BMSK, 2007c に基づき著者作成。

護ホームへの入所は「次善の策」とされている。

2004年に行われた抽出調査の結果によると，主たる家族介護者（友人・隣人・知人を含む）の40％が配偶者又はパートナー，27％は子（特に娘）となっている（BMSK, 2007c：11-17）（表3-10）。主として友人・隣人・知人による介護を受けている者の割合は4％に過ぎない。主たる家族介護者の79％は女性である。また，主たる家族介護者の6割近くが55歳以上であり，多くの要介護者の介護が中高年の女性によって担われている。主たる家族介護者の3分の2は要介護者と同居している。要介護者の多くは，日に何回か又は常時の介護が必要であり，主たる家族介護者の多くは介護を過重な負担と感じている。[26]

（2） 制度の概要

(1) 介護手当

オーストリアにおいては，従来，「要介護」のリスクは「老齢」や「労災」などのリスクに付随するものとして位置づけられていたにすぎなかった。すなわち，要介護のリスクに関しては，公的年金受給者（その配偶者等を含まない），労災被害者，戦争犠牲者などを対象とした個別の制度において現金給付が行われていた。それぞれの制度は，連邦又は州の制度に分かれ，給付実施主体，給付要件及び給付額にも違いがみられ，しかも，相互の調整を図るための取り組みは行われていなかった。このため，これらの給付は要介護者全体への対応としては極めて不十分なものであった（Pfeil, 1996：21）。

こうした現金給付の内容的な改善とできる限りの統一化を図るため，1993年に「連邦憲法第15条aの規定に基づく，要介護者のための共同施策に関する連邦と州との間の合意」[27]が行われ，それに基づいて，新たに連邦介護手当[28]

表3-11 要介護度の区分並びに介護手当の月額

要介護度	要件	月額[1] (ユーロ)
1	月50時間以上の介護が必要	154.20
2	月75時間以上の介護が必要	284.30
3	月120時間以上の介護が必要	442.90
4	月160時間以上の介護が必要	664.30
5	月180時間以上の介護が必要で，特に介護の手間がかかる	902.30
6	月180時間以上の介護が必要で，昼夜にわたり時間的な調整ができない世話又は常時の付添が必要	1,242.00
7	月180時間以上の介護が必要で，手足の合目的的な動きができない又はそれと同等の状態	1,655.80

注：1) 介護手当の月額は2009年1月現在。
出典：著者作成。

法及び各州の介護手当法が制定された。これにより，連邦と州との間の従来の役割分担を尊重しつつ，一定程度以上の介護を必要とする者に対して統一的な介護手当を支給する普遍的な制度が導入された。現金給付を中心とする制度を採用したことはオーストリア介護保障制度の際立った特徴である。このような仕組みが選択された理由の一つは，介護手当として個人に対して現金が支給されることにより自己決定に基づく生活が可能になるとの障害者団体の考え方に配慮したことである。

介護手当は，要介護となった原因や受給者の年齢にかかわりなく，心身の障害により少なくとも6か月間継続して，月平均50時間以上の介護（世話及び援助）が必要な状態にある者（要介護者）に対して支給される。要介護者は，介護に必要な時間等に応じて7段階の要介護度に区分される（表3-11）。要介護度1〜4は平均の月当たり要介護時間だけで区分されているが，要介護度5以上では，要介護時間のほかに追加的な要件を満たすことが必要となる。

要介護度の判定に関する具体的な基準は，「連邦介護手当法のための要介護度区分令」に定められている。この要介護度区分令においては，「世話」及び「援助」の定義，並びに日常生活活動の種類（例：衣服の着脱，身体の手入れ，食事の準備及び摂取，移動）ごとに要介護時間の算定に用いられる標準

的な時間が定められている。要介護度は，医師による審査結果に基づき，介護手当の給付実施主体により決定される。

　介護手当の金額は，介護のための実際の支出額ではなく，受給者の要介護度に応じた一定の額として定められている。したがって，介護手当は必ずしも要介護者の全てのニーズをカバーするものではない。介護手当の金額はドイツの場合に比べて遙かに高い。ただし，ドイツの介護手当は在宅の要介護者にのみ支給されるのに対して，オーストリアの介護手当は，在宅介護の場合だけでなく，それよりも多くの介護費用がかかる施設入所の場合にも支給されることに留意する必要がある。介護手当は受給者の所得及び資産の額とは無関係に，原則として要介護者本人に支払われる。ただし，その使途に関する制限は設けられていないため，要介護者は家族介護者に報いるために介護手当を用いることも可能である。

　介護手当の財源には，連邦及び州の一般財源（租税）が充てられている。ただし，社会保険による給付と同様に，支給要件に該当する要介護者には介護手当に対する法的請求権が認められている。社会保険においては，就労関係に基づき保険加入義務が発生し，賃金・給与の額に応じて算定される保険料を労使折半で負担することが基本となる。このような社会保険の仕組みが介護保障制度として採用されなかったのは，次のような理由によるものと考えられる（Österle, Hammer, 2004：73-74）。一つには，要介護のリスクは疾病のリスクなどとは異なり，就労との直接的な関連性を有するものではなく，むしろ，要介護のリスクへの対応は社会全体が取り組むべき課題であると考えられたことである。もう一つは，社会保険料負担の増加による労働コストの上昇が産業の国際競争力や国内雇用に悪影響を及ぼすことが懸念されたことである。

(2) 介護サービス等の確保　連邦介護手当法及び各州の介護手当法は，いずれも現金給付である介護手当の支給について規定するものである。したがって，これらの法律は，現物給付について定める法律とは異なり，介護サービス事業及び介護ホーム（以下「介護サービス事業等」という）の認可や，これらが提供する介護サービスの質の確保に

ついて定めていない。また，これらの法律には，ドイツの介護保険法（社会法典第11編）にみられるような家族介護者の支援策についての規定もない。

しかし，介護サービス供給不足を解消して介護手当に基づく適切な介護サービスの利用を可能にするとともに，今後の要介護者の増加や，就労状況，家族関係の変化に伴う家族介護の減少に対応するためには，介護サービス供給の質・量両面での拡充と家族への支援が必要である。このため，前述の連邦と州との間の合意においては，連邦及び州による介護手当法の制定だけでなく，介護サービス供給の拡充，家族介護者に対する社会保険上の保障，介護サービスの質の確保などについての連邦及び州の責務も明記された。これに基づき，次のような取り組みが順次進められている。

① 介護サービス供給の拡充

要介護者の介護に関する家族の役割が重視されるオーストリアにおいても，介護サービス事業等により提供される介護サービスは，家族介護者の負担軽減のために重要な役割を果たすものと考えられている（Republik Österreich, 2006：37）。しかし，介護手当が支給されても，実際に利用可能な介護サービス事業等が存在しなければ，介護手当を用いて適切な介護サービスを受けることはできない。このため，前述の連邦と州との合意において，州は，在宅介護，部分入所介護及び入所介護の各分野において，適切な質を備えた介護サービスが需要に応じて供給されるよう努めなければならないこととされた。これらの目的を達成するため，この合意には介護サービス事業等によるサービスの種類と質の基準が定められた。さらに，この基準に沿った介護サービスの供給を長期的に確保するため，州は介護サービスの需給状況と目的達成の手段（例：施設整備費に対する助成），そのために必要な費用の見通しなどを盛り込んだ需要・整備計画（Bedarfs- und Entwicklungsplan）を策定し，実施することが義務づけられた。それに加えて，介護手当の支給や介護サービスの確保に関する状況を逐次明らかにすることを目的として，連邦と州が共同で介護問題に関する年次報告書の作成などを行う作業委員会を設置することも合意された。

第II部 ドイツ,オーストリア及びスイスの比較分析

　介護サービス供給の拡充に当たっては,要介護者が様々な介護サービス事業等の中から利用するサービスを自由に選択できるようにすること,入所介護サービスよりも在宅介護サービスの拡充を優先すること,家族介護者の負担の軽減につながるデイサービス,ショートステイ,代替介護などの供給の拡充に重点を置くこと,介護ホームを地域社会に根ざしたものとすること,グループホームなどの新たな形態の介護施設を発展させることなどが基本的な考え方となっている（Republik Österreich, 2006：37）。こうした基本的な考え方はドイツのように現物給付を行う国の場合と共通している。
　このように,介護手当を中心とした制度を有するオーストリアにおいても,介護サービスの供給は市場に委ねられているわけではなく,介護手当によって適切な介護サービスが確保されるよう,連邦及び州による積極的な介入が行われている。

② 家族介護者の支援
　介護手当は家族介護者との関係において二つの役割を有している。その一つは,介護サービス事業等による介護サービスの利用を経済的に可能し,家族介護者の負担を軽減することである。もう一つは,無償で介護を行う家族介護者に対して金銭的に報いることである。このような観点から,介護手当の支給は家族介護者を支援するための施策の重要な柱の一つとなっている。しかし,家族介護者への支援策は介護手当の支給だけにとどまらず,次のような多様な施策が講じられている[37]。
　前述の連邦と州との間の合意においては,連邦には家族介護者を支援するために,家族介護者に対する社会保険法上の保障を行うことが義務づけられた。年金保険では,要介護度3以上の近親者（配偶者,子,親,兄弟姉妹など）を介護する者に係る保険料が連邦により負担されている。また,医療保険では,配偶者が要介護度3以上の近親者を介護する場合には,被保険者は配偶者に係る追加保険料が免除される[38]。
　このほかにも,要介護度3以上の近親者を介護する者は,病気,休暇などの理由により一時的に介護できない場合に,「障害がある人々に対する支援

基金（Unterstützungsfonds für Menschen mit Behinderung)」から代替介護者の費用に対する助成（年間1200～2200ユーロ）が受けられる。また，就労している家族には，終末期の要介護者に付き添うために3か月（6か月まで延長が可能）の休業が認められる。さらに，介護を行う家族に対する無料の相談・助言の実施，インターネットを通じた介護に関する情報提供，介護を行う家族の経験や意見を交換するための機会の提供なども行われている。

③ 質の確保

前述の連邦と州との合意においては，介護サービス事業等の質の基準が定められた。そのうち，介護ホームに関する基準としては，ホーム及び居室の大きさ，家族等が入所者をいつでも訪問できる権利の保障，施設及びサービスに関する基準，地域社会への統合，必要な介護従事者の確保，主治医を選択する自由並びに居住者の法的保護（州による監督）が定められている。また，州はこの最低基準の確保に努めなければならないこととされている。これを受け，各州では介護ホームの最低基準及び監督，入所者の権利の保護などを規定する州法が定められた。また，ホーム入所者個人の自由の保護及び適正なホーム入所契約の締結を目的として，それぞれ，連邦法であるホーム滞在法及びホーム契約法が定められた。

また，この合意における在宅介護サービスに関する質の基準としては，要介護者によるサービスの自由な選択を認めること，サービスの包括的な提供とサービス間の連携が図られること，日曜・休日においてもサービスの提供が行われること，州の責任によりサービスの質の確保とコントロールを行うことが定められている。これに基づき，各州は社会扶助に関する州法の中で在宅介護サービスの基準などについて定めている。

さらに，介護サービスの担い手である社会介護職の資質の向上に関しても，2004年12月に，憲法第15条aの規定に基づく連邦と州との間の合意が行われ，社会介護職の養成教育及び活動領域に関する統一的な原則が定められた。その目的は，老人介護及び障害者介護の分野における統一的な規定を設けることにあった。この合意に沿って，各州では社会介護職に関する法律が制定

された。これは社会介護職の評価と魅力の向上，そして介護サービスの質の向上につながることが期待されている。

一方，家族等により行われる介護の質を確保するため，介護手当の給付実施者により，介護専門職が介護手当受給者の居宅に派遣される。派遣された介護専門職は，介護手当受給者に対してニーズに応じた介護が行われているかどうかを確認するとともに，必要がある場合には介護に携わる家族等に情報提供や助言を行う。ただし，この介護専門職の派遣の対象となるのは，介護手当受給者の要介護度や年齢などが一定の条件に該当するケースである。

(3) 社会扶助

介護手当は受給者の要介護度に応じた一定額として定められており，必ずしも介護に必要な費用の全てが介護手当によりカバーされるわけではない。特に介護ホームの費用は相当な金額となるため，要介護者あるいは家族の所得や資産ではどうしても負担しきれないケースが出てくる。この場合には，要介護者が負担しきれない費用は社会扶助の給付として負担される。介護扶助を受ける場合には，受給者の資産の処分や配偶者による負担が求められることがある。介護手当の導入により，要介護者による介護費用の負担に対する経済的な援助が拡充された。しかし，社会扶助は介護手当導入後も介護費用の負担において重要な役割を担っている。例えば，ザルツブルク州では，介護ホームの入所者の6割近くが社会扶助による援助を受けている（Land Salzburg, 2008b：49）。

(3) 実施状況

介護手当の受給者数は，1996年末の約31万人から2008年末には約42万人にまで増加した（BMASK, 2009）（表3-12）。2008年末の受給者の34％は61～80歳，48％は81歳以上の高齢者である。また，受給者の性別では，女性が3分の2を占めている。この間の介護手当受給者数の変化を要介護度別にみると，要介護度1，4，7では受給者数が2倍以上に増えているが，受給者数の変化と要介護度との間に一定の傾向を見出すことはできない。

受給者数の増加を反映して，介護手当のための支出は1996年の約16億ユーロから2001年には約17億ユーロ，2008年には約21億ユーロへと増加した。た

第3章　現行の介護保障制度

表3-12　介護手当受給者数

要介護度	1996年末	2008年末	増加率（%）
1	35,171	91,499	160
2	148,697	141,918	−5
3	64,216	70,748	10
4	27,927	62,820	125
5	23,077	33,243	44
6	7,087	13,693	93
7	3,734	8,303	122
計	309,909	422,224	36

出典：BMASK, 2009に基づき著者作成。

だし，介護のための公的支出は介護手当のための支出にとどまるわけではない。すなわち，要介護者が介護ホームや在宅介護サービスに要する費用のうち，自らの年金や介護手当では負担しきれない部分は，社会扶助などの給付により負担されている。このための州及び地方自治体の支出額は2008年では約12億ユーロに上っている。[47]

各州においては，介護サービス供給の長期的・計画的な拡充を図るため，1996年から98年にかけて需要・整備計画の策定が行われ，2010年に向けてこの計画の目的を達成するための取り組みが行われてきた。中間年に当たる2003年には，その中間的な実施状況の調査・取りまとめが行われた（BMSK, 2004）。それによれば，在宅介護及び入所介護の双方の分野において供給の拡大がみられた。まず，介護サービス事業では，この間に介護従事者数が1.5倍にまで増加し，2002年末現在の介護従事者数はフルタイム換算で7810人となった。75歳以上の住民1000人当たりの介護従事者（供給密度）も，10.8人から13.4人へと上昇した。介護従事者数が増加したのみではなく，注目すべきは，3年間の養成教育を受け，看護・介護サービスの実施において指導的立場に立つ，ディプロム看護士のような高度な資格を有する介護従事者が増加したことである。ディプロム看護士資格を有する介護従事者の数（フルタイム換算）の割合は19%から22%に上昇した。ただし，供給密度及び介護従事者に占める高度の資格を有する者の割合には依然として大きな地域間格差が存在する。[48] また，2010年に達成すべき目標値と2002年末現在の介護

第II部　ドイツ，オーストリア及びスイスの比較分析

表3-13　介護サービス及び介護ホーム等の供給密度

州	介護サービス事業 （介護従事者）		介護ホーム及び老人ホーム （定員）	
	2002年末現在	2010年目標値	2002年末現在	2010年目標値
ブルゲンラント	8.4	8.7	67.1	83.7
ケルンテン	9.5	8.0	80.5	76.2
ニーダーエスターライヒ	17.0	19.7	95.0	74.4
オーバーエスターライヒ	6.1	7.2	125.2	97.1
ザルツブルク	16.7	13.5	153.3	137.7
シュタイアーマルク	8.6	11.1	99.2	89.1
チロル	9.1	19.7	116.4	110.7
フォアアールベルク	17.5	—	104.4	84.8
ウィーン	21.0	—	152.2	—
全　国	13.4	—	116.0	—

注：供給密度とは，75歳以上の住民1000人当たりの数。
出典：BMSK, 2004に基づき著者作成。

従事者数を比較すると，全国的には依然として介護従事者は不足している（表3-13）。

一方，介護ホーム及び老人ホームの定員は，各州における需要・整備計画策定時の6万4800人から2002年末には6万7600人へと4.3％の増加にとどまっている。ただし，従来は介護を要しない者に充てられていた定員を要介護者へと振り替えたため，2002年では定員の78％が要介護者のためのものとなっている。75歳以上の住民1000人当たりの介護ホーム及び老人ホーム定員数（供給密度）は全国平均で116人となっているが，供給密度には地域間での大きな格差が存在している（表3-13）。2010年の目標値が定められていないウィーン州を除けば，2002年末の定員数は目標値を433人下回るに過ぎず，既に，ほぼ需要に見合った水準に達していると考えられる。また，介護ホーム及び老人ホームで介護及び世話に従事している者の数も，この間に60％増加し，2002年末ではフルタイム換算で2万1250人となっている。しかしながら，なお，必要な介護従事者が確保されておらず，介護従事者の不足が深刻な問題となっている地域もある。

第 **3** 章　現行の介護保障制度

3　スイスの介護給付制度

（1）　介護を巡る状況

　スイスにおいても，ドイツやオーストリアと同様のスピードで人口の高齢化が進展している。2009年から2030年までの間に，60歳以上人口は176万人（総人口の22.8％）から257万人（30.7％）に，80歳以上人口は37万人（4.8％）から63万人（7.5％）に増加すると見込まれている（BFS, 2009c）。これに伴い，要介護者数も増加するものと見込まれる。例えば，ヘプフリンガーらの推計によると，年齢区分別の要介護者の割合が変化しないとすれば，65歳以上の要介護者数は2000年の10万9000～12万6000人から2030年には17万3000～20万人に増加する（Höpflinger, Hugentobler, 2003：44-45）。

　要介護者のうち居宅において生活している者の割合は，最大で6割程度と推計されており，オーストリアやドイツに比べて低い割合にとどまっている（Höpflinger, Hugentobler, 2005：55）。その背景には，スイスでは，高齢者や病人の世話を地方自治体が担ってきた長い歴史が存在する。また，家族の世代間でのつながりは相対的に緩やかなものとなっている。近年，スイスでは多くの介護ホームが「終の棲家」となっている。すなわち，2001年では，80歳以上の者の52％が介護ホームで亡くなっている（Höpflinger, Perrig-Chiello, 2008：231）。

　2002年に実施されたアンケート調査「スイス健康調査」によれば，過去7日間に健康上の理由により家族等からの援助を受けた者の割合は，65歳以上75歳未満の者では4％，75歳以上の者では14％となっている（BFS, 2005：91）。援助の種類としては，家事が60％と最も多く，次いで，介護などの「その他の援助」が15％となっている。援助を受けた者1人当たりの援助者数は1.7～1.8人である（Höpflinger, Hugentobler, 2005：58-59）。援助者としては，ドイツ及びオーストリアの場合と同様に，配偶者・パートナーや娘が重要な位置を占めている（表3-14）。ただし，80歳以上の者では，配偶者・パートナーから援助を受けた者の割合は低下する一方で，娘から援助を受け

表3-14 在宅の高齢者の援助者

	割合(％)[1)2)]
配偶者・パートナー	37
娘	37
息子	22
姉妹	5
兄弟	5
その他の家族	15
隣人	19
知人・友人	26

注：2002年現在。
1) 過去7日間にそれぞれの続柄の者から援助を受けたことがある在宅の高齢者（65歳以上）の割合。
2) 複数の者から援助を受けた場合には、それぞれに計上している。
出典：Höpflinger, Hugentobler, 2005に基づき著者作成。

た者の割合は上昇している。これは、配偶者・パートナー自身も高齢になり援助を必要とするケースや、配偶者・パートナーが既に死亡しているケースが増加するためと考えられる。一方、65歳以上の者のうち息子から援助を受けている者の割合は22％にとどまっている。息子による援助の内容は、援助態勢の調整や役所に関係する事柄の処理にかかわることが比較的多くなっている。家族等による介護・世話の多くは女性により提供されているが、男性が介護に携わる割合は、ドイツと同様にスイスでも増加してきている（Höpflinger, Perrig-Chiello, 2008：224）。

（2） 制度の概要

スイスには、要介護のリスクに対して包括的な保障を行う独立した制度は存在せず、要介護に関する介護給付は複数の制度を通じて行われている。まずは、社会保険である医療保険、障害保険及び老齢・遺族保険により、介護サービスの現物給付や現金給付が行われている。さらに、これらの介護給付を補完する給付が補足給付及び社会扶助の制度により行われている（表3-15)[50]。これらのうち、社会保険及び補足給付制度はいずれも連邦法により定められた制度である。

(1) 医療保険等による介護給付

医療保険（Krankenversicherung）は、疾病による要介護に関して現物給付を行っている。さらに、障害年金を支給する制度である障害保険（Invalidenversicherung）と、老齢年金・遺族年金を支給する制度である老齢・遺族保険（Alters-und Hinterlassenenversicherung）が要介護に関して現金給付を行っている。

第 3 章　現行の介護保障制度

表 3 - 15　介護給付の体系

給付の種類	現物給付	現金給付	
	介護サービス	介護手当	補足給付
給付制度	医療保険	老齢・遺族保険 障害保険	補足給付制度
サービス供給者	介護ホーム (入所介護)	シュピテックス (在宅介護)	

出典：著者作成。

① 医療保険による介護給付（現物給付）

　スイスに居住する者には，社会保険としての医療保険に加入する義務が課せられている。医療保険による給付のための費用は，基本的に被保険者の負担する保険料と給付を受けた被保険者が負担する一部負担金により賄われている。保険料の額は，保険者ごとに定額として定めることとされており，被保険者ごとの賃金額の違いが保険料額に反映されない仕組みとなっている。ただし，低所得者に対しては，保険料負担を軽減するため，州による保険料補助（Prämienverbilligung）が行われている。また，この保険料補助に要する費用の一部は，連邦によって負担されている。

　医療保険は，疾病及びその後遺症の診断又は治療のための給付に要する費用を負担する。注目すべき点は，このような給付には，医師による外来診療及び病院での入院療養などの通常の医療給付だけでなく，在宅及び入所の介護給付が含まれることである。ただし，この介護給付を受けるためには，その対象となる要介護状態が疾病によるものであることが要件となる。したがって，理論的には，純粋に加齢によって要介護となった場合は医療保険による給付対象とならない（Bundesrat, 2005：2041）。

　医療保険による介護給付については，1996年に施行された新たな医療保険法（以下「1996年医療保険法」という）により拡充が行われた。医療保険の給付としての介護サービスを提供できる者は，従来は自営業の看護師に限られていたが，この改正により，その範囲が在宅での介護や世話をするための組織体であるシュピテックス（SPITEX）及び介護ホームにも拡大された。

　医療保険の在宅介護給付には，自営業の看護師又はシュピテックスが行う

次のような給付が含まれている。
　(i)介護ニーズ及び状況の把握
　(ii)介護の実施に伴い必要な相談助言
　(iii)治療看護（Behandlungspflege）
　(iv)基礎介護（Grundpflege）
　このうち治療介護は，診断又は治療の目的を伴う医学的な援助給付である。その具体的内容としては，医療保険法に基づく医療保険給付令において，血圧等の測定，カテーテルの挿入，注射など14種類の措置が限定列挙されている。また基礎介護は，治療介護のように医師による治療の一部をなすものではなく，日常的な行為に関する援助の必要性に対応するものである。医療保険給付令は，基礎介護の内容として，患者が自分自身ではできない行為，例えば，就寝，寝返り，身体の手入れ，衣服の着脱，飲食などの介助をあげている。このほか，精神障害者や認知症患者の場合に必要な見守りも基礎介護に含まれる。

　医療保険による入所介護給付には，介護ホームにおいて行われる給付のうち，在宅介護給付の場合と同じ範囲のものが含まれる。介護ホームは，介護や医療的な世話・リハビリテーションのための施設又は施設の一部門とされている。したがって，介護部門を持たない老人ホームのように主に非医療的な世話を行う施設は介護ホームには該当しない（Landolt, 2002a：S. 68）。介護ホームでは，居住費及び食費のほか，治療介護及び基礎介護に該当しない世話も医療保険による給付の対象とならないため，入所者はこれらの費用を自ら負担しなければならない。

　在宅及び入所の要介護者に対するこれらの介護給付は，当該要介護者の診療を担当する医師の指示に基づき行われる。つまり，医療給付の場合と同様に，介護給付の必要性及び必要量は個々の医師の判断に委ねられている。なお，在宅介護に係る医師の指示は，看護師又はシュピテックスによる対象者の介護ニーズ及びその者を取り巻く状況の把握（アセスメント）並びに介護計画に基づき行われる。この医師の指示については，その合目的性や経済性が保険者及びサービス供給者により共同で審査される。

第3章　現行の介護保障制度

　医療保険の給付に要する費用の一部は，給付を受けた被保険者により負担される。18歳以上の被保険者は，母性保護給付及び一部の予防給付を除く全ての給付にかかる費用のうち，まず，1暦年当たり300フランの免責額（Franchise）までを自ら負担しなければならない。それに加えて，免責額を超える費用の10%を負担しなければならない。ただし，この10%の自己負担には，1暦年当たり700フランの上限が設けられている。一方，18歳未満の子供の場合は，免責額がなく，自己負担額の上限も成人の被保険者の場合の半額（350フラン）とされている。一世帯に複数の子供がいる場合には，子供に係る自己負担の合計額の上限が700フランとされている。病院での入院療養の場合には，これらに加えて，1日10フランの自己負担が求められる。

　看護師及びシュピテックスに対する介護報酬の額は，保険者と看護師の団体及びシュピテックスの連合会との間で合意された算定基準（Tarif）に基づき算定される。この算定基準は給付の種類や困難度に応じたものとされている。介護ホームに対する介護報酬の額も，保険者と介護ホームとの間で合意された算定基準に基づき算定される。この算定基準は少なくとも4段階の要介護度に応じたものとされている。このように，介護報酬の算定基準は，基本的に保険者と介護サービス供給者との間の合意に委ねられている。ただし，2010年6月までは，この合意には一定の制限が設けられていた。すなわち，算定基準は医療保険給付令に定められた枠組算定基準（Rahmentarif）の範囲内でなければならないとされていた（表3-16）。

②　障害保険及び老齢・遺族保険による介護給付（現金給付）

　スイスに居住する全ての者には，障害保険及び老齢・遺族保険に加入する義務が課せられている。両社会保険制度は，障害年金，老齢年金などを支給するほか，要介護者に対する現金給付として，介護手当（Hilflosenentschädigung）を支給している。障害年金や老齢年金は，障害や老齢を原因とする稼得能力の減少又は喪失に対応して，障害者や高齢者の生活のために必要な所得を保障するものである。これに対して，介護手当は要介護に伴う支出に対応するものである（Bundesrat, 1976：34-35）。介護手当は，要介

表3-16 枠組算定基準

	報酬額（フラン）
[看護師・シュピテックス]	（1時間当たり）
基礎介護	
・単純で安定した状態の場合	30～48.5
・複雑で不安定な状態の場合	45～70
治療看護	45～70
ニーズの把握・介護計画策定・助言	50～75
[介護ホーム]	（1日当たり）
要介護度1	10～20.5
要介護度2	15～41.5
要介護度3	30～67
要介護度4	40～82.5

注：2009年1月現在。
出典：著者作成。

護者が，それを受給することにより他者から必要な援助を受けるための費用を賄うことができ，それによって，できる限り自律的な生活を送ることができるようにすることを目的としている。しかし，受給者に対して介護手当の使途を介護費用に制限するような法律上の規定は設けられていない。

障害保険による介護手当を受給することができるのは，スイスに居住する被保険者で，健康上の支障があるために，日常的な生活活動に継続的に他者の援助又は見守りが必要な者（要介護者）である。老齢・遺族保険による介護手当を受給することができるのは，スイスに居住する老齢年金の受給者等で，要介護者に該当する者である。介護手当は要介護者の所得及び資産の額にかかわりなく支給される。

要介護者は，相当の援助を必要とする日常生活活動の範囲，継続的な見守りの必要性などに応じて3段階の要介護度に区分される（表3-17）。障害保険及び老齢・遺族保険による介護手当の額は，要介護度に応じて表3-18のとおり定められている。老齢・遺族保険による介護手当は施設入所の軽度の要介護者には支給されない。集中的な世話が必要な18歳未満の在宅の者に対する介護手当の額には，世話のために必要な時間に応じた加算が行われる。介護手当は必ずしも要介護者の全ての介護ニーズをカバーするものではない。

第3章　現行の介護保障制度

表3-17　要介護度の区分

区分	要　件
重度	全ての日常生活活動において定期的に相当の援助を必要とし，かつ，継続的な介護又は見守りを必要とすること
中度	次のいずれかに該当すること ①大部分の日常生活活動において定期的に相当の援助を必要とすること ②2以上の日常生活活動において定期的に相当の援助を必要とし，かつ，継続的な見守りを必要とすること ③2以上の日常生活活動において定期的に相当の援助を必要とし，かつ，継続的に生活実践的な付き添いを必要とすること[1]
軽度	次のいずれかに該当すること ①2以上の日常生活活動において定期的に相当の援助を必要とすること ②継続的な見守りを必要とすること ③障害により常時手間のかかる介護を必要とすること ④重度の感覚障害又は身体障害のために，定期的に相当のサービスを受けることによってのみ，社会的なつながりを維持できること ⑤継続的に生活実践的な付き添いを必要とすること[1]

注：1）ホーム以外で暮らす成人が健康上の障害により，①他者の付き添いなしに自立して暮らすことができない場合，②住居外での活動に付き添いを必要とする場合，又は③継続的に孤立する深刻な恐れがある場合には，生活実践的な付き添いを必要とするとされる。
出典：著者作成。

表3-18　介護手当の月額

（単位：フラン）

	入　所			在　宅		
	軽度	中度	重度	軽度	中度	重度
障害保険	228	570	912	456	1,140	1,824
加　算	—			456/912/1,368[1]		
老齢・遺族保険	—	570	912	228[2]	570	912

注：2010年1月現在。
　1）世話のために必要な時間が，4，6又は8時間以上の場合に対応した加算額。
　2）2010年7月以降支給。
出典：著者作成。

　障害保険による介護手当の支給期間は，最長で，出生から老齢年金受給開始年齢（女性64歳，男性65歳）に達するまでである。障害保険による介護手当の受給者は，老齢年金の支給開始年齢に達した後も要介護状態が継続する場合には，障害保険に代わって老齢・遺族保険から介護手当を受給すること

になる。この場合に、老齢・遺族保険からの介護手当は従前の介護手当の金額を下回らないこととされている。[63]

スイスにおいては、在宅介護優先の考え方が法律上明記されているわけではない。しかし、2004年に施行された障害保険法の第4次改正[64]により、障害保険による介護手当の金額を、在宅の場合には入所の場合の2倍にすることや在宅の18歳未満の者の場合に加算を行うことが導入されるなど、在宅介護を推進することを目的とした取り組みが行われている。その理由は、政府としては、要介護者の在宅での自立を維持することにより、介護ホームに対する需要を長期的に抑制し、医療保険や補足給付に要する費用を節約したいと考えていることにある (Europäische Kommission, 2006：Schweiz, 2-3)。

障害保険及び老齢・遺族保険において、年金給付のための費用は、被保険者の負担する保険料[65]、被保険者が被用者である場合にはその使用者によって負担される保険料及び国庫補助によって賄われている。これに対し、介護手当の費用は全て国庫によって負担されている。つまり、介護手当は社会保険の給付でありながら、これに要する費用は全額国庫補助により賄われるという変則的な仕組みとなっている。

この仕組みが採用された背景には、次のような事情がある。スイスと欧州連合加盟国との間では労働者の自由移動が認められており、多くの欧州連合加盟国の国民がスイスで就労している。このような就労を終え母国に帰国した者であっても、要介護となった場合には、欧州連合の規則 VO (EWG) 1408/71の第10条に基づき、スイスの社会保険がその負担により介護手当を支給しなければならなくなる。[66]このような負担が生じることを避けるためには、介護手当が将来の給付受給者が支払う保険料とは無関係であり、給付国であるスイスにおける経済的・社会的な状況と密接に関連した特別の給付であるとの形態をとる必要があった (Kieser, 2008：26, 123)。

(2) 補完的な給付　要介護者に対しては以上のような医療保険等による給付が行われているが、これにより要介護者の全ての介護ニーズが満たされるとは限らない。このため、要介護者は、場合によっては、自らの負担により残りの介護ニーズを満たさなければならない。しかし、

全ての要介護者が自らそのような負担を負えるわけではない。このため,医療保険等による介護給付を補完する給付を行う制度が存在している。一つは「老齢,遺族又は障害保険に対する補足給付に関する連邦法」(以下「補足給付法」という)[67]に基づく補足給付(Ergänzungsleistung)であり,もう一つは各州の州法に基づく社会扶助(Sozialhilfe)である。

① 補足給付

補足給付は,老齢・遺族保険による年金,障害保険による年金又は介護手当などの受給権を有する者が,その収入では必要な支出を賄えない場合に行われる[68]。補足給付の給付主体は州である。補足給付には年間補足給付(jährliche Ergänzungsleistung)と「疾病及び障害に伴う費用の補填(Vergütung von Krankheits- und Behinderungskosten)」がある。年間補足給付に要する費用は連邦が8分の5,州が8分の3を負担し,疾病及び障害に伴う費用の補填に要する費用は州が全額負担している。

年間補足給付は,一定の基準に従って算定された一般的な生活費のために必要な支出が収入を上回る場合に支給される。給付額は支出と収入の差に相当する金額である。介護ホームで生活する者の場合には,介護・世話の費用を含め介護ホームに支払わなければならない費用全体が必要な支出となる。このほかに小遣いなどの個人的な費用として州が定める金額が必要な支出として認められる。一方,収入に算入されるのは,老齢・遺族保険,障害保険などによる年金,利子,賃貸料などの資産収入などである。介護ホームで生活している場合には,これらのほかに介護手当が収入に算入される。補足給付を受けるために資産の全てを処分することまでは求められないが,資産額の一部に相当する金額が収入に算入される。

年間補足給付の受給者は,年間補足給付の対象となる一般的な生活費のほかに疾病及び障害に伴う費用を必要とする場合には,年間補足給付に加えて「疾病及び障害に伴う費用の補填」を受けることができる。この補填の対象となる疾病及び障害に伴う費用には,居宅及びデイサービス施設での援助,介護及び世話などに要する費用が含まれる[69]。ただし,この費用の補填は,医

療保険による介護給付などによりカバーされない範囲において行われる。

② 社会扶助

　生存権の保障について定める連邦憲法第12条の規定を受け，各州は文化的・社会的な最低限度の生活を保障することを目的として社会扶助を行っている。自らの資力あるいは他の社会給付（補足給付を含む）ではどうしても満たしきれない介護ニーズは，その原因のいかんを問わず，社会扶助によって満たされる。社会扶助の給付の具体的な基準に関しては，州，地方自治体，民間団体により構成されるスイス社会扶助会議（SKOS）により指針が定められている。社会扶助を受ける場合には，扶助受給者が所有する資産を処分することや，扶助受給者を扶養する義務のある親族が援助を行うことなどが求められる。社会扶助に要する費用は州及び地方自治体により負担される。

(3) 介護サービス等の確保

　介護サービスの供給を含む保健医療サービスの供給システムに関する行政は，連邦，州及び地方自治体による3層構造となっている。シュピテックス，介護ホームなどが，医療保険の費用負担により行われる介護給付を担当するためには，連邦法である医療保険法に定める要件を満たすことにより同法による認可を受けなければならない。一方，シュピテックス，介護ホームなどによる在宅サービス及び入所サービスの供給体制を整備することは各州の責任とされている。特に入所サービスに関しては，需要に適合したサービス供給を確保するため，各州は整備計画を定めている。なお，サービス供給体制の整備に関する州の権限の一部（特に，訪問介護に関するもの）は市町村に委任されている。

　医療保険による医療・介護給付の質を確保するための組織的・科学的なコントロールを行うことについて定めることは，連邦政府の権限とされている。これを受け，「医療保険に関する政令」においては，サービス供給者の連合会は，給付の質の基準や質の改善に関する基本的考え方及びプログラムを策定するものとされている。このプログラムには，質の評価指標，質の確保のための方策，実施日程などが定められる。また，サービス供給者の連合会及び保険者の連合会は，質に関する審査の実施，問題がある場合の対応，費用

負担などに関して合意するものとされている。

　スイスにおいても，家族介護者に対する支援策の必要性は認識されている（Zumbrunn, Meyer, 2007：247）。このため，スイス赤十字などは，いくつかの州において，家族介護者の負担軽減プログラムとして代替介護者の派遣，デイサービス事業の実施，情報提供・相談所の設置などを行っている。しかし，家族介護者に対する支援策の大部分は地域的に実施されており，その実施状況には地域間で大きな格差が存在する。家族介護者の支援策は，全体としてみると連携及び整合性を欠いており，なお改善が必要な状態にある。

　スイスには，老人介護等に関する独立した専門職の養成教育制度は存在せず，シュピテックスや介護ホームでの介護サービスの提供に関しても看護師が専門職として重要な役割を果たしている。看護師の養成教育制度は，従来は州の管轄とされていたが，2004年に施行された連邦職業教育法により新たに全国統一的な枠組みが構築された。

（3）　実施状況

　要介護に関する給付を行う各制度の実施状況は次のとおりである。

　まず，医療保険による介護給付のための支出額は，2007年には約22億フラン（介護ホームに約17億フラン，シュピテックスに約5億フラン）となっており，医療保険の支出総額の10％を占めている。この給付のための支出額の推移をみると，1996年に給付が導入された直後には非常に大きな伸び率となったが，報酬の枠組算定基準が適用されたことにより，1999年以降は医療保険の支出総額の伸びを大きく上回る状況にはない（表3-19）。

　老齢・遺族保険による介護手当の受給者は，1999年1月の約3万9000人から2009年1月には約4万6000人に増加した。受給者の要介護度別の内訳は，重度50％，中度42％，軽度8％となっている。老齢・遺族保険の介護手当の支給総額は，1998年の約3.4億フランから2008年には約4.5億フランに増加した（表3-20）。

　障害保険による介護手当の受給者は，1999年1月の約2万3000人から2009年1月には約3万1000人に増加した。成人の受給者の要介護度別の内訳は，

第Ⅱ部　ドイツ，オーストリア及びスイスの比較分析

表3-19　医療保険の介護給付費の推移

年	介護給付費[1]		医療保険の給付費[1]総額対前年伸び率（％）
	金額（百万フラン）	対前年伸び率（％）	
1996	798	—	—
97	1,083	35.7	5.5
98	1,316	21.5	6.7
99	1,405	6.8	4.3
2000	1,468	4.5	5.9
01	1,528	4.1	5.9
02	1,682	10.1	4.3
03	1,798	6.9	4.8
04	1,938	7.8	6.8
05	1,975	1.9	6.3
06	2,044	3.5	1.3
07	2,163	5.8	4.7

注：1)「給付費」は，被保険者による自己負担を控除する前の額である。
出典：BAG, 2009に基づき著者作成。

重度23％，中度33％，軽度44％となっている。障害保険の介護手当の支給総額は，1998年の約1.3億フランから2008年には約4.3億フランに増加した（表3-20）。

　ホーム居住者であって「老齢，遺族又は障害保険に対する補足給付」を受けている者は，1999年末の約5万6000人から2008年末には約6万4000人に増加した。また，そのための支出総額は，1999年の13億フランから2008年には22億フランに増加した（BSV, 2000：A1.3, A2.5；BSV, 2009c：Tabelle 1.3, 2.5）。

　介護ホーム及びシュピテックスの経常費用及び投資費用（以下「介護費用」という）の総額は，1995年の約49億フランから2002年には約70億フランへと43％も増加した（Bundesrat 2005：2058）。この70億フランの内訳は，介護ホームの費用が約60億フラン，シュピテックスの費用が約10億フランとなっている。介護費用の負担区分をみると，2002年では介護費用の61％は家計により負担されている（表3-21）。この表は介護費用の直接的な負担者により区分されている。老齢・遺族保険及び障害保険による介護手当並びに補足給付は，一旦家計に支給されてから，家計による介護費用の負担に充てられるた

第3章 現行の介護保障制度

表3-20 介護手当の受給者数等の推移

[老齢・遺族保険]	1999年1月	2009年1月
受給者数	38,965	46,356
（内 訳）		
・重 度	58.5%	49.9%
・中 度	34.1%	42.1%
・軽 度	7.4%	8.0%
[障害保険]	1999年1月	2009年1月[1]
受給者数	22,979	31,078
（内 訳）		
・重 度	25.9%	22.6%
・中 度	34.5%	33.1%
・軽 度	39.6%	44.3%

	支給総額（百万フラン）	
	1998年	2008年
[老齢・遺族保険]	343.6	445.9
[障害保険]	132.8	430.1

注：1) 2009年1月現在の受給者数及びその内訳は，公表データの都合により，成人の受給者のみの数字を用いている。
出典：BSV, 1999a, BSV, 1999b, BSV, 2009a及びBSV, 2009bに基づき著者作成。

め，この表の家計による負担額の中に含まれていることになる。これに対して，医療保険による負担は介護費用の約20％にすぎない。なお，表3-21の州及び地方自治体による負担は，介護ホームなどの施設整備費や運営費に対する補助である。

シュピテックスは，1997年の1003か所から2007年には639か所に減少している（表3-22）（BSV, 2002：Tabelle 9.1. BFS, 2009 a：T3, 6.1, 6.2）。シュピテックスの94％は

表3-21 介護費用総額の負担割合
（単位：％）

	2002年
医療保険	20.6
その他社会保険	2.6
州/地方自治体	13.5
家 計	61.3
その他	2.0
介護費用計[1]	100.0

注：1) 介護費用には，介護ホーム及びシュピテックスの経常費用及び投資費用が含まれる。
出典：Bundesrat, 2005に基づき著者作成。

公益的な団体（社団法人，財団法人）により，その他は地方自治体連合等の公法上の団体により運営されている。この間，シュピテックスの職員数には大きな変化はないが，常勤換算では34％の増加となっている。1997年には

表3-22 シュピテックス及び介護ホームの状況

	1997年	2007年	増減率(％)
[シュピテックス]			
か所数	1,003	639	−36.3
職員数(常勤換算)	8,910	11,960	34.2
	2001年	2007年	増減率(％)
[介護ホーム]			
か所数	1,423	1,509	6.0
定員数	81,400	86,109	5.8
職員数(常勤換算)	55,807	71,562	28.2

出典：BSV, 2002, BFS, 2009a, BFS, 2003及びBFS, 2009bに基づき著者作成。

1050万時間のサービスが19万7000人の利用者に，2007年には1230万時間のサービスが20万5000人の利用者に対して行われた。このように，利用者数の増加率に比べてサービス時間の増加率が大きくなっている。サービス時間増加の原因としては，入院療養への包括報酬の導入により早期退院が促進されていること，医学の進歩により在宅療養の可能性が拡大したことなどが，シュピテックスのサービスに対する需要を高めていることがあげられる（Gmür, Rüfenacht, 2007：354）。

一方，介護ホームは，2001年の1423か所から2007年には1509か所に増加している（BFS, 2003：Tabelle D.2.；BFS, 2009b：Tabelle 0-4）（表3-22）。介護ホームのうち，公法上の団体によるものが3割，運営費補助の保証を受けている私法上の団体によるものが3割，運営費補助の保証を受けていない私法上の団体によるものが4割を占めている。介護ホームの定員も，2001年の約8万1000人から2007年には約8万6000人に増加している。2007年の65歳以上人口1000人当たりの定員数は，全国平均では70人となっているが，州単位では24人から101人までの格差がある。介護ホームの職員数（常勤換算）は，2001年の約5万6000人から2007年には7万2000人に増加している。

スイスの西部及び北部においては，80歳以上の者がシュピテックスのサービスを利用する割合が40〜50％と高く，介護ホームに入所している者の割合が15％程度にとどまっている。これに対して，シュピテックスのサービスを

利用する割合が30％以下の地域では，介護ホームに入所している者の割合が25％を超えている。このことは，シュピテックスによるサービスが介護ホームでの介護に代わる選択肢としての機能を発揮していることを示している（Gmür, Rüfenacht, 2007：353）。

4　介護保障制度の比較分析

　ドイツ，オーストリア及びスイスにおいては，介護政策に重大な影響を及ぼす共通した変化がみられる。出生率の低下と寿命の伸長に伴う人口の高齢化により，2030年において60歳以上人口が全人口に占める割合は，いずれの国でも30％を超えるものと見込まれている。また，これに伴い要介護者数も現状の1.5倍以上に増加すると予想されている。
　この3か国においては，多くの要介護者が家族による介護を受けている。また，家族介護者の多くが女性であることも共通している。しかし，家族等が無償で行うインフォーマルな介護の比重に関しては，この3か国の間での違いがみられる。すなわち，介護に関する家族の役割が重視されるドイツ及びオーストリアと比較して，スイスでは伝統的に地方自治体の役割が重視されている。このような考え方の違いは，要介護者のうち居宅での生活を送っている者の割合の違いにも表れている。
　ドイツやオーストリアでも，介護を行う家族の負担は大きく，また，就労状況や家族関係も変化していることから，家族が要介護者を介護することは今後ますます難しくなるものと予想される。家族等による介護に代わる選択肢の一つは，介護ホームにおける介護である。しかし，この3か国では，介護ホームへの入所ではなく，在宅サービスの拡充等により，要介護者が希望どおり，できる限り長い間住み慣れた家庭や地域で暮らせるようにすることが政策的な目標となっている。
　他の中欧諸国と同様に，この3か国においては1990年代に包括的な介護保障のための新たな制度の導入又は既存制度の拡充が行われた。しかし，それぞれの介護保障制度には次のような構造的な特徴が存在する。要介護のリス

クに関して，ドイツ及びオーストリアでは，包括的な保障を行うための独立した制度が新たに設けられたのに対して，スイスでは，分立した既存の社会保険制度により行われる介護給付が拡充された。ドイツ及びオーストリアでは，個別の分野ごとに特定の者を対象に介護給付を行う従来のシステムは，要介護者が受けられる介護給付に格差をもたらし，また，国民全体に介護を保障するためには不十分であることから，これらの問題を解決するために統一的・包括的な制度の導入が必要であると考えられた。このことが，両国とスイスとの違いにつながった。

しかし，ドイツ及びオーストリアで実際に導入された制度は互いに大きく異なり，一方は社会保険としての介護保険であり，もう一方は税を財源として対象者の年齢や所得にかかわりなく普遍的に介護手当を支給する制度である。つまり，両国では，要介護以外の伝統的なリスクに対する保障は社会保険により行われているにもかかわらず，要介護のリスクに対する保障に関しては，異なる考え方に基づく制度が採用されたことになる。これは，増加する介護費用を賄うための財源確保の可能性や社会保険料負担の増加による労働コストの上昇が，産業の国際競争力及び国内雇用に与える影響に関する考え方の違いに起因するものである。

このような相違はあるものの，この3か国の介護保障制度は，いずれもできる限り広範囲の国民を対象に要介護のリスクに対する保障を行うものとなっている。このことは，税を財源として普遍的な給付を行う制度を導入したオーストリアだけでなく，社会保険による対応を選択したドイツやスイスの場合にも当てはまる。ドイツの介護保険は伝統的な被用者保険の考え方を踏襲したものとなっている。しかし，介護保険とそれと同等の給付を行う民間介護保険を合わせたシステムは，全体としてみると「皆保険」に相当するものになっている。スイスにおいては，介護給付を行う制度である医療保険並びに老齢・遺族保険及び障害保険への加入義務が全ての居住者に課されている。また，この3か国では，対象者が要介護となった場合には，その所得及び資産の多寡にかかわりなく必要な給付を受給する権利が発生する仕組みとなっている。このことは，社会保険の給付として介護給付を行うドイツ及び

スイスの場合だけでなく，税を財源として給付を行うオーストリアの場合にも該当する。

ただし，若年障害者・障害児の扱いに関しては，国による違いがみられる。すなわち，ドイツの介護保険制度やオーストリアの介護手当制度においては，対象者の年齢にかかわりなく給付が行われているのに対して，既存制度を活用したスイスの場合は，介護手当の支給は対象者の年齢によって担当する制度及びその内容が異なっている。

この3か国の介護保障制度の具体的な内容に関しては，次のことが比較の視点から特に重要な点としてあげられる。

1点目は要介護者の範囲である。どの程度の援助の必要性を有する者を要介護者として介護給付の対象とするかについては，国による違いがみられる。ドイツ及びオーストリアでは，要介護者の要件が要介護時間などを基に定められており，また，要介護者と認められるために最低限必要な要介護時間には大きな違いはみられない。それにもかかわらず，要介護者の割合では，オーストリアがドイツを大きく上回っている。これは，要介護時間の算定方法の違いに加え，ドイツでは1日90分以上の要介護時間の少なくとも半分は家事援助ではなく，基礎介護に要する時間でなければならないことにあると考えられる。

一方，スイスでは，介護手当の支給対象となる要介護者の要件が相当の援助を必要とする日常生活活動の範囲などに基づいて定められている。このため，要介護者の要件をドイツ及びオーストリアと比較することは困難である。しかし，スイスの老齢年金受給者に占める介護手当受給者の割合とドイツの要介護高齢者の割合を比較した場合には，前者の割合の方が低いことから，スイスにおける要介護者の範囲はドイツの場合よりも狭いと推測される。

以上の比較・考察により，この3か国の間で介護を要する者の発生率に大きな差がないとすれば，オーストリアの場合の要介護者の基準が最も緩やかなものになっていると考えられる。

2点目は現金給付と現物給付の関係である。この3か国の介護保障制度ではいずれも現金給付が行われている。これらの現金給付は，その使途が制限

されていないため，介護サービスに要する費用に充てるだけでなく，介護を行う家族に報いるために用いることも可能である。なかでもオーストリアやドイツにおける現金給付の導入は，要介護者が誰からどのような介護を受けるかを自ら決定できるようにするという目的と結びついたものであった。

ただし，介護保障制度における現金給付と現物給付との関係は，この3か国間で大きく異なっている。ドイツの場合には，現金給付は在宅介護の場合に現物給付に代わる選択肢として設けられている。また，スイスの場合には，在宅での治療介護や基礎介護，並びに介護ホームでの介護が現物給付として行われている。したがって，この両国の要介護者は，現金給付の代わりに，又は現金給付と併せて，必要な介護サービスを現物給付として受けることが可能となっている。これに対して，オーストリアの場合には，直接的には現金給付のみを行う制度となっているため，現金給付を基に介護サービスを利用できるかどうかは，実際に購入可能なサービスが身近に十分存在するかどうかにかかっている。

3点目は給付の水準である。ドイツの介護保険による給付，オーストリアの介護手当及びスイスの社会保険による給付は，必ずしも受給者の全ての介護ニーズを満たすものではない。また，これらの制度には，低所得の受給者に対して自己負担を軽減するような仕組みは設けられていない。したがって，特に入所介護の場合には，要介護者は介護給付を受けたとしても介護費用の相当部分を自己負担しなければならない。このため，要介護者に必要な介護を確保するためには，これらの費用を自らの所得や資産により負担しきれない要介護者への対応が重要な意味を持っている。このような対応を行うものとしては，社会扶助等の補完的な給付が大きな役割を担っている。ただし，補足性原理が適用される社会扶助の給付を受けるとなると，受給者の資産の処分や家族による負担が求められる場合がある。この点に関して特に注目されるのはスイスの補足給付制度である。この制度は，各受給者にとって必要な支出と得られる収入とに応じて行われるが，補足性の原理の適用を緩やかにすることにより，対象者にとってはより利用しやすい制度となっている。

4点目は家族介護者に対する支援である。この点に関しては，介護におけ

る家族の役割についての考え方の違いを反映した差異がみられる。家族の役割が重視されているドイツやオーストリアでは、無償で介護を行う家族に対して金銭的に報いることに役立つ介護手当を支給することにとどまらず、代替介護の確保、家族介護者の社会保障、相談・情報提供などの広範な取り組みが全国的な制度として実施されている。特に、ドイツにおいてはこれらが介護保険による給付として行われている。これに対して、スイスでは、家族介護者を支援するための取り組みは地域的に実施されているものの、全体としての連携や整合性を欠く状況にある。

　5点目は介護サービスの供給体制の整備である。現物給付として介護サービスを提供するドイツやスイスだけでなく、オーストリアにおいても、連邦及び州により介護サービス供給を質・量の両面で拡充するための取り組みが行われている。つまり、現金給付を中心とする制度を有するオーストリアにおいても、介護手当によって実際に利用可能な介護サービスの供給があるかどうかは、市場に委ねられるべき問題ではないと考えられている。

　ただし、現物給付と現金給付とでは、サービスの質の確保のための措置に関して違いがみられる。すなわち、現物給付として提供される介護サービスに関しては、給付制度自体に質の確保のための仕組みが組み込まれている。その中では、質の基準、質の確保措置になどに関する保険者とサービス供給者との取り決めが行われるなど、当事者による努力を通じて質の向上を図ることに重点が置かれている。これに対して、現金給付である介護手当の支給は介護サービス供給と直接的な関係を持つものではなく、オーストリアでは規制法に基づく公的な基準の設定とその遵守状況の州当局による監視が質の確保のための重要な手段となっている。

　また、介護サービスの質の確保にとって重要な意味を持つ専門職に関しては、ドイツ及びオーストリアでは介護士と看護師の資格が併存しているのに対して、スイスでは看護師が病人の看護と高齢者等の介護の両分野にまたがる専門職として位置づけられている。いずれの国においても、これら専門職の資質の向上を図るため、専門職の養成教育制度の全国統一化と内容の見直しが行われた。

第II部　ドイツ，オーストリア及びスイスの比較分析

　6点目は介護給付のための財源である。この点に関しては，3か国の間で大きな違いがみられる。ドイツでは保険料財源が，オーストリアでは税財源が選択されたのに対して，スイスでは給付の種類により財源が異なっている。このような相違が生み出された背景には，社会保険料負担が労働コストに与える影響，公的財政需要が拡大する中での財源確保の可能性などについての判断の違いがある。注目されることは，スイスでは，母国に帰国した外国人への送金義務を免れることができるかどうかが給付の財源を選択する際の重要な判断要素の一つとなったことである。

　この3か国における介護保障制度の実施状況を比較すると，いずれの国においても，介護給付受給者数や介護給付に要する費用は年々増加している。また，介護サービス供給体制の整備も進められてきており，介護分野での雇用機会の拡大にもつながっている。これらは，新たな介護保障制度の導入がもたらした成果として評価できるものである。しかし，人口高齢化に伴う要介護者の増加，家族関係や就労状況の変化は，介護保障のための費用をますます増加させることにつながる。このため，要介護者が可能な範囲の費用負担で質の高い介護サービスを受けられることを保障する介護保障制度をいかにして長期的に確保していくかが，この3か国にとっての最も重要な課題であるといえる。

　次章以降においては，このような課題に対応するための改革政策をはじめ，以上の比較分析の結果を踏まえた主要な論点について順次検討を進める。

注
(1)　連邦統計庁が，国外からの流入人口から国外への流出人口を引いた数が年間20万人との前提の下に行った中位推計の結果（2006年公表）による。
(2)　生活習慣の改善や予防・リハビリテーションが推進されることにより，要介護となる年齢が現在よりも高くなれば，要介護者数はこれほど増加しない可能性もある。
(3)　社会保険としての医療保険のことを単に「医療保険」という。
(4)　保険加入限度額は2009年では4万8600ユーロとなっている。
(5)　平均報酬額（Bezugsgröße）は2009年では旧西独地域が年3万240ユーロ，

旧東独地域が年2万5620ユーロとなっている。
(6) 医療保険の任意被保険者となることができるのは，例えば，保険加入義務がなくなった者であって，直近5年間に24か月以上又は直近の12か月間連続して被保険者であった者などである。
(7) 任意被保険者の配偶者又は子であって，その収入が平均報酬額の7分の1を超えない者などは，介護保険の家族被保険者となる。
(8) このほかにも，直近10年間に2年の被保険者期間があることが要件となっている。
(9) 身体の手入れには入浴，排便・排尿など，移動には起床・就寝，衣服の着脱などの日常生活活動が含まれる。
(10) MDKは，各種の疾病金庫が州レベルで共同設置する組織であり，本来の任務は疾病金庫のために必要な専門医学的な知見を提供することにある。
(11) 基礎介護は，身体の手入れ，栄養摂取及び移動の分野における日常生活活動に関する援助であり，我が国でいう身体介護に該当する。
(12) このようなケースとしては，退院直後の経過的な期間にある場合，あるいは，その他の緊急事態において一時的に在宅介護あるいは部分入所介護が不可能又は不十分な場合が当てはまる。その他の緊急事態としては，例えば，家族等の介護者に支障があり，かつ，代替介護が確保できない場合，要介護者の状態が一時的に相当悪化した場合などが考えられる。
(13) この追加的な金銭的援助の対象には，基礎介護及び家事援助の必要性が要介護度Ⅰと認定される程度に満たない者も含まれる。
(14) 介護に関連する費用のほかに，社会的な世話及び医学的な治療看護のための費用が含まれる。社会的な世話にはホームでの文化活動等への参加や周りの人との関係を維持するための援助が，治療看護には注射，カテーテル及び胃ゾンデの装着，浣腸，薬を服用させることなどの医療行為が含まれる。
(15) ホーム報酬とは，社会扶助の給付主体が施設の運営主体との合意に基づき施設の提供した給付に対して支払う報酬のことをいう。
(16) 任意被保険者としての保険料は介護休業期間を除き本人の負担となる。
(17) 家族介護者に対する給付の詳細については，第6章第1節において後述する。
(18) 介護相談員の職務に従事するのは，老人介護士，看護師，ソーシャルワーカーなどで，所定の講習及び実習を修了した者である。
(19) ドイツでは，各種サービスの地域レベルでの調整をケアマネジメント，利用者レベルでの調整をケースマネジメントと呼んでいる。

⑳　この介護専門職には，所定の養成教育を終了して看護師，小児看護師又は老人介護士の資格を有する者で，直近5年間に2年間の介護の実務に従事した経験を有するとともに，460時間以上の管理職としての継続教育を終えた者が該当する。
㉑　この助成の具体的な種類及び金額は各州の州法により規定されている。
㉒　保険料算定限度額は2009年では月額3675ユーロである。
㉓　介護保険の保険料は，従来，医療保険の保険料と同様に年金受給者と年金保険者が折半で負担することとされていた。しかし，年金保険の負担を軽減するため，2004年4月からは年金受給者が介護保険料を単独で負担することとされた。
㉔　この上乗せ保険料が導入された2005年1月現在で65歳に達している者には，上乗せ保険料は賦課されない。
㉕　介護保険が年金保険料を負担している家族等の介護者の数は，1998年以降において減少を続けている。その理由としては，現金給付から現物給付，在宅介護から入所介護への移行が進んでいること，家族等の介護者自身が高齢で，既に年金支給開始年齢に達しているケースが増加していることなどが考えられる（Bundesregierung, 2008：16）。
㉖　要介護度1～3に該当する者のうち，1日に複数回の介護を受けている者が27％，常時の介護を受けている者が43％となっている。要介護度4～7に該当する者の場合には，この割合がそれぞれ20％及び70％となる。また，主たる家族介護者の70％は，「時々」，「しばしば」又は「常に」，介護を過重な負担と感じている（BMSK, 2007c：27, 42）。
㉗　連邦憲法第15条aにおいて，連邦及び州はそれぞれの権限範囲内の事柄について相互に合意することが可能であると規定されている。
㉘　Vereinbarung zwischen dem Bund und den Ländern gemäß Art. 15a B-VG über gemeinsame Maßnahmen des Bundes und der Länder für pflegebedürftige Personen, BGBl. Nr. 866/1993.
㉙　Bundespflegegeldgesetz, BGBl. Nr. 110/1993.
㉚　Einstufungsverordnung zum Bundespflegegeldgesetz, BGBl. II Nr. 37/1999. なお，州による介護手当に関しては，同様の基準が各州の要介護度区分令で定められている。
㉛　「世話」に該当するのは衣服の着脱，身体の手入れ，食事などに関して他の者によって行われる必要がある活動であり，「援助」に該当するのは他の者に

よって行われる必要がある住居の清掃，洗濯，住居の暖房などの活動である。
(32) 要介護時間算定の基になる時間は，例えば，衣服の着脱に要する標準値が1日当たり2回×20分，身体の手入れ及び食事の準備に要する最低値が1日当たりそれぞれ2回×25分及び60分などと定められている。
(33) 必要がある場合には，看護師，ソーシャルワーカーなども審査に参加する。
(34) 例えば，要介護者が公的年金の受給者である場合には，当該年金を管轄する社会保険の保険者が介護手当の給付実施主体となる。
(35) ドイツにおいても，介護保険の導入に対しては，社会保険料負担の増加による労働コストの上昇を懸念する使用者側からの強い反対があった。しかし，ドイツでは，法定の休日を1日削減することにより，介護保険の導入による社会保険料の使用者負担分の増加を相殺することで，社会保険としての介護保険を導入することへの合意が成立した（松本，2007：41-43）。
(36) このほか，州は，介護サービスのネットワーク化，要介護者に対する相談・情報提供の確保に努めなければならないこととされた。
(37) 家族介護者支援策の詳細については，第6章第2節において後述する。
(38) 医療保険の給付は，被保険者だけでなく，その配偶者で被保険者ではない者にも行われる。ただし，このような配偶者がいる場合には被保険者に対して追加保険料が賦課される。
(39) この基金は，連邦障害者法（Bundesbehindertengesetz）第22条第1項の規定に基づき設立された公益的目的を有する法人である。
(40) 例えば，ウィーン州では，2005年3月にウィーン居住・介護ホーム法（Wiener Wohn- und Pflegeheimgesetz）が公布された。
(41) Heimaufenthaltsgesetz, BGBl. I Nr. 11/2004.
(42) 消費者保護法にホーム契約に関する規定を追加した法律をホーム契約法（Heimvertragsgesetz, BGBl. I Nr. 12/2004）と呼んでいる。
(43) 例えば，2000年1月公布のブルゲンラント社会扶助法（Burgenländisches Sozialhilfegesetz 2000）第40条は，在宅介護サービスの運営に関する基準等について定めている。
(44) 社会介護職の詳細については，第8章第2節において後述する。
(45) Vereinbarung gemäß Art. 15a B-VG zwischen dem Bund und den Ländern über Sozialbetreuungsberufe, BGBl. I Nr. 55/2005.
(46) 例えばウィーン州では，2008年2月にウィーン社会介護職法（Wiener Sozialbetreuungsberufegesetz）が公布された。この法律は，期間が3年のデ

第Ⅱ部　ドイツ，オーストリア及びスイスの比較分析

ィプロム社会介護士（Diplom-Sozialbetreuer/in）及び2年の専門社会介護士（Fach-Sozialbetreuer/in）の養成教育のほかに，200時間の授業と200時間の実習からなる「ホームヘルパー（Heimhelfer/in）」の養成教育について規定している。

(47)　この金額には，オーバーエスターライヒ州における介護ホームに係る支出額は含まれていない。

(48)　2002年末現在の供給密度は，最高のウィーン州では21.0人であるのに対して，最低のオーバーエスターライヒ州では6.1人にとどまっている。また，ディプロム看護師の割合は，最高のチロル州では36％であるのに対して，最低のウィーン州では10％となっている。

(49)　ドイツで行われている要介護認定のようなシステムを持たないスイスにおいては，要介護者の年齢区分別発生率に関して様々な調査結果が存在する。このため，この推計では，それらを基に幅を持って設定した年齢区分別の要介護者の割合を用いている。それによれば，要介護者の割合は65歳以上で9.8～11.4％，85歳以上で30～35％となる。

(50)　ただし，労働災害に起因する要介護に関しては労災保険（Unfallversicherung）により，また，兵役に起因する要介護に関しては兵役保険（Militärversicherung）により，現物給付と現金給付が行われている。

(51)　医療保険の保険者には，医療保険の運営を目的とする公法上の法人である疾病金庫（Krankenkasse）のほかに，連邦内務省の承認を得て医療保険を運営する民間保険会社が含まれる。保険者数は2007年8月1日現在で87となっている。被保険者には加入する保険者を自由に選択する権利が認められている。一方，保険者には，（当該保険者が対象地域を限定している場合には当該対象地域の）被保険者を受け入れる義務が課されている。

(52)　ただし，一つの保険者が，地域によって異なる保険料額を定めることは認められている。18歳未満の被保険者には減額された保険料が適用される。また，各保険者には，18歳以上25歳未満の被保険者の保険料を減額する権限が与えられている。

(53)　この連邦による負担は，医療保険費用の7.5％に相当する額とされており，2008年では約18億フランとなっている（BSV, 2008：3）。

(54)　Bundesgesetz vom 18. März 1994 über die Krankenversicherung, SR 832.10.

(55)　「シュピテックス」は，その職員である介護・看護従事者が在宅での治療看

護，基礎介護，家事援助などのサービスを提供する組織体であり，ドイツやオーストリアの「介護サービス事業」に相当する。
(56) Verordnung des EDI vom 29. September 1995 über Leistungen in der obligatorischen Krankenpflegeversicherung, SR 832. 112. 31.
(57) 被保険者には，成人の免責額を引き上げることや18歳未満の子供に免責額を設定することを認める代わりに保険料の割引を受けることを選択する権利が認められている。
(58) この給付の名称は直訳すれば「要援助補償金」となるが，給付の目的及び対象者を勘案して本書では「介護手当」の用語を用いることとする。
(59) 介護手当は，障害保険では1960年から，老齢・遺族保険では1969年から支給されている。
(60) 日常生活活動には，衣服の着脱，起床・就寝，整髪，入浴，食事などが含まれる。
(61) 法律上は，「要介護（Pflegebedürftigkeit）」という用語ではなく，「要援助（Hilflosigkeit）」という用語が用いられている。しかし，「社会保険法の総則に関する連邦法」（Bundesgesetz vom 6. Oktober 2005 über den Allgemeinen Teil des Sozialversicherungsrechts, SR 830. 1）第9条が定義する「要援助」の概念は，日本の介護保険法及びドイツの介護保険について規定する社会法典第11編における要介護の定義との共通性を有することから，本書では「要介護者」の用語を用いることとする。
(62) 要介護に関する審査は，障害に関する審査などを担当する障害保険署（IV-Stelle）が担当している。障害保険署は州が設置する公法上の機関である。複数の州が共同で障害保険署を設置することもできる。
(63) したがって，これらの者は，その要介護度がたとえ軽度であったとしても，老齢・遺族保険からの介護手当を受給することができる。
(64) Bundesgesetz vom 21. März 2003（4. IV-Revesion）, AS 2003 3837.
(65) 保険料の負担義務があるのは，非就業者であって20歳以上65歳（女性は64歳）未満の者及び就業者（自営業者を含む）である。ただし，就業している被保険者に非就業の配偶者がいる場合に，当該被保険者が最低保険料（2009年で年460フラン）の2倍以上の保険料を支払ったときは，配偶者の保険料を併せて支払ったものとみなされる。
(66) スイスは，1999年6月に欧州共同体（現在の欧州連合）及び欧州共同体加盟国との間で「移動の自由に関する協定」（Freizügigkeitsabkommen）を締結

した。これにより，スイスにも VO(EWG)1408/71が適用されることになった。この協定に関しては，本書第1章第5節第2項を参照されたい。
(67)　Bundesgesetz vom 6. Oktober 2006 über Ergänzungsleistungen zur Alters-, Hinterlassenen- und Invalidenversicherung, SR 831. 30.
(68)　補足給付制度の詳細については，第7章第3節第2項において後述する。
(69)　介護ホーム入所者の介護・世話に必要な費用は，前述のとおり年間補足給付の対象となるため，「疾病及び障害に伴う費用の補塡」の対象となる費用には含まれない。
(70)　Verordnung vom 27. Juni 1995 über die Krankenversicherung, SR 832. 102.
(71)　2002年では，老齢・遺族保険と障害保険による介護手当のための支出額は，それぞれ約4億フラン，約1.5億フランとなっている。
(72)　その内訳は，介護サービスが61％，家事援助サービスが38％，その他が1％となっている。

第4章
改革政策

　ドイツ，オーストリア及びスイスでは，1990年代の中ごろに新たな介護保障制度の導入又は既存制度の拡充が行われた。その後10年以上が経過し，その間に明らかとなった問題と今後の要介護者の増加に対応するため，2008年にはこの３か国のいずれにおいても広範な内容を持った改革法が制定された。この章ではこれらの改革について検討する。

1　ドイツの介護継続発展法

（１）　改革の背景

　これまでの実施状況をみる限りにおいて，介護保険は要介護者の状況を改善することに大きく貢献したということができる。介護保険は，200万人を超える要介護者に対して必要な給付を行うことにより，要介護者及びその家族の負担を軽減した。要介護者の３分の２は介護を受けながら居宅で生活しており，在宅介護を優先するとの理念は現実のものとなっている。介護保険による金銭的な負担の軽減は介護扶助受給数を介護保険導入時と比べて40％も減少させた。これによって，介護扶助のための州及び地方自治体の支出総額は３分の１程度に縮小した。

　また，介護保険は，介護分野への民間事業者の参入を促進し，サービス供給の拡大をもたらした。このことは，要介護者にとっては，多様な主体が提供する介護サービスの中から自分が利用するサービスを選択できる可能性が拡大したことを意味している。介護サービス供給の拡大は介護分野での追加的な雇用機会を創り出した。

さらに，要介護者の介護を行う家族等に係る年金保険料が介護保険により負担されるなど，家族等の介護者に対する社会保障も改善された。これによって，家族等により無償で行われるインフォーマルな介護が社会的に評価されることになった。

　以上のような状況を反映して，介護保険は被保険者及び要介護者の双方から肯定的に受け止められている（von Schwanenflügel, 2008：4）。その一方で，これまでの実施状況にはいくつかの問題点がみられた。給付に関しては，給付受給者全体に占める入所介護給付受給者の割合が徐々に上昇し，在宅介護から入所介護への移行が少しずつ進んでいる。また，介護報酬が引き上げられているにもかかわらず，介護保険による給付の上限額は固定されたままであるため，介護保険によって受けられるサービスの量は減少した。介護保険財政には，1999年以降，毎年のように赤字が発生した。このほかにも，サービスの利用に関する相談援助の実施及びサービスの提供を調整する仕組みの導入，高齢者のための新たな居住形態の開発・普及，認知症患者等に配慮した要介護概念の見直し及び給付の改善，介護サービスの質の向上，介護サービス供給の一層の拡充などの必要性が指摘された（Bundestagdrucksache 15/3241；BMFSFJ, BMGS, 2005）。

　これまでも，介護の質の確保・向上及び利用者の権利の強化を目的とした「介護の質の確保法」[1]や認知症患者等に対する給付の改善を目的とした介護給付補完法[2]の制定などが行われてきた。しかし，上記の問題に対処するためには，介護にかかわる広範な分野を対象とした一層の改革が必要と考えられた。

　このため，キリスト教民主・社会同盟（CDU／CSU）及び社会民主党（SPD）によるいわゆる大連立政権の下で，介護保険に関するこれまでで最も包括的な改革が行われることになった。この改革への本格的な取り組みは，先行して実施された医療制度改革のための法律が成立した2007年春から開始された。この改革を実現するための介護継続発展法案は，連立与党内での議論を経て同年10月に閣議決定され，議会に提出された。同法は，翌年春に可決され，2008年7月から施行された[3]。

（2） 改革の内容

介護継続発展法による改革の主な内容は次のとおりである。

(1) ニーズに応じた在宅介護の推進

要介護者が希望どおり住み慣れた家庭で生活できるよう，給付を行うことを通じて在宅介護を優先的に支援することは介護保険の基本原則となっている。在宅介護サービスの利用は介護保険の実施により量的に拡大している。しかしながら，ドイツの介護保険には，日本の居宅介護支援（ケアマネジメント）のような制度は設けられず，サービスの提供は基本的に個々のサービス供給者に委ねられてきた。このため，要介護者に対して各種の在宅サービスが相互の連携や調整なしに別個に提供されてきた。これに対し，介護にかかわる関係者の参加を得て開催された介護円卓会議（Runder Tisch Pflege）[4]では，要介護者に対するサービスの提供を調整する制度の必要性などが指摘された（BMFSFJ, BMGS, 2005：20-23）。

今回の改革では，このような要請に応えて，ケースマネジメント（Fallmanagement）[5]が介護保険に導入されるとともに，介護支援拠点（Pflegestützpunkt）の整備が進められることになった[6]。ケースマネジメントは，個々の要介護者のサービスの選択・利用に関する包括的な相談援助を行うものであり，わが国の居宅介護支援に相当する。ただし，ケースマネジメントを担当するのは，介護サービス事業者ではなく，介護保険の保険者である介護金庫の介護相談員（Pflegeberater/in）である。介護金庫がケースマネジメントの実施主体とされた理由の一つは，介護金庫は，介護保険の給付についての決定権を有するため，サービスを調整する役割を引き受けることが適切であると考えられたことである。もう一つの理由は，サービス供給者との関係において中立な立場にある介護金庫がサービスの選択・利用に関する相談援助を担当すれば，ケースマネジメントによって特定のサービス供給者が有利になる恐れがないと考えられたことである。

介護相談員の質及び配置の基準については，法律の規定に従って，介護金庫中央連合会（Spitzenverband Bund der Pflegekassen）から勧告が行われた[7]。それによれば，介護相談員になるのは，老人介護士，看護師，小児看護師，

ソーシャルワーカーなどで，介護の専門知識，ケースマネジメント及び介護関連法等に関する合計400時間の講習並びに介護サービス事業等での実習を修了した者とされている。1人の介護相談員が担当する要介護者の数については，諸外国の状況などを勘案して100人が目安とされている。しかし，この勧告では，ケースマネジメントについての経験の蓄積がないことなどを理由に，各介護金庫が加入被保険者のニーズに応じた数の介護相談員を確保しなければならないとされただけで，具体的な基準は示されなかった。

ケースマネジメントのプロセスは，援助ニーズの把握・分析，サービス計画の策定，計画に基づく措置の実施に対する働きかけ，実施状況の監視，必要に応じた計画の変更などから構成されている。サービス計画の策定及び実施は要介護者本人及びサービス提供にかかわる者の同意を得て進められる。ケースマネジメントに要する費用は介護金庫と疾病金庫により折半で負担される。

介護支援拠点は，地域におけるサービス供給のネットワークを構築するための拠点であり，我が国の地域包括支援センターに相当する。介護支援拠点は，州の担当省庁の定めに従って，介護金庫及び疾病金庫により各地域に設置・運営される。地域の高齢者対策及び介護扶助の実施主体である地方自治体や，認可介護施設なども，介護支援拠点の運営に参加することができる。介護支援拠点が設置された場合には，介護相談員の活動は介護支援拠点において行われる。介護支援拠点の役割は，介護保険及び医療保険の給付，介護扶助，ボランティアによる援助などに関する包括的かつ中立的な情報提供・相談，各種サービス提供のコーディネイト，並びにサービス供給のネットワーク化とされている。介護支援拠点の活動は，介護専門職，自助グループ，ボランティア団体などの関係者との連携・協力の下で進められる。介護支援拠点の運営に必要な費用は運営参加者の合意に基づき共同で負担される。

介護支援拠点の円滑な整備を進めるため，介護保険の調整基金から初期費用の補助が行われる。この補助の金額は，1か所当たり4万5000ユーロ（自助グループ及びボランティアが継続的に当該支援拠点の活動にかかわる場合には5万ユーロ）とされている。一方，補助の総額は6000万ユーロとされている

第4章　改革政策

ことから，全体で4000か所と見込まれている支援拠点のうち，3割程度しかこの補助を受けられない。連邦政府は，このように補助の対象が限定されていることは，補助を獲得するためにできるだけ早く支援拠点の整備を行うことへの経済的な誘因になるとしている（Möwisch et al., 2008：18）。

(2) 新たな居住形態の普及

大部分の要介護者は，できるだけ長く居宅で，少なくとも介護ホームに入らずに生活することを望んでいる。しかし，就労状況の変化などにより，家族がこの希望をかなえるための介護・支援を行うことはますます難しくなってきている。このような状況を背景として，ケア付き住宅やグループホームなどの新たな居住形態が重要性を増している。

今回の改革では，こうした新たな形態の住まいに居住する要介護者が給付を受ける条件が改善され，同じグループホームやケア付き住宅などに居住する複数の要介護者は「給付のプール（Poolen von Leistungen）」を行うことが可能となった。例えば，同じグループホームに暮らす複数の要介護者が次々と訪問介護サービスを受けることにより，サービスに要する時間が全体として節約される場合には，節約された時間を通常は訪問介護の給付の対象にならない世話に充てることが可能となった。

「給付のプール」と関連して，自営業として個人で介護を行う者が介護保険による訪問介護を行うための要件が緩和された。介護金庫が自営の介護者と契約することが認められるのは，これまでは認可介護サービス事業による介護が確保できない場合に限定されていたが，今後は要介護者の自立した生活の実現に特に役立つ場合や援助の形態に関する要介護者の希望に応える場合にも可能とされた。これにより，自営の介護者が前述の「給付のプール」の対象になるようなサービスの提供に携わることが容易となった。

(3) 認知症患者に対する給付の改善

認知症患者，知的障害者及び精神障害者（以下「認知症患者等」という）の場合には，入浴，排泄，食事などの具体的な日常生活活動と関連しない見守り及び世話（以下「一般的な見守り及び世話」という）に対する相当のニーズを有する場合がある。在宅介護の場合にはそのことが介護に当たる家族等

にとって大きな負担となるが，介護保険の要介護認定においては，このような一般的な見守り及び世話の必要性は考慮されない。なぜならば，要介護の有無及び程度は，あくまでも具体的な日常生活活動のための援助の必要性に基づき判断されるためである。このことは，認知症患者等が要介護者と認められないために介護保険による給付を受けられない，あるいは，低い要介護度に区分されたために十分な給付を受けられないことの原因となっている。

このような問題に対処するため，2001年に制定された介護給付補完法により，一般的な見守り及び世話に対する相当のニーズを有する在宅の要介護者に対して，介護保険から，通常の介護給付のほかに，新たに年間460ユーロの追加的な金銭的援助が行われることになった。この法律では，このような給付の改善が行われたが，要介護認定は従来のままで維持された[15]。このため，一般的な見守り及び世話に対する相当のニーズを有するものの，日常生活活動のための援助の必要性が要介護者と認定される程度に達しない者は，この新たな給付を受けることができなかった。

今回の改革では，日常生活活動のための援助の必要性が要介護者と認定される程度に達しない者であっても，一般的な見守り及び世話に対する相当のニーズを有する場合には，この金銭的援助の対象とされた。また，援助の金額も，一般的な見守り及び世話に対するニーズの大きさに応じて月100ユーロ又は200ユーロに引き上げられた[16]。

これと併せて，介護ホームにおける認知症患者等の一般的な見守り及び世話についても改善が行われた。すなわち，一般的な見守り及び世話に対する相当のニーズを有する要介護の入所者に対応するために，介護ホームが追加的な人員を配置する場合には，介護金庫がこのために必要な費用を報酬加算（Vergütungszuschlag）として負担することになった。この報酬加算は介護金庫のみにより負担されるため，入所者の負担は増加しない。追加的な人員の数は「認知症患者等25人に1人」が目安として示されているが，具体的な人数や報酬加算の額は，通常の介護報酬の場合と同じく，各介護ホームと介護金庫との間で取り決められる。

この追加的な人員には，介護に関する養成教育を修了した介護専門職では

なく，中高年失業者などを充てることが想定されている。これらの者は，5日間の介護ホームでのオリエンテーション実習の後，160時間の講習及び介護ホームでの2週間の実習を受講することとされている[17]。これに対して，野党や福祉団体などからはサービスの質を懸念する声が上がっている[18]。

なお，認知症患者等に配慮した要介護概念そのものの見直しについては，今回の改革とは別に，専門家による委員会が設けられ，検討が進められている[19]。その理由としては，要介護概念の見直しに当たっては，介護保険財政に及ぼす影響などを含めた包括的な検討が必要であり，そのためには今回の改革の効果を見極める必要があることなどがあげられている（Möwisch et al., 2008：47）。

(4) サービスの質と透明性の向上

サービスの質の確保に関しては，これまでも，「介護の質の確保法」の制定（2001年）をはじめ，様々な取り組みが行われてきた。今回の改革においても，サービスの質及び透明性を確保するために一層の取り組みが行われることになった。

介護保険による介護サービスの供給を担当する介護施設（介護サービス事業及び介護ホームをいう。以下同じ）の質を確保するため，介護金庫中央連合会，介護施設運営者の連邦レベルの団体など（以下「介護金庫中央連合等」という）の合意に基づき，組織（人員及び設備），サービス実施プロセス及びサービス提供結果の評価について定めた基準が設けられている。この基準は，わが国の介護保険では，居宅サービス及び施設の人員，設備及び運営について定めた指定基準に相当するものである。

今回の改革では，このような基準に加えて，科学的に根拠づけられ，かつ，専門家によって合意された介護の質の確保及び向上に関する専門家基準（Expertenstandard）を開発・更新することが，介護金庫中央連合等の新たな任務とされた[20]。専門家基準の開発・更新には，「疾病金庫中央連合会のメディカルサービス（MDS）[21]」，介護職の連邦レベルの連合会などの関係団体及び中立的な専門家も参加する。

介護金庫及び介護施設の運営者（以下「サービス供給者」という）には，介

護保険の給付が「一般的に認められた水準の医療・介護に関する知見」に基づき実施されることを確保する責務が課されている（社会法典第11編第28条第3項）。専門家基準は，この「一般的に認められた水準の医療・介護に関する知見」の具体化に貢献するものである。

専門家基準の開発は次のような手順で行われることが想定されている。まず，専門家基準策定の対象とする分野ごとに介護の実践家及び研究者からなる専門家作業グループが組織される。この作業グループには，サービス利用者や消費者団体の代表も参加する。専門家作業グループは，できる限り科学的に裏付けられた標準的な知見を把握するため，広範な専門的文献の評価を行い，それに基づき専門家基準の案を作成する。この案は，コンセンサス会議において多くの専門家により討議され，その結果が基準案に反映される。その後，介護施設において基準案のモデル実施が行われる。このような手順を経て開発された専門家基準は，連邦官報に公示され，全ての介護金庫及びその連合会並びに認可介護施設に対して直接的な拘束力を持つ。

介護施設の行うサービスの質については，従来から，介護金庫州連合会の依頼に基づき，「医療保険のメディカル・サービス（MDK）」による外部審査が行われている。介護金庫中央連合会の定めた審査指針によれば，毎年，全施設の20％を審査対象とすることが目標となっていた。MDKによる個別介護施設の審査結果は介護金庫州連合会等に報告される。また，MDKによる審査の全体的な状況は，3年ごとにMDSにより取りまとめられ，介護金庫中央連合会，連邦保健省などに報告される。

今回の改革では，まず，MDKが，2010年末までに少なくとも1度，2011年以降は少なくとも年に1度，全ての介護施設の審査を行うこととされた。この審査は事前通告なしに行われる。さらに，介護施設に関する透明性を高める観点から，MDKによる審査結果は5段階評価を付けて要介護者及びその家族にもわかりやすく公表されることになった。

(5) 給付上限額及び保険料率の引き上げ

介護保険による給付（上限）額は，1995年の介護保険の実施以降，据え置かれてきた。一方，この間にも，介護サービスの価格である介

第 4 章　改革政策

表 4-1　給付（上限）額の引き上げ

(単位：ユーロ・月額)

要介護度	従　前	2008年7月	2010年1月	2012年1月
介護現物給付				
Ⅰ	384	420	440	450
Ⅱ	921	980	1,040	1,100
Ⅲ	1,432	1,470	1,510	1,550
特別のケース	1,918	→	→	→
介護手当				
Ⅰ	205	215	225	235
Ⅱ	410	420	430	440
Ⅲ	665	675	685	700
終日入所介護（介護ホーム）				
Ⅰ	1,023	→	→	→
Ⅱ	1,279	→	→	→
Ⅲ	1,432	1,470	1,510	1,550
特別のケース	1,688	1,750	1,825	1,918

注：→は，引き上げなし。
出典：著者作成。

報酬の額は賃金・物価の上昇に対応して引き上げられてきた。つまり，介護費用が増加しているにもかかわらず，そのうちの介護保険が負担する額は変わらなかった。このため，要介護者は，従来と同じ量の介護サービスを受けるために，より多くの自己負担を行わなければならなくなった。このことは，近年において介護扶助受給者が増加する原因にもなっている。

　これに対し，今回の改革では，給付（上限）額の引き上げが行われることになった。この引き上げは，例えば，介護現物給付，介護手当及び終日入所介護給付については，表 4-1 のとおり行われる。ただし，要介護度Ⅰ及びⅡの要介護者に適用される終日入所介護給付の上限額は引き上げられない。これは，介護保険の支出増加を抑制するとともに，在宅から入所への移行を防ぐ観点から在宅介護給付と入所介護給付にかかる上限額の格差を是正するためである（Moldenauer, 2008：55-56）。しかし，介護ホーム入所者の8割を占める要介護度Ⅰ及びⅡの者に対する給付が改善されないことは，介護ホーム入所者による介護扶助受給の増加につながる恐れがある。なお，2015年か

らは3年おきに物価上昇率を勘案した給付（上限）額のスライドが行われる。

一方，給付の改善などによる支出増に対応するため，保険料率が2008年7月に従来の1.70％（子のいない被保険者の場合は1.95％）から1.95％（同2.20％）に引き上げられた。連邦政府の推計によれば，この引き上げは介護保険財政に年25億ユーロの増収をもたらすことから，2015年までは必要な費用が賄えるだけの保険料収入が得られると見込まれている（BMG, 2008e：18）。しかし，この推計には，ケースマネジメントの導入に伴う給付の受給拡大による影響が盛り込まれていない（Moldenauer, 2008：53）。このため，より早期に再度の保険料率の引き上げが必要となる可能性がある。

2005年秋の大連立政権発足時の連立協定においては，介護保険財政の長期的な安定確保策として次のような改革を行うことが合意された。一つは，人口構成の変化に備えるために，現在の賦課方式を補完する積立方式の要素を導入することである。これにより，通常の保険料とは別に特別保険料[25]が徴収され，その収入が将来の支出増に備える積立金とされる。もう一つは，介護保険と民間介護保険の間の財政調整の仕組みを導入することである。これは，介護保険の被保険者と民間介護保険の被保険者との間での公平な負担を実現するとともに，介護保険の財政的安定の確保を狙いとしたものであった[26]。しかし，前者を支持するキリスト教民主・社会同盟と，後者を支持する社会民主党との意見の対立は収まらず，予定されていた財政システムの抜本的な改革の実施は見送られた。

(6) その他

① 予防・リハビリテーションの推進

要介護の予防・軽減・悪化防止のために予防・リハビリテーションを推進することは介護保険の基本原則となっている。これを実現するため，介護金庫には医療保険などによる適切な予防・リハビリテーションが早期に開始されるようその実施主体に働きかけることが義務づけられている。また，MDKによる要介護認定の審査の際には，予防・リハビリテーションの必要性等の審査が併せて実施されている。しかしながら，従来はこの仕組みが十分に機能していなかった。このため，今回の改革では，MDKによる審査結果の介護金庫への報告，介護金庫からリハビリテーション実施主

体への情報提供に関する規定の具体化などが行われ，予防・リハビリテーションの円滑な推進が図られることになった。

　また，介護ホームが入所者に対してその機能の維持・回復に配慮した措置を実施することにより，ある入所者の要介護度が低下した場合には，1536ユーロが1回限りの報奨金として介護金庫から介護ホームに対して支払われることになった。

② 介護休業の導入

　今回の改革により，ドイツにおいても介護休業が導入され，16人以上の従業員を雇用する使用者の下で就労する者は，父母，配偶者，子などの近親者である要介護者の介護のために最長で6か月間は無給で休業し，又は勤務時間を短縮することが可能となった。この休業又は勤務時間の短縮を行う者のため，従来から行われている年金保険に加えて，医療保険，介護保険及び失業保険の保険料が介護保険により負担される[28]。

　さらに，いずれの使用者の下で就労する者であっても，家族が要介護となったためにその介護体制を整える必要がある場合，又はその間の介護を自ら行う必要がある場合には，最長で10労働日は無給で休業することが認められる[29]。

③ 介護従事者の労働報酬の改善

　地方自治体や非教会系の福祉団体である労働者福祉団などの介護従事者が加入する労働組合である統一サービス産業労働組合（Vereinte Dienstleistungsgewerkschaft）と使用者側が締結した賃金協約においては，介護従事者に対する賃金（以下「協約賃金」という）が定められている[30]。賃金協約が適用されていない民間事業者に雇用される介護従事者の賃金水準は，これよりもかなり低い場合がある[31]。今回の改革では，協約賃金よりも低い賃金での就労を余儀なくされている介護従事者の賃金水準の改善を目的として，介護金庫が介護施設（介護サービス事業及び介護ホーム）とのサービス供給契約を締結する際の要件として，当該施設がその職員に対して「その地域で通例の労働報酬

（ortsübliche Arbeitsvergütung)」を支払うことが追加された。[32]これにより，介護施設の労働報酬がこの要件を満たさない場合には，契約が締結されないか，あるいは，解除される可能性がある。そうなれば，当該介護施設は介護保険の費用負担による介護サービスの供給を行えなくなる。このような状況の下で，介護施設は「その地域で通例の労働報酬」を支払わざるを得なくなるものと考えられる。

（3）評価

今回の改革では，介護保険のこれまでの実施状況を通じて明らかとなった問題に対応するために幅広い取り組みが行われた。なかでも注目されるのは，介護サービスの質の改善のための取り組みである。

今回の改革により導入された専門家基準は，サービスの質を具体的に定義し，実践し，評価することに役立つ手段である。これによって，サービス従事者の利用者に対する責任が明らかになり，科学的な根拠に基づくサービスの実施やサービスの革新が促進され，サービスの質に関する建設的な議論を進める基礎が作り出されると期待される。したがって，専門家基準が介護保険において制度的に位置づけられたことは，個々の介護施設運営者やサービス従事者による質の改善のための自発的な努力を促進する上で重要な意味を持つものと評価できる。

併せて，MDKによる介護施設の審査が強化され，しかも，個別施設の審査結果が要介護者及びその家族に対しても分かりやすい形で示されるようになったことは，介護施設の透明性を高めることに大いに貢献するものといえる。このことは，介護の質を巡る介護施設間の競争を促し，介護の質を高めることにもつながると期待される。

個々のサービスがいかに良質のものであったとしても，それらが相互の連携を欠き，別個に提供されるのであれば，要介護者にとっては決して望ましいものとはいえない。しかも，ドイツでは，後期高齢者が増加することにより，慢性疾病や複数の疾病を持った要介護者が増加するものと予想されている。また，入院療養に対する包括的な診療報酬制度（DRGシステム）の導入

により患者の早期退院が促進されている。このため，医療サービスを含め，在宅の要介護者にかかわる様々なサービスの供給者間での適切な役割分担と連携が一層求められるようになっている。このような観点から，今回の改革によりケースマネジメントや介護支援拠点が導入され，ドイツで介護保険が導入されて以降初めて個別の要介護者のニーズに対応した包括的なサービス提供を確保する制度的な枠組みが整備されたことは，画期的なことといえる。

その具体的な仕組みをみると，ケースマネジメントの実施主体や介護相談員の研修期間にみられるように，中立性や専門性の確保に配慮したものとなっている。一方で，1人の介護相談員が担当する要介護者数や助成対象となる介護支援拠点数は，必要なコストを強く意識したものとなっている。このため実際に，全ての要介護者が身近なところで適切な相談援助が受けられる体制が整備されるかどうかについては，今後の進展が注目される。

一方，介護保険財政に関しては，給付上限額の引き上げなどに伴う当面の対応として保険料率の引き上げが行われただけで，財政システムの抜本的な改革には至らなかった。財政システムに関してどのような改革が行われ，それによりどの程度の財源確保が可能となるかは，個別の問題への対応にも大きな影響を与える。例えば，認知症患者等に配慮した要介護概念の見直しや，要介護者の範囲を拡大し，援助の必要性がより低い者に対して介護予防の観点からの給付を行うことなどは，それらが介護保険財政に与える影響と無関係に議論することはできない。このため，今回の改革では，認知症患者に対する給付の改善及び予防・リハビリテーションの推進に関しても，可能な範囲内での対応が行われるにとどまった。これらの問題への本格的な取り組みは，今後，財政システムの見直しによる財源確保の可能性との関連において検討・実施されるべき課題として残されたことになる。

2 オーストリアの介護手当法等の改正

(1) 改革の背景

人口高齢化の進展や寿命の伸長に伴い，介護ニーズは，量的にも，質的に

も今後一層拡大するものと考えられる。一方，女性の就労率の上昇，一人暮らし世帯の増加などにより，家族等により行われるインフォーマルな介護の減少が予想される。このため，増加する介護ニーズへの対応は介護サービス事業などにますます依存せざるを得なくなる。また，労働集約的な介護サービス事業においては，介護労働者の不足及び質の向上の必要性から，賃金の上昇を通じたコストの増加が予想される。

　これらの要因は，介護サービスを利用する要介護者の費用負担を増加させるとともに，介護手当や介護サービス供給の拡充を図るための連邦及び州の支出を増加させることになる。例えば，オーストリア経済研究所（WIFO）の推計（中位）によれば，介護のための公的支出は，GDP比で，2006年現在の1.13％から，2030年には1.96％に上昇すると見込まれている（WIFO, 2008b：34）。

　このような変化に対応して，将来においてもそれぞれの要介護者がその所得の多寡にかかわらず必要な介護を受けられるようにすることや介護手当などに要する財源を安定的に確保することが重要な政策課題となっている。これまでも，介護保障制度の改善のために様々な取り組みが行われてきたが，こうした政策課題に応えるためには，従来の取り組みだけでは十分ではなく，より一層の対応が必要であると考えられた。

　2007年1月の社会民主党（SPÖ）と国民党（ÖVP）による大連立政権の発足に当たって取り決められた政策合意である政府プログラムには，介護手当の額を引き上げること，要介護者及びその家族のニーズに対応した介護・世話のモデルを更に発展させること，要介護度の判定に関する検討を行うこと，居宅での「24時間介護」のための法的基盤を整備することをはじめとして，介護保障制度を更に発展させるための様々な措置を講じることが盛り込まれた（Bundeskanzleramt Österreich, 2007：103-106）。

　政府プログラムを受け，2007年2月には介護保障制度が直面する様々な問題の解決策について検討するための「介護保障改革に関する作業グループ」（Arbeitsgruppe „Neugestaltung der Pflegevorsorge"，以下「作業グループ」という）が連邦社会・消費者保護省（BMSK）に設置された。作業グループに

は，連邦，州，地方自治体，労使，関係団体などの代表者が参加した。作業グループでは，まず，合法的で，費用の負担が可能で，かつ，質の確保された「24時間介護」についての検討が行われた（BMSK, 2008a：3-4）。これに引き続き，2007年10月からは，「財政」，「介護手当及び家族介護者」並びに「現物給付」のテーマごとに三つの分科会が設けられ，議論が進められた。作業グループでの議論を踏まえ，2008年8月には，連邦政府の介護保障制度改革案が決定された。この改革案に基づき作成・提出された法案は，総選挙実施直前の同年10月に可決成立し，連邦介護手当法改正法が2009年1月から施行された。

（2） 作業グループでの議論と改革の内容

この改革の重要な論点に関する作業グループでの議論の概要と改革内容は次のとおりである。

（1） 外国人による24時間介護の合法化

オーストリアでは，チェコ，スロバキアなどからの介護者が，在宅の要介護者のいる家庭に雇われ，認知症高齢者の見守りなどの24時間介護に従事しているケースがみられる。このような介護は，通常，母国とオーストリアの間を行き来する2名の介護者が2週間交代で要介護者の居宅に滞在して行われている。これらの介護者に支払われる賃金は，オーストリアでの通常の水準に比べるとかなり低いが，母国での同様の仕事に比べれば格段に高いものになっている。このような24時間介護は，労働許可，最低賃金，労働時間，社会保険などに関するオーストリアの法律に違反して，あるいは脱法的な形で行われてきた。

こうした闇労働の問題は，2006年夏以降に大きく取り上げられ，同年の連邦議会選挙においても重要な争点となった。この問題への対応については，このような形態での24時間介護を全面的に禁止するのではなく，現状を是認しつつ，一定のルールに沿って合法的に実施することを可能とするような法的枠組みを整備すべきであるとの考え方が多数を占めた。このため，作業グループでの議論を踏まえ，2007年には居宅世話法が制定されるなど，合法化

のための措置が講じられた。

　合法化により，24時間介護を受ける要介護者に対して公的な費用助成を行う前提が整備された。これを受け，要介護度3以上の要介護者が一定のルールに沿って合法的に行われる24時間介護を受ける場合には，その費用に対して「障害がある人々に対する支援基金」から助成金が支給されることになった。2008年11月には，この助成金の額が，当該要介護者が自営業として介護を行う者から介護を受ける場合には，月225ユーロから月550ユーロに，要介護者が自ら事業主となって雇用した介護者から介護を受ける場合には月800ユーロから月1100ユーロに引き上げられた。また，この助成金を受ける要介護者の収入及び資産に関する要件のうち，資産に関する要件が撤廃された。

(2) 介護手当額の引き上げ

　介護手当の金額は，手当導入後3度にわたり引き上げられ，当初と比較して7％以上増加した。また，1999年には要介護度4と認められるために必要な1か月当たりの介護時間が「180時間」から「160時間」に引き下げられ，支給対象者が拡大された。しかし，手当導入以降において，消費者物価は27.5％上昇したため，介護手当の実質価値は5分の1だけ減少したことになる。これに対して，高齢者団体などからは要介護者及びその家族の状況を改善するために介護手当の金額を引き上げることが要望された。このため，政府プログラムにおいては，この立法期間中に介護手当の額を要介護度に応じて選別的に引き上げることが合意された。ただし，介護手当額の引き上げに当たっては，高齢化の進展に伴い，介護手当受給者数の増加だけでなく，要介護度の上昇や受給期間の長期化によっても，介護手当に要する費用が増加することを考慮する必要があった。

　作業グループにおいては，特に，手当額の引き上げ時期と引き上げ幅，並びに要介護度に応じた選別的な引き上げの是非について議論が行われた。その結果，次のような意見が多数を占めることになった。すなわち，「介護手当はできる限り速やかに引き上げるべきである。また，これまでの実質価値の減少分をできる限り補塡するとともに，継続的な手当額の調整を保証するように努めるべきである。介護手当の額は，要介護度に応じて選別的に引

表4-2　介護手当額の引き上げ

要介護度	従前の月額（ユーロ）	引き上げ後の月額（ユーロ）	引き上げ率（％）
1	148.30	154.20	4
2	273.40	284.30	4
3	421.80	442.90	5
4	632.70	664.30	5
5	859.30	902.30	5
6	1,171.70	1,242.00	6
7	1,562.10	1,655.80	6

出典：著者作成。

上げるべきではなく，要介護度にかかわらず一定割合で引き上げることを支持する」。

　これを受け，2009年1月に介護手当の引き上げが行われた。連立与党の政治的な決定により，引き上げ幅には要介護度に応じた差が設けられ，要介護度1及び2の場合は4％，要介護度3から5の場合は5％，要介護度6及び7の場合は6％の引き上げとなった（表4-2）。

(3) 認知症患者及び子供の要介護区分の改善　　専門家の推計によると，オーストリアには約10万人の認知症患者がいる。認知症患者の発生率は65歳の者では約1％，90歳の者では約40％となっている。人口の高齢化，特に後期高齢者の増加に伴い，認知症患者の数は2040年には約20万人に増加すると見込まれている（BMSK, 2008c：2）。このように増加する認知症患者の介護は将来に向けての大きな課題となっている。認知症患者を介護する家族は，絶えず大きな負担を負っており，介護を続けていくためには様々な負担軽減措置を必要としている。このため，認知症患者とその家族に対しては，介護手当の支給にとどまらず多様な支援が行われている。

　介護手当支給の前提となる要介護度の判定においても，認知症患者の置かれた特別の状況が考慮されている。すなわち，認知症患者が日常生活活動を行う上で必要な指導や監督を行うことは，日常生活活動に関する直接的な世話や援助を行うことと同様に評価されている。また，認知症患者の要介護度

の判定においては，病状の経過や日々の変動が重要な意味を持っている。このような情報を把握するため，要介護者又はその法定代理人の求めにより，審査の際に要介護者の身近の者を同席させ，意見を聴取することが可能とされている。

　作業グループにおいては，認知症患者にかかる要介護度の判定の改善のために三つの案が検討された。また，それぞれの案について，実施可能性，財政への影響及び要介護度の変化を正確に評価するため，フィールド調査が実施された。その結果，認知症患者の場合は，日常的な問題処理の能力が相当程度に制限されているために，具体的な日常生活活動に関連しない一般的な世話（見守りなど）が必要となることから，通常どおり算定された要介護時間に一定時間を加算する方法が，認知症患者への配慮として適切であり，かつ，実施上も容易であると考えられた。[46]

　連立与党・政府の改革案においては，15歳以上の認知症患者の要介護度判定の際には，要介護度1及び2の場合には月30時間を，要介護度3以上の場合には月20時間を加算することとされていた。しかし，要介護度にかかわりなく統一的な時間を加算すべきであるとする連邦障害者審議会（Bundesbehindertenbeirat）の意見に配慮して，最終的には要介護区分令が改正され，加算される時間は一律25時間と定められた（Fürstl-Grasser, Rudda, 2009：106）。

　長年にわたり様々な立場の者から改善が求められてきた子供の場合の要介護度の判定についても，作業グループにおいて詳細な検討が行われた。もちろん，この検討に当たっては，要介護の子供を持つ親が置かれている困難な状況は，要介護度の判定を変更するだけで改善されるものではないことを考慮する必要があった。しかし，子供の場合の追加的な介護負担を要介護度の判定に反映させることが議論された。この結果，作業グループからは，重度の障害がある子供の要介護度の判定において，通常どおり算定された要介護時間に，6歳までの場合は月50時間，7歳から14歳までの場合は月75時間を一律に加算することが提案された。年齢により加算される時間に違いが設けられた理由としては，年齢が高いほど，子供の体が大きく，力が強いことな

どにより介護者の負担がより大きくなることがあげられた（Fürstl-Grasser, Rudda, 2009：110）。連立与党・政府の改革案においても，この提案がそのまま採用され，子供の場合の加算が要介護区分令に定められた。

認知症患者及び子供の要介護度の判定に関するこれらの改革により，多くの要介護者の要介護度が引き上げられ，より高額の介護手当を受給することが可能になると期待されている（BMSK, 2008f：1）。

(4) 相談・助言　　要介護者及びその家族に対して専門家が行う相談・助言は，介護サービスの利用や日常的な負担の軽減に有益な効果をもたらすものである。また，このような相談・助言は，介護予防の観点からもできる限り早期に実施されることが望ましいと考えられる。このため，政府プログラムにおいては，介護手当の支給決定プロセスにおいて，介護に関する相談・助言を受けることを義務づける方針が定められた。この相談・助言をどのような形で実施するのが適当かを検討するため，介護専門職から無料で相談・助言を受けることができるバウチャーを介護手当の支給決定通知書に同封する試験プロジェクトも実施された。このプロジェクトにおいて実際に相談・助言を受けた者の数は少なかった。しかし，相談・援助を受けた者の多くはそれが有益なものであったと評価している（BMSK, 2007b：7）。このことは，作業グループにおいても議論されたが，そこでの一致した結論は，要介護者及びその家族が相談・助言を受けることを義務づけるのではなく，あくまでも，自由意思に基づき受けられるようにすべきであるとのことであった。

(5) 家族介護者の支援　　作業グループでは，介護手当の引き上げのほかにも，家族介護者の支援を拡充する必要があることが合意された。1年以上にわたり介護を行ってきた主たる家族介護者が病気，休暇などのために一時的に要介護者の介護ができない場合には，代替介護者の費用に対して「障害がある人々に対する支援基金」からの助成が行われている。従来，この助成は当該要介護者の要介護度が4以上の場合に限り行われてきた。今回の改革では，作業グループの議論に基づいて，当該要介護者の要介護度が3以上，さらには当該要介護者が認知症患者又は未成年のとき

は要介護度1以上の場合に、この助成が行われることになった。[48]

(6) 介護サービス供給の拡充　各州は需要・整備計画に基づき介護サービス供給の拡充に努力している。その結果，在宅介護サービスの利用量，介護ホーム等の定員及び介護従事者数は増加している（第3章第2節第3項参照）。このような介護サービス供給の現状を前提として，作業グループでは，夜間や週末における在宅介護サービスの拡大，デイサービス・ショートステイの整備及びグループホーム，ケア付き住宅などの新たな居住形態の促進が重点的に取り組むべき課題として合意された。今後は，州を中心として，こうした課題への取り組みが進められることになる。

(7) 財政システムの見直し　介護手当に関する連邦の支出は，近年では年4～5％の増加となっている。また，前述のとおり，介護のための公的支出は今後とも大幅に増加することが予想されている。このような状況に対応し，世代間の公平性を確保するとともに，産業・雇用に悪影響を及ぼすことのない長期的に持続可能な財政システムを構築することは，オーストリアにおいても，介護保障に関する最重要課題の一つとなっている。このため，作業グループにおいても，介護保障の財政問題が議論された。また，この議論のために，連邦社会・消費者保護省の委託を受けたオーストリア経済研究所により，代替的な財政モデルに関する研究及び提案が行われた。この研究においては，現行の税財源による制度をドイツのような社会保険料による制度に転換することには懐疑的な見解が示された（WIFO, 2008a：80）。

現在のドイツの介護保険料率は1995年から1.70％で据え置かれたが，2008年には1.95に引き上げられた。ドイツよりも，要介護者の範囲が広く，給付額が高いオーストリアの場合には，連邦介護手当法に基づく給付に必要な費用を保険料財源で賄うだけで，保険料率は2.8％となり，さらに2030年には4～4.5％にまで上昇すると見込まれる（Rudda et al., 2008：344）。このような財政システムの転換は，使用者側の労働コストを増加させるだけでなく，被保険者である労働者個人の負担増をもたらし，それが，特に低所得者に対

しては過重な負担となることが懸念される。また，このことは，購買力の低下及び経済成長の阻害につながる恐れがある。

一方，介護保障を税財源により行っている北欧諸国のように地方自治体の税収によりその費用を賄うこととすることは，地方自治体が現状でも自らの責務の遂行に財政的な問題を抱えていることや，地方自治体間で非常に大きな財政力格差が存在することから，実現困難であると考えられる。

このため，これらに代わる案として，介護基金を設け，税及び社会保険料を財源として，介護のための公的支出を一元的に賄うことが提言された。この介護基金のための追加的な財源として，介護保障担当の連邦社会・消費者保護大臣からは株や不動産の譲渡益に25％の税を賦課する案が提示された。[49] しかし，2008年の改革ではこの問題への対応は行われず，将来の財政システムに関する決定は2008年12月に成立した新たな大連立政権に委ねられた。[50]

(3) 評　価

オーストリアの介護保障制度は，現金給付である介護手当の支給を中心とした制度である。介護手当は，それを基に介護サービスが利用されることにより，家族介護者の介護負担を軽減することができる。しかし，これは，現実に利用可能な介護サービスの供給があって初めて可能になる。介護手当には使途の制限は設けられていないため，介護手当を家族介護者に報いるために用いることも可能である。しかし，継続的な家族介護を可能にするためには，介護手当の支給だけでなく，代替介護の確保などに関する様々な支援策が必要と考えられる。こうした必要性に対応して，オーストリアでは介護手当の導入時点から，介護手当の支給と介護サービス供給の拡充及び家族支援策の実施を，いわば車の両輪として進めることが介護政策の基本的な考え方となってきた。

このような考え方に基づく取り組みが進められてきたことにより，現金給付を中心とした介護保障制度が有効に機能しているといえる。もちろん，様々な課題は残されているが，介護手当制度は多くの人々から評価されている（Gruber, Pallinger, 2003：215）。

将来を見据えた介護保障制度の改革を行うことを目的とした今回の改革は，現行のシステムを現物給付中心のシステムや社会保険料を財源とするシステムに転換するような根本的な変革を意図したものではなかった。つまり，この改革の目的は，前述の基本的考え方に立って，残された問題点を解決するとともに，介護保障の一層の発展のために必要な対応を行うことにあったといえる。

　今回講じられた改革方策のなかでも，24時間介護に関する支援の導入，介護手当額の引き上げ，認知症患者及び子供の要介護度判定に関する改善などは，要介護者とその家族の負担軽減に貢献するものであり，肯定的な評価に値する。

　しかしながら，高齢化の進展に伴う介護ニーズの増加，女性の就労率の増加や家族関係の変化による家族介護の減少，介護コストの上昇などの課題への対応という観点からは，今回の改革はこれだけで十分なものであるとはいえない。とりわけ，長期的に持続可能な財政システムの構築という課題については，解決のためのいくつかの具体的選択肢が提案されただけで，それに基づく決定は新たな政権へと引き継がれることになった。また，介護サービス供給の拡充に関して更に取り組むべき問題への対応は，今後の州等による取り組みに委ねられている。このため，今回の改革に対しては，「総選挙を控えて助成金の拡充や手当額の引き上げのように国民にとって分かりやすく歓迎される内容だけを実施したものである」との批判的な評価もある。

3　スイスの介護財政再編法

（1）　改革の背景

　スイスにおいては，1996年に，シュピテックス及び介護ホームを通じて介護サービスを提供する現物給付としての介護給付が医療保険に導入された。この給付の費用は，導入直後には極めて大幅な伸びを示したが，1999年以降その伸び率は低下し，医療保険の給付費全体の伸びと大差のない水準となっている（表3－19参照）。

医療保険の介護給付費の伸びが1999年以降に安定した原因の一つは、1998年から費用抑制のための手段として枠組算定基準（Rahmentarif）が導入されたことにある。医療保険の保険者が医療保険による給付として介護サービスを提供したサービス供給者（介護ホーム、シュピテックス）に対して支払う介護報酬の算定基準は、基本的に保険者である疾病金庫とサービス供給者との間で合意される。ただし、枠組算定基準の導入により、保険者とサービス供給者との間で合意される介護報酬の算定基準は、連邦内務省が定める範囲を超えてはならないこととされた。この枠組算定基準の適用は、当初は、介護報酬の算定基準を決定する基礎となる介護ホーム等の費用を把握する方法が統一的に定められ、費用の透明性が確保されるまでの間の暫定的な措置として位置づけられた。しかし、2004年の医療保険法の改正により、枠組算定基準は費用の透明性が確保されるかどうかにかかわりなく適用される手段へと変化した（Bundesrat, 2005：2060）。

 1998年に枠組算定基準が導入された際には、報酬額を当時の水準で維持することが目的となっていた。このため、2005年までは枠組算定基準の改定は行われなかった。介護従事者の賃金の上昇などにより介護サービスにかかる費用が増加しているにもかかわらず、介護報酬の算定基準の引き上げは抑制されたため、サービス供給者が医療保険から受け取ることができる介護報酬の額は、介護サービスの提供のために実際に必要な費用に比べて相当に低い水準となっている。このような状況においては、サービス供給者がサービスにかかる費用を節約することによるサービスの質の低下が懸念される。

 高齢化の進展に伴う要介護者数の増加、医学・医療技術の進歩、社会の変化などの要因により、介護費用は今後一層増加するものと予想される。スイス保健医療観測所（Obsan）の推計によれば、2001年から2030年の間に、介護費用は65億フランから148億フランへと128％の増加が見込まれている。これに対して、介護費用のうち医療保険により負担される額はこの間に200％以上も増加すると見込まれている。つまり、医療保険による負担は将来的に介護費用全体の伸びを上回って増加することになる。このように、要介護高齢者の増加等に伴う介護費用の増加は、現行制度の下では、介護給付を現物

給付として行っている医療保険財政に特に大きな影響を与えることが予想されている。

このままでは，介護給付費の増加による医療保険の保険料の増加が懸念される。スイスでは，医療保険料の額は被保険者の賃金等の額にかかわりなく保険者ごとに定額で定められている。この保険料が被保険者にとって過重な負担とならないよう，保険料が負担限度額を超える場合には州が超過額を補助する制度が設けられている。しかし，負担限度額は，多くの州で課税所得の8％とされており（Piller, 2006：103-104），州によってはさらに高いところもある。この負担限度額は低所得者にとっては高い水準であり，保険料の増加は低所得者に対して大きな影響を及ぼすことが懸念される。

このほか，介護手当に関しても改善すべき問題点がある。老齢・遺族保険による介護手当は，障害保険よりも低い金額に抑えられており，また，障害保険の場合とは異なり，軽度の要介護者には支給されない（表3−18参照）。さらに，介護費用に関する補足給付には上限が設けられているため，多くの介護費用がかかる重度の要介護者の場合には，補足給付を受けてもなお介護ニーズが満たしきれず，社会扶助を受けなければならなくなっている（Bundesrat, 2005：2057）。

以上のような状況を背景として，介護給付費による医療保険財政の負担増を抑制するとともに，経済的に厳しい状況に置かれている要介護者を支援するための改革が必要であると考えられた。

（2） 改革の経緯と内容

(1) 意見聴取　　2004年夏，連邦内閣は，この改革に関し，州，政党その他の関係者からの意見聴取（Vernehmlassung）のための手続きを実施した。これに際して，連邦内閣は，広範な議論を可能にすることを目的として，二つの選択肢を含んだ改革案を公表した。いずれの案も介護給付を行う制度間の役割分担の見直しを行うものであった。

このうちA案は，医療保険は治療看護との関連においてのみ基礎介護の費用を負担するとの考え方に立ったものである。この案によれば，基礎介護の

みを必要とするケースでは，今後，医療保険の給付は行われない。その代わりに，老齢・遺族保険による介護手当が居宅で生活する軽度の要介護者にも支給される。併せて，介護手当の受給要件が緩和される。一方，治療看護と併せて基礎介護を必要とするケースでは，治療看護及び基礎介護に必要な費用が医療保険により負担される。また，介護ホームに入所する要介護者に対する介護手当は廃止される。

　もう一つのB案は，急性期介護と長期介護を区分する考え方に立ったものである。この案では，医療保険によって，急性期介護の費用は全体が負担されるが，長期介護の費用は一定額までしか負担されない。このため，長期介護の費用のうち医療保険により負担されない部分は，要介護者の家計又は補足給付などの社会給付による負担となる。この案では，老齢・遺族保険による介護手当などに関する改正は行われない。

　このいずれの案も，関連施策として次の二つの改正を合わせて実施することとされていた。その一つは，要介護者の家計への負担増を軽減する観点から，ホーム入所者に対する補足給付の上限を撤廃することである。もう一つは，介護費用の増加を効果的に抑制する観点から介護予防を推進することである。

　連邦内閣から提案されたこの両案を巡る議論においては，介護費用の負担に関する改革が必要であることについては意見の一致をみた。しかし，提案されたモデルについては様々な意見があった。A案に対しては，州，政党その他の関係者のいずれからも反対があった。その理由の一つは，治療看護が必要でなくても，集中的な基礎介護が必要なケースでは要介護者の負担が相当に大きくなることである。また，医師が，要介護者の経済的な負担に配慮して，治療看護が必要なケースに区分してしまう可能性が危惧された。B案に対しては，意見が分かれたが，医療給付に期限を設けるという社会保障における好ましくない先例を作ることになるとの批判があった。また，急性期介護と長期介護について一律の時間的な区分を行うことは，個別のケースにおいては不公平になるとの問題点が指摘された。補足給付の拡充については多数の賛同が得られたが，これによる負担増を相殺するため，州は補足給付

(2) 政府案　両案には上記のような問題点が存在したことから，連邦内閣は2005年2月にこの両案とは異なる内容の新たな提案を取りまとめ，これに基づく改革法案である「介護財政再編に関する連邦法（以下「介護財政再編法」という）」案を連邦議会に提出した。[57]

　この案は次のような考え方に立つものであった。医療保険は，その本来の目的からすると，介護の分野においても疾病に関連した給付を行うべきである。このため，現状においても，制度的には純粋に加齢による要介護は医療保険による介護給付の対象外とされている。しかし，現実には，高齢者の場合にその要介護状態が疾病によるものなのか，あるいは，加齢によるものなのかを区分することは容易ではない。このため，高齢者の増加に伴う要介護者の増加は医療保険による介護給付費の増加に直接的に結びつく。このような問題に対処するためには，医療保険による介護給付は疾病に関連した医療給付を行うという制度本来の役割に応じたものにする必要がある。

　しかし，加齢による要介護と疾病による要介護を区分することには実施可能性の問題があることから，実際には，それに代わって次のような改正を行うことが提案された。すなわち，医療保険は，疾病治療の一部をなす治療看護については従来どおり必要な全ての給付を行うが，人が日常生活を送る上での基礎的ニーズを満たすために行われる基礎介護については一定額までしか給付を行わないこととする。[58]これにより，医療保険による介護給付費の増加に歯止めがかけられることから，費用抑制のために従来から実施されてきた枠組算定基準の制度は廃止される。

　基礎介護に係る医療保険の給付額は，当面，改正前に医療保険が基礎介護の給付に対する介護報酬として負担していた額と同じ水準に定められる。このため，この改正による要介護者への経済的な影響は，当面は限定的なものにとどまるものと考えられる。しかしながら，基礎介護に係る医療保険の給付額は，今後，基礎介護に対する介護報酬（料金）がコストの増加により上昇する程には引き上げられない（Bundesrat, 2005：2082）。このため，この改正は，中長期的には，医療保険の費用抑制効果をもたらす一方で，要介護者

の経済的な負担を増加させることになる。

　これに対応して，要介護者の家計に過重な経済的負担が生じることを避けるため，二つの措置が併せて講じられる。その一つは，在宅の要介護高齢者に支給される老齢・遺族保険による介護手当を改善することである。居宅で生活する軽度の要介護高齢者に対しては，従来は介護手当が支給されなかったが，今後は最低年金額の20％に相当する介護手当が支給されるようになる。この介護手当は，医療保険による現物給付とあいまって，要介護者が日常生活活動に対する必要な援助を受けるために役立つことが期待される。もう一つは，医療保険の介護給付に関する改正により在宅の要介護者だけでなくホーム入所者の負担も増加することに対応して，介護ホーム入所者に対する年間補足給付の上限（3万900フラン）を撤廃することである。[59]

　法案提出時の推計では，在宅の軽度の要介護者に老齢・遺族保険による介護手当を支給する改正は，老齢・遺族保険に2000万フランの支出増をもたらすと見込まれた。当時の規定では，その20％に相当する400万フランが連邦及び州により負担される。また，介護ホーム入所者に対する補足給付の上限撤廃は，連邦及び州に総額2億3600万フランの負担増をもたらすと見込まれた。ただし，補足給付の改善は州及び地方自治体による社会扶助のための負担の軽減につながる。この軽減額は1億フランと推計される。以上の結果，全体として，連邦は5630万フラン，州は8370万フランの負担増となる（Bundesrat, 2005：2081）。

(3) 連邦議会での修正

連邦内閣が提出した介護財政再編法案についての連邦議会による審議においては，在宅介護及び介護ホームでの介護のための費用を医療保険，州及び要介護者がどのように負担するのかが大きな争点となった。連邦議会を構成する国民議会（Nationalrat）及び全州議会（Ständerat）の意見にも相違がみられたことから，同法案は，両者の間の意見調整及び修正を経て，3年以上を経過した2008年6月にようやく法律として成立した。[60] その主な修正内容は次のとおりである。

　まず，連邦内閣の提出法案にあった治療看護と基礎介護の区分により，医

療保険による費用負担のあり方に違いを設けることは，どのサービスが医療保険の対象になり，どのサービスが要介護者自身の負担となるのかが明確でなくなり，区分を巡る争いにつながる懸念があるとして採用されなかった。その代わりに，医療保険は在宅介護及び入所介護の給付として行われる介護サービスの費用の一定額を負担することとする修正が行われた。

　この医療保険が負担する額は，要介護者のニーズに応じた介護サービスに要する費用を勘案して連邦内閣により定められることとされた[61]。その際には，医療保険による負担の総額が，当面，従来の枠組算定基準のもとで医療保険が負担していた介護給付に対する報酬総額に相当する水準となるようにすることが法律に明記された。

　これにより，要介護者は介護サービスの費用のうち医療保険による負担額を超える部分を自ら負担しなければならなくなる。連邦議会の審議においては，この要介護者の負担が過重なものとならないように必要な措置を講じることが議論となった。最終的には，要介護者に対して，医療保険の負担額の20％に相当する額を超える負担を求めてはならないこととされた[62]。これに伴い，介護サービスの費用のうち，医療保険及び要介護者による負担を差し引いた残りの部分は州及び地方自治体により負担されることになった。この州及び地方自治体による負担のあり方に関しては，それぞれの州が定めることとされた。

　この改正がもたらす財政的な影響を考えるに当たっては，費用負担の実態を踏まえる必要がある。本来，医療保険は必要な介護サービスの費用全体をカバーすることになっていた。しかし，枠組算定基準が適用されることにより報酬額の引き上げが抑制されていたため，改正前においても，医療保険から支払われる報酬は介護サービスに要する費用の50～55％程度をカバーしているにすぎなかった（Mösle, 2007：260；Gmür, Rüfenacht, 2007：360）。残りの費用に関しては，州及び地方自治体が負担するよう連邦政府からの勧告が出されていた。しかし，この勧告には法的拘束力がないため，実際には必ずしもこの勧告どおりの負担が行われていたわけではない（Pfiffner Rauber, 2003：288）。特に介護ホームの場合には，医療保険の負担を超える部分の費

第4章 改革政策

用に対する州及び地方自治体の負担が行われず,要介護者がその全額を負担している州も多くみられた。このため,州社会局長会議の推計によれば,今回の改正により州及び地方自治体には全体として3億5000万フランを超える負担増が生じると見込まれていた(SODK, 2009：1)。

介護給付のなかでも,入院療養に引き続いて必要であり,かつ,病院の医師の指示に基づき実施されるものについては,要介護者は通常の医療保険における自己負担を行うだけで,残りの費用は全て医療保険と州によって負担されると規定された。それぞれの費用負担割合は,入院療養の場合と同様に,医療保険が45％,州が55％となる。ただし,この規定の適用は最長2週間とされているため,この期間の経過後においては,通常の介護給付の場合と同じ取り扱いになる。

以上のほか,補足給付に関しても,連邦議会での修正により,次の措置の実施が追加された。すなわち,各州は,年間補足給付の算定基礎となる支出として認定される介護ホーム費用の上限額を定めるに当たり,通常の場合には介護ホームへの入所が社会扶助の受給につながらないよう配慮しなければならないとされた。併せて,年間補足給付の受給者の資産が収入として算入される額を減少させるため,資産からの控除額を引き上げることとされた。

この法律の施行日は連邦内閣の決定に委ねられた。連邦内閣は,2009年6月にこの法律の実施に必要な連邦レベルの政令を決定することと併せて,この法律の施行日を2010年7月と定めた。当初,この法律は2009年7月からの施行が予定されていた。これに対して,州からは,実施準備のために十分な時間が必要であるとして,この法律の施行日を2011年1月とすることが要望されていた。一方,医療保険による費用負担の増加を防ぐためには,この改革をできる限り早期に実施する必要があった。これらの点を考慮して,連邦内閣は施行日を1年だけ延期する決定を行ったものである(Berner Zeitung, 2009)。

(3) 評　価

スイスでは,医療保険の現物給付として介護給付が行われている。このた

め，要介護者は，一部負担金を負担することにより，医療保険の給付として必要な介護サービスを受けることができる。この仕組みでは，要介護者数の増加や要介護度の上昇のほか，介護従事者の賃金や物価の上昇に応じた介護報酬の引き上げが，医療保険の支出を増加させる効果を持つ。このため，医療保険の支出増加を抑制する観点から，従来，介護報酬にはその引き上げを抑制するために枠組算定基準が適用されてきた。制度本来の考え方からすれば，シュピテックスや介護ホームが提供した介護サービスの費用として受け取れるのは，枠組算定基準の範囲内で定められた算定基準に基づき算定され，医療保険から支払われる介護報酬だけである。したがって，介護サービスのために実際に要する費用が介護報酬を上回る場合には，シュピテックスや介護ホームがこの差額を負担しなければならない。しかし，現実には，この差額の負担が州・地方自治体及び要介護者に求められてきた。州・地方自治体及び要介護者がこの差額をどのように分担するかは，地域により大きく異なっていた。

　今回の改革では，枠組算定基準の仕組みが廃止され，その代わりに，医療保険が介護給付として負担する金額が定められた。これにより，まず，介護サービス事業や介護ホームが給付額を超える介護サービス費用の負担を要介護者に求めることについての法的根拠が明確となった。また，給付額を超える費用について州・地方自治体及び要介護者のそれぞれが負担すべき部分が，法律において明確に規定された。これらの点において，この改革は，従来は根拠が明確ではなく，かつ，地域間で大きな格差が存在した介護サービスの費用負担を透明化，統一化することに大きく貢献するものであると評価できる。

　この新たな仕組みは，医療保険にとっては，介護サービスに要する費用の増加に対応した介護報酬の引き上げが必ずしも支出増につながらないという長所を有している。一方，この仕組みでは，必要な介護サービスであっても給付額を超える部分の費用の負担が要介護者に求められる。このため，給付額及び介護報酬の水準によっては，特に，多くのサービスを必要とする重度の要介護者に対してその能力を超える負担が求められる可能性がある。

この要介護者の負担が給付額の20％までに限定されるとともに，医療保険による介護給付を補完する介護手当及び補足給付に関する改善が行われたことは，このような懸念に対応したものといえる。こうした対応が行われなければ，中程度の所得階層に属する者であっても，介護ホームに入所することになれば，これまでの蓄えを取り崩し，社会扶助を受けざるを得なくなる事態に陥る恐れがあった。

州及び地方自治体にとっては，今回の改革は介護費用の負担を増加させる効果を持っている。しかも，州及び地方自治体による負担は，介護費用が上昇するにもかかわらず医療保険の給付額の引き上げが抑制されることにより，今後ますます大きくなることが予想される。それぞれの州及び地方自治体の財政能力には大きな格差が存在している。このため，財政基盤の弱い州及び地方自治体は増加する介護費用を負担しきれなくなる恐れがある。したがって，今回の改革だけで，高齢化の進展などに伴い増加する介護費用を長期的，安定的に賄える制度が確立されたとは言い難い。

4　改革政策の比較分析

ドイツ，オーストリア及びスイスにおいては，人口高齢化に伴う要介護者の増加などにより，介護給付のための支出が今後一層増加すると予想されている。このような状況に対処して介護保障制度の財政的な安定を長期にわたり確保することは，この3か国で行われた今回の改革において共通する重要課題となった。

この3か国でも，財政的な安定の確保を目的として，介護給付の財源を税財源から保険料財源に変更することや，介護保険の財政方式を賦課方式から積立方式に変更することなど，介護保障に関する現行の財政システムを根本的に変革することについての議論は存在する。しかし，これまでのところ，こうした考え方に基づく具体的な改革が法案として取りまとめられ，議会に提案される状況にはない。

それぞれの国の改革で具体的に検討された，あるいは，実施された対策を

比較すると，ドイツ及びオーストリアでは，増加する介護給付費を賄うのに必要な財源を確保するための検討が行われ，これに対して，スイスでは，特に医療保険による介護給付費の増加を抑制するために介護給付の縮減などが行われた。つまり，今回の改革では，介護保障制度に関する財政的な安定を図るために，ドイツ及びオーストリアでは収入面の対策に，スイスでは支出面の対策に重点が置かれた点に特徴がある。このような相違点が生じた背景には次のような要因があると考えられる。すなわち，ドイツ及びオーストリアでは，介護保障制度の財政的な安定の確保が重視され，従来，給付（上限）額の引き上げが全くあるいは十分に行われてこなかった。これにより給付の実質価値が目減りするなどの問題が生じたため，給付の改善を図ることが重要な課題となった。これに対して，スイスでは個々の要介護者の必要に応じて，上限なく介護給付を行う現行の給付システムが有する問題に対応する必要があった。

　ドイツ及びオーストリアのように給付の改善を行うためには，その裏付けとなる財源の確保が必要となる。しかし，介護費用の負担の在り方は関係者の利害に直接的にかかわる問題であるだけに，その変更を伴う改革について関係者の合意を得ることは容易ではない。実際に，ドイツ及びオーストリアでは，給付等の改善だけが実施され，財政的な安定を中長期的に確保するために財源等の在り方を見直すことは先送りされた。

　一方，スイスでは，数年にわたる意見調整の過程を経て，ようやく，州及び地方自治体に対してより多くの費用負担を求めることにより，医療保険の介護給付費を抑制する対策が実施されることになった。しかし，これによって，介護費用を将来にわたって安定的に賄える制度が確立されたとは言い難い。

　このように，今回の改革ではいずれの国においても介護保障制度の財政的な安定の確保が主要なテーマとして掲げられたが，その結果は決して満足のいくものにはならなかった。このことは，財政面での改革を実施することの政治的な困難さを示している。

　介護保障制度の財政的安定を確保することが中心となったスイスでの改革

とは対照的に、ドイツ及びオーストリアでは、これまでの制度の実施状況の中で明らかとなった問題を解決するために、給付に関する改善などが行われた。その内容に関しては、次のことが特に重要な点としてあげられる。

1点目は、認知症患者の介護に関する改善である。認知症患者の場合には、日常生活活動に関する援助のほかに、日常生活活動に直接関連しない一般的な見守りや世話が必要である。そのことが特に在宅介護の場合には、介護・世話を行う家族にとって大きな負担となっている。これに対応して、ドイツ及びオーストリアでは認知症患者やその家族に対する給付・支援の改善だけでなく、要介護認定そのものの見直しが必要と考えられた。

スイスでは、従来から、介護手当支給の前提となる要介護の有無及び要介護度の判定の際に、認知症患者の継続的な見守りや付き添いの必要性が考慮されている。これに対して、ドイツ及びオーストリアでは具体的な日常生活活動に関する援助の必要性に重点を置いた要介護認定が行われてきたため、認知症患者への対応が求められた。

2点目は、家族介護者の支援である。介護における家族の役割が重視されているドイツ及びオーストリアにおいては、従来から、介護を行う家族に報いるために用いることができる介護手当の支給にとどまらず、代替介護の確保、家族介護者の年金保険料の負担など、家族介護者を支援するための様々な方策が講じられてきている。今回の改革においても、ドイツでは介護休業制度の導入が、オーストリアでは代替介護に対する助成対象の拡大が行われ、家族介護者支援策の一層の拡充が図られた。その背景には、介護を行う家族の負担を軽減する必要があることに加え、家族が介護を引き受けることを促進することが、介護サービスに対する需要の増加を抑制することにもつながるとの認識がある。これに対して、介護に関する地方自治体の役割が重視されるスイスでは、今回の改革においても家族介護者支援策は重要なテーマとはならなかった。

3点目は、要介護者に対する相談・助言の推進である。ドイツ及びオーストリアにおいては、前述のような介護給付の改善、家族介護者の支援に加え、要介護者及びその家族に対して、適切な介護サービスの利用や家族介護の負

担軽減・質の改善に役立つ相談・助言の機会を提供することが，多くの要介護者が希望する在宅介護を推進する上で重要な意味を持つものとして位置づけられている。このため，ドイツでは今回の改革によりケースマネジメント及び介護支援拠点の導入が行われ，オーストリアでも，近年，家族介護者等に対する相談・助言の充実のための取り組みが行われており，今回の改革に際しても相談・助言の一層の推進のための方策が検討された。これに対して，スイスでは，今回の改革においても相談・助言の推進は重要なテーマとはならなかった。

4点目は，介護サービスの質の確保である。要介護者が必要とする様々な介護サービスを現物給付として提供するドイツの介護保険においては，従来から，当事者（介護金庫，介護施設）による努力を促進することを通じて，介護サービスの質の確保・向上を図るための仕組みが設けられてきた。今回の改革でも，こうした基本的考え方に立って，質の確保のための取り組みを一層発展させたことは，オーストリア及びスイスと比較したドイツの場合の重要な特徴としてあげられる。

5点目は，不法就労外国人による介護の問題である。今回の改革では，オーストリアにおいてのみ，この問題に対する本格的な対応が行われた。ドイツ及びスイスでも，要介護者の居宅で不法就労外国人による24時間介護が行われ，それに伴い同様の問題が生じていることから，今後この問題への対応が迫られることになると考えられる。

この章で検討したこの3か国の改革を全体としてみると，ドイツにおいては個々の要介護者のニーズに応じた質の高い介護サービス提供の確保に，オーストリアにおいては介護手当の改善と24時間介護の確保に，スイスでは現物給付として行われる介護給付に要する費用の抑制に大きな進展がみられたということができる。

注
(1) Pflege-Qualitätssicherungsgesetz vom 9.9.2001, BGBl. I, 2320.
(2) Pflegeleistungs-Ergänzungsgesetz vom 14.12.2001, BGBl. I, 3728.

(3) Pflege-Weiterentwicklungsgesetz vom 28.5.2008, BGBl. I, 874.
(4) 介護円卓会議は，要介護者の生活状況を改善することを目的として，2003年秋に介護保険を所管する連邦保健・社会保障省及び高齢者問題を所管する連邦家族・高齢者・女性・青少年省により招集された。この会議には，関係団体，州，地方自治体，実務家及び研究者の代表が参加した。その検討の結果として，この会議に設けられた4分科会の報告書が2005年秋に公表された。
(5) ドイツでは，各種サービスの地域レベルでの調整をケアマネジメント，利用者レベルでの調整をケースマネジメントと呼んでいる。
(6) ドイツにおいて，これらの仕組みの導入について検討するに当たっては，我が国の制度と実施状況が重要な参考事例の一つとなった（2009年2月にドイツ連邦保健省介護保険部長に対して行ったヒアリング調査の結果による）。
(7) Empfehlungen des GKV-Spitzenverbandes nach § 7a Abs. 3 SGB XI zur Anzahl und Qualifikation der Pflegeberaterinnen und Pflegeberater vom 29. August 2008.
(8) 講習の内訳は，介護の専門知識が100時間，ケースマネジメントが180時間（基礎110時間，応用70時間），法が120時間（社会法一般40時間，介護関連法80時間）とされている。また，実習の内訳は介護サービス事業で1週間及びデイサービス施設で2日間とされている。
(9) Bundestagdrucksache 16/7439, S. 48.
(10) 多くの場合において，ケースマネジメントでは介護サービスと併せて医療サービスが相談援助の対象となることが，この折半負担の理由とされている（Möwisch et al., 2008：11）。
(11) 介護継続発展法案（Bundestagdrucksache 16/7439）では，介護金庫及び疾病金庫が主導して住民2万人に1か所を目安として介護支援拠点の整備を進めることとされていた。しかし，州及び地方自治体の関与が十分でないとする州の意見に基づき連邦参議院で修正が行われた結果，このような規定となった。
(12) 調整基金は，介護金庫間の財政調整を行うために連邦保険庁（Bundesversicherungsamt）に設置された基金である。
(13) このような世話には，認知症患者などに対する一般的な指導・監督，文化的な活動や散歩への付き添い，個人的な問題について話す機会の提供，現金の取り扱いに関する助言などが含まれる。
(14) 例えば自分と同じ性別，宗教，文化又は価値観などを持った介護者による介護を受けたいとの希望が考えられる。

⒂　この改正は現行の保険料率の下での限られた財源を前提とするものであったため，要介護の概念を見直し，認知症患者に対する給付を大幅に改善することは見送られた。

⒃　個別のケースにおいていずれの金額が適用されるかは，介護金庫中央連合会が定めた統一的な指針に従って「医療保険のメディカルサービス（MDK）」が行う審査の結果に基づき，介護金庫が決定する。

⒄　Spitzenverband Bund der Pflegekassen, Richtlinien nach § 87b Abs. 3 SGB XI zur Qualifikation und zu den Aufgaben von zusätzlichen Betreuungskräften in Pflegeheimen (Betreuungskräfte-Rl vom 19. August 2008), S. 5.

⒅　"Die Instant-Betreuer", Berliner Zeitung vom 19.8.2008.

⒆　この委員会は2009年1月に連邦保健大臣に対して報告書（BMG, 2009a）を提出した。その中では，現行の要介護時間に代わって自立の程度を要介護認定の判断基準とすることなどが提案されている。

⒇　専門家基準の策定及び普及は，これまで，介護にかかわる専門家により組織され，質の改善に関する問題の議論を行う全国的な民間団体である「介護の質の発展に関するドイツネットワーク（Deutsches Netzwerk für Qualitätsentwicklung in der Pflege（DNQP））」により行われてきた。

(21)　MDS は，疾病金庫中央連合会が，MDK の任務の効果的な遂行及び MDK の間の協力の推進を目的として設立した連邦レベルの組織である。

(22)　例えば，褥瘡予防，退院時のマネジメント，排泄自制能力の向上などの分野が考えられる。

(23)　2007年8月に行われた直近の報告（MDS, 2007）で一部介護ホームにおける劣悪な介護の存在が明らかにされ，これが盛んに報道されたことが，介護の質への注目が高まる一つの契機となった（Moldenauer, 2008：58）。

(24)　介護施設の中には，要介護者の負担能力を考慮して，介護サービスの価格を抑えるために費用を節約しようとするところも出てきている。こうした動きは介護の質に関する問題の発生につながる恐れがある（AOK-Bundesverband, 2006：22）。

(25)　例えば，キリスト教民主・社会同盟の案では月額6ユーロの特別保険料の徴収が予定された。

(26)　民間介護保険においては，給付受給者の割合が介護保険に比べて遙かに低い水準にとどまっており，1995年以降の毎年において黒字が発生している。

(27)　医療保険及び介護保険の場合には，勤務時間の短縮により当該就労が社会保

険の適用対象とならない僅少労働（報酬月額400ユーロ以下）に該当することとなった場合に限られる。

(28) このうち，医療保険及び介護保険の保険料負担は，当該家族介護者が家族被保険者（我が国の場合の被扶養者に相当）に該当しない限りにおいて行われる。この場合に負担される額は，医療保険で任意被保険者である者が医療保険及び介護保険のために負担しなければならない最低保険料額に相当する。

(29) なお，法案の作成段階では，担当大臣であるシュミット連邦保健大臣（SPD）から最長10日間の有給での休業とすることが提案されたが，連立政権のパートナーであるCDU／CSUが多額の費用がかかることを理由に反対したため，提出法案では無給の休業とされた。

(30) 教会系福祉団体に勤務する介護従事者には独自の賃金体系が設けられているが，教会系福祉団体の賃金水準と賃金協約に基づく賃金水準の間に大きな差はみられない。

(31) 例えば，ハンブルク地区では，プロテスタント系の福祉団体であるディアコニー奉仕団の施設で勤務する老人介護士の初任給は月2148ユーロ，老人介護補助士の初任給は月1827ユーロとなっている。一方，民間事業者の場合の給与水準は，これよりも最大30％も低くなっている（Hamburger Abendblatt vom 3. November 2007）。

(32) その地域で当該職種に適用される協約賃金が通常は「その地域で通例の労働報酬」に該当するものと解されている（Bundestagdrucksache 16/9980, S. 8）。

(33) 1995年から2006年までの間に，家族等により行われるインフォーマルな介護の割合は，80％から75％に低下したと考えられている（WIFO, 2008b：21）。

(34) 介護手当のための連邦及び州の支出のほか，介護手当や年金などの収入では必要な介護サービスのための費用が賄いきれない者に対し，社会扶助として行われる給付のための州の支出などを含む。

(35) Änderung des Bundespflegegeldgesetzes, BGBl. I Nr. 128/2008.

(36) 作業グループでの議論の概要はBMSK（2008a）として公表されている。

(37) 24時間介護実態や合法化に関する詳細については，第9章において後述する。

(38) 外国人の介護者を違法に雇用するとともに，使用者としての法的義務（社会保険料の納付など）を怠っていることを理由として，所管官署が24時間介護を受けている重度の要介護者やその家族を処罰しようとしたことなどがそのきっかけとなった。

(39) Hausbetreuungsgesetz, BGBl. I Nr. 33/2007.

⑷⓪　要介護者が自ら事業主となって介護者を雇用した場合には，事業主としての社会保険料の負担義務などがあることから，助成金の額がより高く設定されている。なお，これらの助成金の額は2人の介護者から交代で介護を受ける場合のものである。

⑷①　収入に関しては，税引き後で月額2500ユーロが限度額とされている。ただし，当該要介護者が扶養する義務のある親族がいる場合には，この限度額に当該親族1人当たり400ユーロ（親族が障害者の場合には600ユーロ）が加算される。資産に関しては，7000ユーロまでの現金及び要介護者の居住用の住居は，助成金の支給に当たって考慮しないものとされていた。

⑷②　1994年に2.5％，1995年に2.8％，2005年に2.0％の引き上げが行われた。

⑷③　これにより，約1万1000人の要介護者が要介護度4へと引き上げられることになった（Rudda et al., 2008：341）。

⑷④　低い要介護度に対応する介護手当の額をより大きな割合で引き上げることは介護予防の必要性を基に，高い要介護度に対応する介護手当の額をより大きな割合で引き上げることはより質の高い介護の必要性を基に，それぞれ根拠づけることが可能であり，いずれかを選択することは困難であると考えられた（Rudda et al., 2008：347）。

⑷⑤　「連邦介護手当法のための要介護度区分令」第4条。

⑷⑥　このほかに，要介護時間の算定の基準となる日常生活活動ごとの時間を一定割合で割り増しする案と，継続的な監視が必要な場合に一つ上の要介護度に区分する案が検討の対象となった（Rudda et al., 2008：348）。

⑷⑦　この助成の詳細については，第6章第2節第2項において後述する。

⑷⑧　助成の上限額（年額）は，要介護者の要介護度が4の場合は1400ユーロ，5の場合は1600ユーロ，6の場合は2000ユーロ，7の場合は2200ユーロとされている。新たに助成対象とされた要介護度1～3の要介護者を介護する家族に対する助成額の上限額は年1200ユーロとされた。

⑷⑨　Die Presse, „Buchinger fordert Pflegefonds und Vermögens-Zuwachs-Steuer" vom 28.07.2008. (http://www.diepresse.com)

⑸⓪　新たな大連立政権の発足に当たり合意された政府プログラムには，介護基金を導入することが盛り込まれた（Republik Österreich, 2008：171）。

⑸①　スイスにおいては，連邦内務省が医療保険の担当省庁となっている。

⑸②　枠組算定基準（2009年1月現在）については表3-16参照。

⑸③　スイス保健医療観測所は，連邦内務省と州保健局長会議（GDK）との合意

第 4 章　改革政策

により設けられた組織であり，保健医療に関する情報を分析し，連邦及び州における保健医療政策の企画・立案に貢献することを目的としている。

(54)　この意見聴取のために通常は3か月の期間が設けられる。その間に，州，政党その他の関係者は文書又は口頭で法案に対する意見を述べることができる（Moeckli, 2008：96）。

(55)　介護手当を受給するためには要介護状態が1年以上継続していることが要件となるが，この期間が9か月に短縮される。

(56)　ただし，在宅の要介護者に対する介護手当は在宅介護促進の観点から維持される。

(57)　Bundesgesetz über die Neuordnung der Pflegefinanzierung (Entwurf), BBl 2005 2095.

(58)　この改正の内容は，次の点で既存の制度と調和的なものであるといえる。一つは，前述の二つのモデルとは異なり，治療介護と基礎介護の区分は現行制度においても存在することである。もう一つは，医療保険による負担に限度を設けることは救急・移送などの給付で既に行われていることである。

(59)　この上限撤廃は，2006年10月の「老齢，遺族及び障害保険のための補足給付に関する連邦法（Bundesgesetz über Ergänzungsleistungen zur Alters-, Hinterlassenen- und Invalidenversicherung, AS 2007：6055)」の制定により，介護財政再編法による改正に先行して実現された。

(60)　この法案の連邦議会における修正の主要な内容及び経緯は，Bundesversammlung (2008) により公表されている。

(61)　医療保険が負担する額は，連邦内務省令（Verordnung des EDI über Leistungen in der obligatorischen Krankenpflegeversicherung, SR 832.112.31）においてサービスの種類ごとに次のように定められた。シュピテックスなどが行う在宅介護サービスに関しては，1時間当たりで，ニーズの把握及び相談が79.80フラン，治療介護が65.40フラン，基礎介護が54.60フランと定められた。また，介護ホームで行われるニーズの把握及び相談，治療介護及び基礎介護に関しては，サービスに要する時間に応じて，20分までの場合の「1日当たり9.00フラン」から220分を超える場合の「1日当たり108.00フラン」までとされた（計12段階）。

(62)　この限度額は，シュピテックスの場合には最大で1時間当たり15.95フラン，介護ホームの場合には1日当たり21.60フランとなる。

(63)　チューリッヒ，ベルン，ルツェルン，ザンクト・ガレンなどドイツ語圏の州

の大部分においては，州及び地方自治体の負担が行われていない（Mösle, 2007：259-260）。
⑷　州側からは，これでは実施のために必要な時間が確保できないとして不満の意が表明された。

第5章
現金給付

　公的責任に基づき国民に対する介護サービスの提供を行うことを基本とする北欧諸国とは異なり，ドイツ，オーストリア及びスイスの介護保障制度においては現金給付が重要な役割を果たしている。しかし，この3か国の現金給付は，現物給付との関係などにおいて重要な相違点を有している。この章では，これらの現金給付について，一般的に指摘される問題点等を踏まえた検討を行う。

1　ドイツの介護保険による介護手当

　ドイツでは，介護保険の導入前にも，労働災害や兵役などの特定の原因及び官吏などの特定の対象者に関連して介護手当を支給する制度が存在した。1989年には，医療保険に在宅介護給付が導入され，要介護の原因などにかかわりなく，在宅の重度要介護者に月205ユーロの介護手当が支給されることになった。[1] 1995年に導入された介護保険では，在宅の要介護者を対象に介護手当（Pflegegeld）が支給されることになった。介護保険では，従来に比べてより高額の介護手当が，要介護の程度がより低い者にも支給されことになった。障害者団体等は，個々の要介護者がその要望に沿った形で必要な介護を受けることを可能にするという点で，現金給付は現物給付よりも優れていると考えている。介護手当が介護保険の給付として位置づけられたことは，こうした考えに沿うものであった（Fuchs, 1997：119）。しかし，一方では，現金給付は必要な介護の確保につながらず，公費のむだ遣いになる可能性があるとの批判もあった。

介護保険の介護手当は二つの目的を有している。一つは、要介護者が誰からどのような介護を受けるのかを自ら決定できるようにすることにより、要介護者の自己責任と自己決定を強化することであり、もう一つは、家族等による介護への取り組みを促進することにある。[2]

在宅の要介護者は、介護保険の給付として、介護現物給付の代わりに介護手当を受けることができる[3]。要介護者に該当するのは、疾病又は障害のために、日常生活活動を行うのに最低でも6か月は継続して相当程度（1日90分以上）の介護が必要な者である。この場合に、要介護となった原因や要介護者の年齢は問われない。したがって、要介護の高齢者のみならず、若年の障害者及び障害児も介護手当を受給することができる。要介護者は介護を必要とする程度に応じて3段階の要介護度に分類される（表3-3参照）。

介護手当の受給は、介護手当を基に必要な基礎介護及び家事援助が適切な方法により確保されることが要件となる[4]。このため、介護手当の受給が申請された場合には、要介護認定と併せて、この要件が満たされるかどうかが、専門審査機関である「医療保険のメディカルサービス（MDK）」により審査される。また、介護手当の受給開始後も、認可介護サービス事業の介護専門職などが定期的に家庭を訪問し、助言することにより、介護を行う家族に対する専門的な支援が行われるとともに、必要な介護が確保されているかどうかが確認される。この助言に必要な費用は、要介護者ではなく介護金庫により負担される。この助言を受ける頻度は、要介護度がⅠ又はⅡの場合には半年に1度、要介護度Ⅲの場合には四半期に1度とされている[5]。要介護者がこの助言を受けない場合には介護手当が減額され、それが繰り返される場合には介護手当の支給が停止される。

介護手当の金額は、要介護者の介護に実際に必要な費用の額にかかわらず、要介護度に応じた一定額として定められている（表3-4参照）。介護保険の給付である介護手当は、受給者の所得や資産の多寡にかかわらず支給される。介護手当は介護現物給付に代わる選択肢と位置づけられているにもかかわらず、それぞれの要介護度において、介護手当の金額は受給可能な介護現物給付の上限額を大きく下回っている。介護手当を受けるだけで要介護者に

必要な介護が確保されない「給付請求権の濫用」を防止するという理由で，このことを正当化することはできない。なぜならば，前述のようにMDKによる審査や介護専門職による定期訪問・助言によりこのような濫用を防止する手立てが講じられているためである。このため，介護手当の額と介護現物給付の上限額の間に大きな格差が設けられていることに対しては異論が唱えられている（Spinnarke, 2003：354-355）。

　要介護者は，介護現物給付と介護手当とを任意の割合で組み合わせて受給することもできる[(6)]。この場合には，請求された介護現物給付の割合に応じて減額された介護手当が支給される。例えば，要介護度IIIの要介護者が月額503.33ユーロ（上限額1510ユーロの3分の1）に相当する介護現物給付を受ける場合には，それと併せて，456.67ユーロの介護手当（要介護度IIIの場合の介護手当685ユーロの3分の2に相当）を受け取ることができる。

　介護手当は，介護を行う家族等に対してではなく，要介護者本人に対して支給される。要介護者が介護手当として受け取った金銭の使途について定めた基準はない。したがって，介護手当の受給者はその使途を自由に決定することができる。介護手当の受給者は，家族等の介護者に報いるため介護手当として受け取った金銭を用いることができる。ただし，介護手当は，要介護者の家族等が行う介護に対する報酬として支給されるものではない。このことは介護手当の金額の低さからも明らかである。介護手当は，むしろ，家族等による介護を評価し，あるいは，家族等が介護を継続的に引き受ける経済的な誘因を与えるものである。このほか，介護手当の受給者は，職業として介護を行う者を自ら雇用し，その者に報酬を支払うために介護手当として受け取った金銭を用いることも可能である。

　介護手当は介護保険の給付として支給されている。したがって，介護手当に要する費用は保険料によって賄われている。また，介護保険による他の給付と同様に，受給要件を満たす被保険者には介護手当に対する請求権が発生する。

第II部　ドイツ，オーストリア及びスイスの比較分析

2　オーストリアの介護手当

　オーストリアでは1993年に連邦介護手当法及び各州の介護手当法が施行され，統一的な介護手当の支給が行われることになった。それ以前にも，要介護者に対して現金給付を行う複数の制度が存在した。しかし，これらの制度は，年金受給者，戦争犠牲者，労災被害者など特定の原因及び対象者に関連したものであり，要介護者全般を対象としたものではなかった（Gruber, Pallinger, 1994：2）[7]。また，それぞれの給付の受給要件や給付額にも大きな違いがみられた。

　新たな介護手当制度の導入に当たっては，現金給付又は現物給付のいずれを優先的に考えるべきかについて詳細かつ集中的な議論が行われた。この制度が採用された重要な理由は，介護手当を支給する制度によってのみ自己決定に基づく生活を送ることが可能になるとの障害者団体の考え方に配慮したことである（Gruber, Pallinger, 1994：6）。このほかにも，現物給付だけでは包括的な介護の確保が実現できないこと，現物給付では要介護者のニーズの変化に柔軟に対応できないこと，現金給付の場合には財政的な見通しを立てることがより容易であることなどが理由とされた。

　介護手当の目的は，要介護者に対して必要な世話及び援助を保障するとともに，要介護者が自己決定に基づき，かつ，ニーズに応じた生活を送る可能性を高めるため，介護に伴い通常よりも増加する支出をカバーすることにある。つまり，介護手当は，受給者の所得を保障するためのものではなく，受給者の所得及び資産の額とは無関係に支給される（Gruber, Pallinger, 1994：18）。

　要介護者のうち，連邦介護手当法が対象とするのは，各種社会保険法に基づく年金給付の受給者，公務員年金の受給者などである[8]。連邦介護手当法の対象とならない全ての要介護者は，各州の介護手当法による介護手当の支給対象とされている。各州の介護手当法は連邦憲法第15条aの規定に基づく連邦と州の合意に沿って制定されたものであり，連邦法及び州法に基づき支

給される介護手当の金額及び支給要件は同じである。

　介護手当を受けることができるのは，身体障害，知的障害もしくは精神障害又は感覚器の障害のために少なくとも6か月間は継続して，平均で月50時間以上の介護（世話及び援助）が必要な者（要介護者）である。この場合に，要介護となった原因及び要介護者の年齢は問われない。したがって，要介護の高齢者のみならず，若年の障害者及び障害児も介護手当を受給することができる。要介護者は，介護を必要とする程度に応じて7段階の要介護度に区分される（表3‐11参照）。

　介護手当の金額は，要介護度1の場合の月額154.20ユーロから要介護度7の場合の月額1655.80ユーロまでとなっている(9)（表3‐11参照）。この介護手当の金額は必ずしも要介護者の全ての介護ニーズをカバーする水準にはなく，多くの場合には実際に必要な介護のための支出額は介護手当の金額を上回っている。

　介護手当は，要介護者が居宅で生活する場合だけでなく，介護ホームに入所している場合にも支給される。ただし，介護手当の受給権者が病院などに入院し，そこでの介護費用が社会保険により負担される間は，介護手当の支給が停止される。この措置は，公的な費用負担により重複給付が行われることを避けるという観点から設けられたものである（Greifeneder, Liebhart, 2004：161-162）。

　介護手当は，原則として要介護者本人に支払われる(10)。ただし，要介護者が社会扶助による費用負担により介護ホーム等に入所している場合には，介護手当の最大80％までは，要介護者本人ではなく，費用負担者（州，地方自治体）に支払われる。この場合でも，小遣い銭に相当する金額は要介護者本人に支給される。

　要介護者が介護手当として受け取った金銭の使途について定めた基準はない(11)。したがって，介護手当の受給者は，その使途を自由に決定することができる。オーストリアでは，ドイツの介護保険のように要介護者に対して現物給付として必要な介護サービスを提供する制度は存在しない。しかし，介護手当の受給者は，介護手当を基に，事業者により提供される在宅介護サー

ビスの利用料や介護ホームの費用の一部を賄うことが可能である。また，介護手当の受給者は，介護を行う家族等に報いるためや，自分が直接雇用した介護者に対する報酬を支払うために，介護手当として受け取った金銭を用いることもできる。

介護手当制度は，社会保険制度ではなく，特別な形態の社会給付制度である（Grillberger, 2008：129）。したがって，介護手当に要する費用は，社会保険料ではなく，連邦及び州により税を財源として負担されている。ただし，社会保険による給付と同様に，要介護者には介護手当に対する請求権が発生する。

3　スイスの障害保険及び老齢・遺族保険による介護手当

スイスでは，1960年1月に「障害保険に関する連邦法」[12]が施行され，日常生活活動を行う能力が低下したために他者による介護・世話を必要とする要介護の障害者全般を対象として，障害保険から障害年金とは別に介護手当が支給されることになった。それ以前には，兵役保険及び労災保険において，兵役又は労働災害に起因して要介護となった障害者に対して，年金額の加算が行われているに過ぎなかった。[13]

老齢年金の受給者である要介護者に対しても介護手当を支給することについては，障害保険の介護手当が導入される際にも議論となり，それ以降も再三議論されたものの，財政上の理由からその実現は見送られてきた（Bundesrat, 1968：Zweiter Teil D. II）。しかし，高齢者もしばしば重度の要介護となり，若年者と同様に相当の追加的な費用負担が生じることがある。[14]このため，1969年1月に施行された「老齢・遺族保険に関する連邦法の改正に関する連邦法」[15]により，老齢・遺族保険からも重度の要介護である老齢年金受給者を対象として介護手当が支給されることになった。

介護手当の目的は，要介護者が他者から受けることが必要な援助に要する費用を賄うことを可能にし，それによって，要介護者ができる限り自立した生活を送れるようにすることにある。

第 5 章　現金給付

表 5-1　介護手当の金額

	入　所			在　宅		
	軽度	中度	重度	軽度	中度	重度
障害保険	M¹⁾×20%	M×50%	M×80%	H¹⁾×20%	H×50%	H×80%
加　算	—			H×20%/H×40%/H×60%		
老齢・遺族保険	—	M×50%	M×80%	M×20%²⁾	M×50%	M×80%

注：1）M…最低年金額　　H…最高年金額
　　2）2010年7月より支給。
出典：著者作成。

　障害保険から介護手当を受給することができるのは，スイスに居住する障害保険の被保険者であって，要介護者に該当する者である。老齢・遺族保険から介護手当を受給することができるのは，スイスに居住する老齢年金の受給者等で，要介護者に該当する者である。介護手当は要介護者の所得及び資産にかかわりなく支給される。

　障害保険及び老齢・遺族保険のいずれにおいても，要介護者に該当するのは，健康上の支障により，日常生活活動に継続的に他者の援助又は見守りが必要な者である。この場合に，被保険者が要介護となった原因は問われない。要介護者は，援助を必要とする日常生活活動の範囲などに応じて，重度，中度，軽度の3段階の要介護度に区分される（表3-17参照）。

　障害保険による介護手当の額は，在宅の場合には最高年金額に，入所の場合には最低年金額に，要介護度に応じた一定割合を乗じた金額とされている（表5-1）。在宅の受給者が，18歳未満であって，集中的な世話を必要とする場合には，介護手当の額に世話のために必要な時間に応じた加算が行われる。この加算の額は，世話に必要な時間が1日8時間以上の場合には最高年金額の60%，6時間以上の場合には40%，4時間以上の場合には20%とされている。このように，障害年金による介護手当の金額などには，在宅介護を優先的に支援する考え方が反映されている。一方，老齢・遺族保険による介護手当の額は，最低年金額に，要介護度に応じた一定割合を乗じた金額とされている。

　障害保険による介護手当の支給期間は，最長で出生から老齢年金受給開始

年齢（女性64歳，男性65歳）に達するまでである。出生時から介護手当を受けることができるのは，生まれつきの障害により要介護状態にある場合である。ただし，障害保険による介護手当の受給者が，老齢年金の支給開始年齢に達した後も要介護状態が継続する場合には，障害保険に代わって老齢・遺族保険から介護手当を受給することになる。この場合には，少なくとも従前の金額の介護手当が保障される。したがって，これらの者は，施設に入所している軽度の要介護者の場合であっても，老齢・遺族保険から介護手当を受給することができる。

　受給者に対して介護手当の使途を介護費用に制限するような法律上の規定は設けられていない。したがって，介護手当の受給者は，介護手当をシュピテックスや介護ホームの費用に充てることも，介護を行う家族等に報いるために用いることも可能である。介護手当は医療保険による介護に関する現物給付とは独立した給付である。したがって，両者を合わせて受給することが可能である。

　障害保険及び老齢・遺族保険において，年金給付のための費用は，被保険者に加えて，被保険者が被用者である場合にはその使用者によって負担される保険料，並びに国庫補助によって賄われている。これに対し，介護手当の費用は全て国庫によって負担されている。年金給付の場合と同様，受給要件を満たす者には介護手当に対する請求権が発生する。

4　現金給付の比較分析

　ドイツ，オーストリア及びスイスの介護保障制度における現金給付については，次のことが比較の視点から特に重要な点としてあげられる。

　1点目は，現金給付と介護サービスとの関係である。この3か国のいずれにおいても，現金給付の目的は要介護者が自立した生活を送れるようにすることと結びついている。特にドイツ及びオーストリアでは，現金給付の導入に当たって，それによって要介護者自身が誰からどのような介護を受けるかを自由に決定できることが強調された。

第 5 章　現金給付

　この場合の決定には，一つには家族等によるインフォーマルな介護を受けるか，介護サービス事業等による介護サービスを利用するのかを選択することがある。さらに，介護サービス事業等についても，一定の基準に該当する認可介護サービス事業に限定されるのではなく，多様な形態の介護サービスの中から，要介護者のニーズと要望に沿ったものを選択することが含まれる。しかし，十分な質と量を備えた介護サービスの供給があり，また，それが費用的にも利用可能なものでない限り，現実にはこのような意味での選択の自由は存在しない。そうでない場合には，介護手当が支給されても，家族の負担軽減につながる介護サービスの利用を選択できないために，家族による介護の代替として，不法移民労働者による安価な介護を利用することにつながりかねない。[21]

　十分な質と量を備えた介護サービスの供給を確保することは，この 3 か国の中でも，直接的には現金給付のみを行っているオーストリアにとって特に重要である。なぜならば，ドイツ及びスイスでは，現金給付と併せて現物給付が行われているため，要介護者には現物給付として提供される介護サービスを受けることが制度上保障されているからである。オーストリアにおいて，連邦と州との合意に基づき，現金給付の支給と併せて介護サービス供給の拡充が進められていることは，まさにこの点を考慮したものといえる（第 3 章第 2 節第 2 項参照）。その結果，現状では，オーストリアにおける在宅の要介護者であって，介護サービスを利用している者の割合は25％に達しており（BMSK, 2007c：32），現物給付を実施しているドイツの状況と大きな違いはない。[22]

　選択の自由は，要介護者のみならず，その家族にもかかわる問題である。つまり，潜在的な介護者である家族にとっては，要介護者を介護する役割を引き受けるかどうかを自由に選択できることが重要となる。このような選択を可能にするためにも，家族が介護しない場合に要介護者がそれに代えて利用可能な介護サービスが存在するかどうかは，重要な意味を持っている。

　 2 点目は，現金給付の使途である。介護保障のための現金給付であっても，第 2 章で述べたように，オランダ及びフランスではその使途に一定の制限が

175

第II部　ドイツ，オーストリア及びスイスの比較分析

設けられている。これに対して，ドイツ，オーストリア及びスイスのいずれにおいても，現金給付の使途に制限は設けられておらず，現金給付をどのように用いるかは受給者自身の自由な決定に委ねられている。このため，受給者は，現金給付として受け取った金銭を，介護サービス利用のための費用に充てるほか，家族等の介護者に報いるために用いることも，要介護者自身が介護以外の使途に用いることも可能となっている。

　使途に制限のない現金給付は，家族による介護を促進する効果を持ちうるものである。なぜならば，受給者は，家族等により行われる介護に報い，評価するために，現金給付を用いることが可能であるからである。しかし，家族が介護を行うかどうかは，一方では家族による介護の可能性に，もう一方では介護サービスの利用可能性に依存している。前者は，要介護者の心身の状態，要介護者と家族との関係，家族の健康状態及び就労状況などによって，後者は，介護サービスの料金，質，柔軟性などによって左右される。介護サービスが，料金的にも利用しやすく，要介護者の個別のニーズに適合し，利用時間などに関する要介護者の希望にも柔軟に対応するものである場合には，家族等による介護よりも，現物給付の選択や現金給付に基づく介護サービスの利用が拡大する可能性もある。したがって，現金給付が行われることが家族介護を固定化させることにつながるとは限らない。現に，この3か国の中で現金給付と現物給付との選択が可能となっている唯一の国であるドイツにおいては，要介護者の重度化，介護期間の長期化，介護を行う家族自体の高齢化などに伴い，在宅介護給付受給者に占める現金給付受給者の割合が低下してきている。

　使途に制限がない場合には，現金給付が行われるだけで，それを基にした介護サービスの利用や家族等による介護が適切に行われないケースが生じることがある。このため，例えば，ドイツでは，家族等により適切な介護が行われることが現金給付の要件とされ，それが満たされるかどうかを定期的に確認し，必要に応じて，改善のための情報提供・助言を行う仕組みが設けられている。現物給付を行う制度における質の確保の対象は，通常，現物給付の担い手である介護サービス事業及び介護ホームに限られる。ドイツの場合

には、現金給付の仕組みが、家族等によるインフォーマルな介護の質の確保にも公的な関与・支援が行われることにつながっている。

3点目は、現金給付の水準である。最重度の要介護者に対して支給される金額を比較してみると、ドイツの場合には、オーストリア及びスイスに比べて、相当に低い水準となっていることが分かる。このことは、現金給付の機能、目的の違いを反映したものといえる。つまり、オーストリア及びスイスでは現金給付が介護サービスの利用のために必要な費用を賄うためにも用いられるのに対して、現物給付に代わる選択肢であるドイツの現金給付は主に家族等による介護を評価し、報いるために用いられることが想定されている。しかし、オーストリアやスイスの現金給付の金額は、オランダやフランスのように個々の要介護者が必要とする介護サービスの費用に応じたものでなく、要介護度に応じた一定額として定められている。また、その水準は、介護サービスにかかる費用の全額をカバーできるほどではなく、その一部を補うものに過ぎない。したがって、要介護者が実際に介護サービスをどの程度利用するかは、要介護者が現金給付以外で介護のために用いることのできる年金等の収入や資産の額にも依存している。

4点目は現金給付による財政的な影響である。オーストリアのように介護給付が現金給付を中心とする場合と、ドイツ及びスイスのように介護給付に現金給付と現物給付が併存する場合とでは、現金給付が介護給付のための支出に与える影響は大きく異なるものと考えられる。なぜならば、後者の場合には、現金給付が行われることにより、家族等による介護への取り組みが促進され、あるいは、家族等による介護を継続して行われることになれば、それによって現物給付の請求が減少する可能性があるからである。スイスとは異なり、ドイツの場合には、制度上、現金給付が現物給付に代わる選択肢として位置づけられている。このような仕組みにより、現物給付の代わりにそれよりも金額が低い現金給付が選択されることが介護保険支出の軽減につながることが確保されている。

介護保障における現金給付の役割は、本来、要介護者が自己決定に基づき必要な介護サービスを確保することを経済的に支えるとともに、家族介護者

を支援することにある。一方，現金給付は，必要な介護の確保にはつながらず，サービス供給の拡充を妨げることや家族介護を固定化することが懸念される。以上の検討から明らかなように，現金給付が実際にどのような役割を果たすかは，使途制限の有無，現物給付との選択の可能性，給付水準などの現金給付制度自体の在り方だけでなく，介護サービス供給の拡充や現金給付以外の家族介護者支援策の状況にも大きく左右されるものと考えられる。少なくとも検討対象とした3か国では，現金給付が要介護者の自己決定に基づくサービスの利用や家族介護の促進に役立つものと評価されている。このことは，第4章でみたように，現金給付を維持・拡充する方向での政策がとられていることにも表れている。

注
(1) 介護手当は現物給付に代わる選択肢として位置づけられていた。なお，医療保険による在宅介護給付は介護保険の導入に伴い廃止された。
(2) Bundestagdrucksache 12/5262, S. 112.
(3) 介護ホーム入所者は介護手当を受給することができない。
(4) 確保の方法としては，家族，友人，隣人等によるインフォーマルな介護を受けることのほか，要介護者自身が職業として介護を行う者を直接雇用することが考えられる。
(5) 認知症などがあるために一般的な見守り・世話に対する相当のニーズを有する者は，介護の必要性が要介護度Ⅰと認められる程度に満たない場合には半年に1度，要介護度Ⅰ又はⅡに該当する場合には半年に2度，要介護度Ⅲに該当する場合には四半期に2度，この助言を受けることができる。
(6) 介護ホームに入所する要介護者には，現物給付と介護手当との選択，又は組み合わせは認められていない。
(7) 例えば，長年にわたり専業主婦であった年金受給者の妻は，要介護となってもこれらの現金給付を受け取ることはできなかった。
(8) 老齢年金の受給者のみならず，遺族年金の受給者も含まれる。
(9) 介護手当の金額について賃金・物価の推移に応じた調整（スライド）を行う規定は設けられていない。
(10) 要介護者本人の行為能力がない場合又は制限されている場合には，法定代理

人に支払われる。受給者が未成年である場合は後者の場合に該当する。
(11) 現金給付が行われても，受給者である要介護者が放置され，又は，十分な介護が確保されない恐れがある場合には，給付主体は，現金給付の全部又は一部に代えて，現物給付を行うこととされている。
(12) Bundesgesetz vom 19. Juni 1959 über die Invalidenversicherung, BBl II 1498.
(13) 同様の給付は，スイス以外の国の障害保険において実施されていたが，多くの場合には，障害者全般を対象にしたものではなく，視覚障害者など特定のグループを対象にしたものとなっていた（Bundesrat, 1958：1223）。
(14) ただし，障害保険の介護手当の受給者は，老齢年金の受給権が発生した後も引き続き障害保険から介護手当を受給することができた。
(15) Bundesgesetz vom 4. Oktober 1968 betreffend Änderung des Bundesgesetzes über die Alters- und Hinterlassenenversicherung, BBl II 487.
(16) 「障害保険に関する政令（Verordnung vom 17. Januar 1961 über die Invalidenversicherung, SR 831, 201）」第37条。
(17) 最高年金額は最低年金額の2倍とされている。2009年現在の金額は，それぞれ，2280フラン及び1140フランである。
(18) 老齢・遺族保険による介護手当の受給者は，当初は重度の要介護者に限られていた。高齢者になるとほとんど全ての人が援助を必要とするようになることや，障害者の場合とは違って，それに対してあらかじめ備えておくことが可能であることが，その理由とされた（Bundesrat, 1968：Zweiter Teil D. II）。その後，1994年の改正でその範囲が中度の要介護者にまで拡大された。さらに，2010年7月からは，在宅の軽度の要介護者にも介護手当が支給されることになった。
(19) 老齢年金は通常の支給開始年齢よりも1年又は2年繰り上げて受給することが認められている。繰り上げ受給の場合には，当該老齢年金の受給開始時点（女性63歳又は62歳，男性64歳又は63歳）で，障害保険による介護手当の支給が終了する。
(20) 要介護者が介護費用に充てることができる介護手当を受給していることを理由に，医療保険の介護給付を制限又は拒否することは認められないとされている（BGE 125 V 297）。
(21) イタリアでは，現金給付が主流であることが，介護サービス供給体制の整備が進まないこととあいまって，移民労働者による安価な介護サービスを急速に

普及させる原因となっている（宮崎，2008：3）。
⑵⑵　ドイツでは，在宅の要介護者のうち介護サービスを利用している者の割合は，2007年で33％となっている（Statistisches Bundesamt, 2008：12）。

第6章
家族介護者の支援

　ヨーロッパにおいても，介護政策は，長年，要介護者を対象とした政策として捉えられてきた。要介護者に対する政策は家族等の介護者にも影響を及ぼす。例えば，経済的にも負担可能な質の高い介護サービス供給の拡充を図ることは，家族等の介護者に対する相当の負担軽減効果がある。近年では，要介護者を対象とした政策に加え，家族等の介護者を直接的な対象とする政策を積極的に実施する国も出てきている。

　第II部における検討の対象とする3か国のなかでも，特に介護に関する家族の役割が重視されるドイツ及びオーストリアでは，要介護者の介護を行う家族等を支援することが，介護保障制度の重要な柱の一つとして位置づけられ，全国的な支援策が展開されている。

　この章では，ドイツとオーストリアを中心に，家族等の介護者に対する支援策の内容等について検討する。

1　ドイツの家族介護者支援策

　ドイツにおいては，介護保険による現物給付として在宅の要介護者に対する介護サービスが提供されている。これ自体が，要介護者のインフォーマルな介護を行う家族，友人，隣人など（以下「家族介護者」という）の介護負担を軽減する効果を持つことから，家族介護者に対する重要な支援策の一つといえる。介護保険は，これ以外にも家族介護者を支援する効果を持つ次のような給付を行っている。これらの給付の目的は，家族等による介護への取り組みを促進し，家族介護者を社会的に評価し，家族介護者の負担を軽減する

ことにより，在宅介護を推進することにある（Gallon, 2009：526）。したがって，これらの給付は，要介護者が慣れ親しんだ環境で引き続き生活することを可能にするものである。さらに，これらの給付により，家族介護がより多く選択され，介護現物給付に代わる介護手当の受給が促進されることは，介護給付費の増加を抑制することにも貢献するものと考えられている。

（1） 介護手当

　要介護者は，家族等によるインフォーマルな介護を受ける場合には，現物給付（訪問介護）に代えて，又は，それと組み合せて，現金給付である介護手当を介護保険から受けることができる。介護手当は要介護者本人に対して支給されるが，その使途について特に制限が設けられていないため，要介護者は家族介護者に報いるために介護手当を用いることができる。
　一方，介護手当を受けて家族等による介護が行われることにより，要介護者に対する介護の質の問題が生じないよう，介護手当の支給は，当該要介護者にとって必要な基礎介護及び家事援助が適切な方法により確保されることが要件とされている。この要件が満たされるかどうかは，要介護認定の際に専門審査機関である「医療保険のメディカルサービス（MDK）」により審査される。また，介護手当の受給開始後も介護専門職が定期的に受給者の家庭を訪問して，助言を行っている。この助言は，家族等により行われる介護の質を確保するとともに，家族介護者を支援するために行われる。家族等により行われている介護に問題がある場合には，その問題を解決するための方策が介護専門職と介護者により共同で検討される。また，介護専門職は，介護者に過重な負担がかかっていると判断した場合には，介護講習の受講，デイケアや訪問介護の利用による介護者の負担軽減の可能性について教示する。

（2） 代替介護の確保

　家族介護者が既に高齢であり，要介護者の介護が肉体的・精神的に相当の負担となっているケースが多くみられる。家族介護者が介護疲れを癒すために休暇を取る場合や病気などで介護できない場合にも在宅介護の継続が可能

となるよう，代替介護に関する給付が設けられている。具体的には，休暇，病気その他の理由により，家族介護者が介護を行うことに支障が生じた場合には，通常の介護現物給付（訪問介護），デイケア・ナイトケア及びショートステイの給付のほかに，介護金庫は，介護サービス事業の介護職員などが家族等の代わりに行う介護（代替介護）のための費用を1暦年当たり4週間まで負担する。ただし，このための介護金庫の支出は，1暦年当たり1510ユーロが上限となっている[1]。この給付により，介護者の負担が軽減されると同時に，介護者が不在の間も要介護者が住みなれた家庭で生活することが可能になるものと期待される。

この給付を受けるためには，最初に支障が生じるまでに介護者が当該要介護者を居宅で6か月以上介護したことが要件となる。この6か月の待機期間は，介護者が介護を始めてすぐに代替介護の給付を受けて休暇を取ることにより，介護保険に不適切な財政負担が生じることを避けるために設けられている（Ruser, 2008：58）[2]。代替介護の給付は他の給付とは独立した給付であるため，現物給付を受けずに介護手当のみを受給する場合であっても，前述の要件に該当する限りは代替介護の給付を受けることができる。

代替介護の給付の受給者は，2008年平均で3万120人であり（BMG, 2008d：1），その補完的な給付としての性格を反映して，訪問介護や終日入所介護の受給者に比べると遙かに少ない数となっている。しかし，この数は，1997年平均の受給者数（3712人）の8倍以上に増加している。

（3） 介護者の社会保障

家族による介護の減少は，在宅介護サービスの利用又は介護ホームへの入所を増加させる恐れがある。このため，家族が安心して介護を行うことができる条件を整備することが重要となっている。しかし，家族は，介護を引き受けることにより，社会保障制度においても不利益を被る可能性がある。つまり，介護のために自らの就労を諦め，あるいは制限することにより，稼得収入が減少するのみならず，就労関係に基づき加入義務が発生する年金保険などの社会保障においても不利な状況に置かれる。このような問題に対処す

表6-1 介護金庫が負担する年金保険料額（2009年）

要介護者の要介護度	週介護時間	保険料月額（ユーロ）		年金月額（ユーロ）[1]	
		旧西独地域	旧東独地域	旧西独地域	旧東独地域
III	28時間以上	401.18	339.89	21.31	19.01
	21時間以上	300.89	254.92	15.98	14.26
	14時間以上	200.59	169.95	10.65	9.50
II	21時間以上	267.46	226.59	14.21	12.67
	14時間以上	178.30	151.06	9.47	8.45
I	14時間以上	133.73	113.30	7.10	6.34

注：1）1年間介護したことにより増加する年金額（2009年現在価値）。
出典：著者作成。

るため，介護者の社会保障に関する次のような仕組みが設けられている。

まず，年金保険では，要介護者を居宅で週14時間以上介護する家族介護者は強制被保険者として位置づけられている。この被保険者にかかる保険料は，被保険者本人に代わって，介護金庫が負担する。この場合の保険料額は，介護に従事する時間と介護の対象となる要介護者の要介護度に応じて表6-1のとおり定められている。この年金保険料は，通常の就労に基づき賦課された年金保険料と同等に取り扱われるため，その分だけ保険料納付期間及び納付保険料額を増加させる。このため，この年金保険料は，当該介護者の将来の年金給付を生じさせ，あるいは，増加させる効果を持つ。この介護金庫による年金保険料の負担は，就労していない介護者及び就労を中止した介護者だけでなく，家族等が就労を行いながら介護することを促進する観点から，週30時間までの就労を行う介護者に関しても行われる。

介護保険により年金保険料が負担されている家族介護者の数は，1997年の57万5000人をピークにそれ以降は減少してきており，2006年には44万人となっている（BMG, 2009c：7）。その理由は，家族介護の割合が低下してきていることに加え，介護者自身も既に高齢で，年金支給開始年齢に達しているケースが増加したことにある。

労災保険においても，要介護者を居宅で週14時間以上介護する家族介護者は被保険者となる。これにより，これらの者の介護活動に伴い発生する労働災害は，労災保険による保障の対象となる。ただし，そのための労災保険料

は徴収されない。

　さらに，失業保険においても次のような仕組みが設けられている。要介護者を居宅で週14時間以上介護する家族介護者であって，介護開始前24か月間に12か月以上強制被保険者であった又は失業給付を受給した者が，介護開始直前に失業保険の被保険者であった又は失業給付を受給していた場合には，失業保険の保険者である連邦雇用エージェンシーに申請することにより失業保険の任意被保険者となることができる。この場合に，介護者は次に述べる介護休業期間を除き，任意被保険者としての保険料を自ら負担しなければならない。

（4）　介護休業
　介護継続発展法(3)により2008年7月から介護休業制度が導入され，15人を超える従業員を雇用する使用者の下で就労する者は，近親者(4)の介護のために，最長6か月間，無給で仕事の全部または一部を休業することが可能となった。この休業を行おうとする者は，休業開始の10日前までに使用者に対して通告しなければならない。この休業期間中の者のため，前述の年金保険に加えて，医療保険，介護保険及び失業保険の保険料が介護保険により負担される(5)。さらに，いずれの使用者の下で就労する者であっても，家族が要介護となったために，その介護体制を整える必要がある場合，又はその間の介護を自ら行う必要がある場合には，最長10労働日は無給で休業することが認められる(6)。

（5）　相談・情報提供
　家族等による介護の質の確保及び介護に伴う心身の負担の軽減並びにボランティア活動など介護への社会的な取り組みの促進を目的として，介護保険の給付として，インフォーマルな介護を行う家族等を対象に，無料の介護講習が実施されている。この介護講習では，介護専門職から受講者に対して在宅での介護の軽減及び改善に役立つ知識が教授されるだけでなく，受講者間での介護に関する情報・意見交換も行われる。

　在宅の要介護者に関する抽出調査の結果によれば，主たる家族介護者のう

ち，定期的にそのような機会を利用している者の割合は16％にとどまっており，ときおり利用する者の割合も37％に過ぎない（Schneekloth, 2005：80）。相談・助言の機会を利用している者の大部分は，医療的なケアも必要とする重度の要介護者を介護している家族であって，家族による介護だけでなく，介護サービスも利用しているようなケースである。

さらに，介護継続発展法により，各地域において，要介護者及び家族に対する相談・援助を行うために介護金庫などが設置する介護支援拠点（Pflegestützpunkt）の整備が進められることになった。介護支援拠点は，同法により新たに導入されたケースマネジメントを行い，個々の要介護者に対して必要な各種のサービスがそのニーズに応じて適切に実施されるようコーディネイトすることにより，サービスの質の向上を図るとともに，在宅の要介護者及びその家族を支援する役割を担うことが期待されている。

2 オーストリアの家族介護者支援策

オーストリアにおいても，介護手当の支給をはじめ，家族介護者の負担を軽減し，家族介護者を支援する様々な施策が実施されている。その背景には，家族介護者は，介護のために大きな負担を引き受けることにより，社会に対して極めて価値のある貢献を行っているとの評価がある。こうした評価は，困難な役割を担っている家族介護者を支援し，その負担を軽減するとともに，その立場を強化するための公的な施策が必要とされる根拠になっている（BMSK, 2008e：56）。

（1） 介護手当

要介護者は使途に制限のない介護手当を受けることができる。介護手当は，家族介護者との関係において，二つの役割を有している。その一つは，介護サービス事業等が提供する有償の介護サービスの利用を経済的に可能し，家族介護者の負担軽減をもたらすことである。もう一つは，無償によるインフォーマルな介護を行う家族介護者に対して金銭的に報いることに役立つこと

である。このような観点から，介護手当の支給は家族介護者を支援するための施策の重要な柱の一つと位置づけられる。

　介護手当受給者に対する在宅介護の質を確保するため，介護手当の支給決定者により次のような措置が実施されている。その一つは，在宅介護に関する特別の知識と高い助言能力を備えた介護専門職による介護手当受給者の居宅の訪問である。訪問を行った介護専門職は，要介護者のニーズに応じた適切な介護が行われているかどうかを確認するとともに，必要がある場合には，介護に携わる家族等に対する情報提供や助言を行っている。[7]ドイツの場合とは異なり，この介護専門職による訪問は，全ての介護手当受給者を対象に定期的に実施されているわけではなく，対象者の要介護度や年齢などが一定の条件に該当するケースを選んで実施されている。[8]このため，実際に訪問を受けた要介護者は，介護手当受給者のうち，ごくわずかにとどまっている。[9]訪問を受けた介護手当受給者の99％は，訪問を「非常に良い」（65％）及び「良い」（34％）と評価している（Freiler, 2008：630）。

　さらに，2006年からは，介護手当を申請した要介護者に対して，介護手当の支給決定通知に併せて介護に関して介護専門職に無料で相談できるバウチャーを送付するモデル事業が実施されている。今のところ，バウチャーの利用率は低水準にとどまっているが，実際にこの相談を利用した者からは高い評価が得られている。[10]

（2）　代替介護の確保

　連邦障害者法[11]第22条第1項の規定に基づき設立された公益的目的を有する法人である「障害がある人々に対する支援基金（Unterstützungsfonds für Menschen mit Behinderung）」から，代替介護の費用に対する助成が行われている。この助成に関する詳細は，連邦社会・消費者保護大臣が連邦障害者審議会（Bundesbehindertenbeirat）の意見を聴取して定めた指針[12]において，次のように定められている。

　この助成の目的は，代替介護を受けやすくすることによって，家族介護者の負担を軽減することにある。具体的には，要介護度3以上の要介護者，要

表6-2 代替介護に係る助成の年間上限額

要介護度	上限額（ユーロ）
1	1,200
2	1,200
3	1,200
4	1,400
5	1,600
6	2,000
7	2,200

出典：著者作成。

介護度1以上の認知症の要介護者又は要介護度1以上の未成年の要介護者を1年以上にわたり主として介護している近親者は，病気，休暇その他の重要な理由により，介護を行うことに一時的な支障が生じた場合には，代替介護のための費用に対する助成を受けることができる。この場合の近親者には，直系血族，配偶者，パートナー，兄弟姉妹，嫁，婿などが含まれる。この助成は，助成を受ける者のネット総収入が，要介護者の要介護度が1～5の場合には月2000ユーロ，要介護度が6又は7の場合には月2500ユーロを超えないことが条件となっている。また，助成の対象になる代替介護の期間は年間で1週間（要介護者が認知症患者又は未成年である場合には4日間）から4週間まで，助成の上限額は介護を受ける要介護者の要介護度に応じて年間1200ユーロから2200ユーロまでとされている（表6-2）。この助成制度が導入された2004年1月から2007年12月までの間に，約9500件，総額1050万ユーロの助成が行われた（BMSK, 2008e：61）。

なお，家族介護者の休暇に関しては，「戦争犠牲者及び障害者連盟（Kriegsopfer- und Behindertenverband）」が同連盟の保養所での14日間の休暇プログラムを提供している。主たる家族介護者は，単独で，希望する場合には要介護度3以下の要介護者と一緒に，このプログラムに参加することができる。このプログラムの主たる目的は家族介護者の休養であるが，プログラムの中では，家族間の交流，介護関連情報の提供，法律相談なども行われている。このプログラムの費用に対しても「障害がある人々に対する支援基金」からの助成が行われている（BMSK, 2008e：61）。

（3） 介護者の社会保障

家族介護者が継続的に相当の労力をかけて要介護者の介護を行う場合には，それまで行ってきた就労を続けられなくなることが少なくない。就労関係に基づき加入義務が発生する年金保険では，就労を中止して家族の介護を行う

期間には保険料が納付されない。このため，それらの者は就労を続けた者に比べて，将来の年金給付の面で不利になる恐れがある。このような意味での両者の間の不公平を是正するため，次のような措置が講じられている（BMSK, 2008d：20）。

年金保険においては，強制被保険者でなくなった者が，直近24か月間に12か月以上の被保険者期間を有するか，あるいは，直近5年間に毎年3か月以上の被保険者期間を有する場合には，継続被保険者となることができる。通常，継続被保険者は，年金保険料として，強制被保険者でなくなる直前1年間の保険料算定基礎収入に保険料率（22.8％）を乗じて得られる額の全額を自分で負担しなければならない。ただし，継続被保険者が，要介護度3以上の要介護者である近親者（配偶者，子，親，兄弟姉妹など）の居宅での介護を全労力をかけて行うために就労を中止し，年金保険の強制被保険者でなくなった場合には，これらの者に係る保険料は連邦により負担される。

継続被保険者の要件を満たさない場合であっても，要介護度3以上の要介護者である近親者の居宅での介護を相当の労力をかけて行う者は，年金保険の任意被保険者となることができる。これらの者に係る保険料も連邦により負担される。この場合の保険料算定基礎収入は定額で定められている[17]。

このほか，障害のある同居の子の介護を全労力をかけて行うために就労していない者[18]も，年金保険の任意被保険者となることができる。これらの者に係る年金保険料は「家族援助のための調整基金（Ausgleichsfonds für Familienbeihilfen）[19]」により負担される。この場合の保険料算定基礎収入も定額で定められている[20]。

また，医療保険においても，家族介護者に対する配慮が行われている。被用者であって，就労によって得られる労働報酬が一定額を超える者は，医療保険の被保険者となる。医療保険では，被保険者のほか，その配偶者，子及び同居の孫であって被保険者でない者に対しても給付が行われる。このような配偶者がいる場合は，被保険者に対して通常の保険料に加えて追加保険料が賦課される。追加保険料の保険料率は3.4％であり，その全額が被保険者の負担となる。ただし，当該配偶者が要介護度3以上の要介護者である場合

には，追加保険料は徴収されない。さらに，要介護度3以上の要介護者である被保険者の居宅での介護を最大限の労力をかけて行う家族（被保険者でない者に限る）に対しても給付が行われる。この場合にも，当該被保険者からの追加保険料は徴収されない。

（4） 介護休業

　介護を行う家族は，夜間であっても要介護者のニーズに対応しなければならないことが多く，就労している家族にとってはそのことが大きな問題となる。要介護者が重篤な病気にかかり，あるいは，終末期にあるときは，家族の負担は特に重いものとなる。このため，特別に負担の重いケースにおける家庭と仕事との調和を図るため，2002年7月から家族ホスピス休業（Familienhospizkarenz）の制度が導入された（BMSK, 2008d：17）。これにより，就労者は，終末期の近親者又は重篤な病気に罹患している同居の子に付き添うために，使用者と協議の上，労働時間の短縮・変更又は無給の休業を行うことができるようになった。このうち，終末期の近親者への付き添いは，当該近親者が生命に危険があるほど悪化した健康状態にあることが要件となる。この付き添いの期間は3か月とされているが，6か月までの延長が可能である。一方，重篤な病気の子への付き添いは，がん，結核などにかかっている子を対象としたものであり，生命の危険が存在することは要件ではない。この付き添いの期間は，5か月とされているが9か月までの延長が可能である。

　被用者であって，就労によって得られる労働報酬が一定額（2009年は月額357.74ユーロ）を超える者は医療保険及び年金保険の被保険者となる。被用者であっても，家族ホスピス休業により労働時間を短縮したために労働報酬がこの額以下となった場合や，就労を中止した場合には，医療保険及び年金保険による保障が受けられなくなる。このため，家族ホスピス休業中の者が，医療保険及び年金保険の被保険者でいられるように特別の取り扱いが行われている。医療保険においては，これらの者に係る保険料は，一定額（2009年は月額772.40ユーロ）を保険料算定基礎額として算定され，失業保険により

負担される。また，これらの者に対しては医療の現物給付が行われる。年金保険においては，これらの者に係る保険料は，一定額（月額1493.04ユーロ）を保険料算定基礎額として算定され，連邦により負担される。これにより，これらの者は，休業期間中においてもこの金額の労働報酬を得て就労するのと同等に取り扱われる。

　家族ホスピス休業中に給与が受けられないことによる経済的に大きな負担に対応するため，次のような措置が講じられている。家族ホスピス休業により賃金収入がなくなったために世帯のネット収入が限度額に満たなくなった場合には，補助が受けられる。この補助に要する費用は「家族援助のための調整基金」により負担されている。2007年では301件，総額約70万ユーロの補助が行われた。

　要介護者の申請があれば，介護手当は，要介護者本人の代わりに，当該要介護者のために家族ホスピス休業を取り，就労による労働報酬が受けられなくなる近親者に支払われる。また，介護手当の支給あるいは引き上げ申請手続き中に近親者が家族ホスピス休業を取り，就労による労働報酬が受けられなくなる場合には，要介護者の申請があれば，少なくとも要介護度3（既に要介護度3以上の介護手当の支給が認められている場合には要介護度4）の介護手当に相当する前渡し金が支給される。

（5）　相談・情報提供

　連邦労働・社会・消費者保護省により実施されている電話による相談・情報提供サービスである「介護電話（Pflegetelefon）」などを通じて，介護を行う家族に対する無料の相談・助言が実施されている。また，同省により「インターネット・プラットフォーム（Internet-Plattform）」が設けられ，インターネットを通じて介護に関する情報バンクを24時間利用することが可能とされているほか，介護を行う家族の経験や意見を交換する場が提供されている。

　さらに，州レベルでは，巡回訪問サービス（Kontaktbesuchsdienst）によって，高齢者を対象に介護サービスや介護手当に関する情報提供が行われる

とともに，在宅介護相談センター（Beratungszentrum für Pflege und Betreuung zu Hause）により，ケースマネジメントの一環としての包括的な相談が行われている。さらに，各地に設置された介護相談所（Pflegeberatungsstelle）により，相談援助などが実施されている。

3 スイスの家族介護者支援策の問題点

スイスでも，家族介護者に対する支援策の必要性は認識されている（Zumbrunn, Meyer, 2007：247）。スイス赤十字などでは，家族介護者の負担軽減プログラムとして，情報提供・相談所を設置するとともに，家族の負担軽減のための代替介護者の派遣，デイサービス事業などを有料で行っている。ただし，実施されているプログラムの内容は州ごとに異なっている。このほか，認知症患者やパーキンソン病患者のための団体である「スイス・アルツハイマー連盟（Schweizerische Alzheimervereinigung）」や「スイス・パーキンソン（Parkinson Schweiz）」も，関連情報の提供，患者を介護する家族を対象とした情報交換・講習会，患者とその家族を対象にした保養機会の提供などを行っている。しかし，家族介護者に対する支援策の大部分は，地域的に実施されており，地域間で大きな格差が存在する。家族介護者の支援策は，全体としてみると，連携及び整合性を欠いており，なお改善が必要な状態にある。

4 ドイツとオーストリアの比較分析

以上のように，この3か国においては，家族介護者の支援を目的とした公的施策が実施されている。なかでも，介護における家族の役割が重視されるドイツ及びオーストリアでは，家族介護者支援のための取り組みが積極的に行われ，その拡充が図られてきている。この両国では，現に要介護者の多くが家族による介護を受けており，それによる家族の負担も大きくなっている。また，高齢化の進展等に伴い介護サービスへの需要が増加する中で，財政負

担軽減の観点から，家族構成や就労状況の変化により減少の方向に向かっている家族介護をできる限り維持することが政策上の課題となっている。したがって，こうした支援策の目的は，実際に介護を行っている家族介護者の負担を軽減することのほかに，家族による介護への取り組みを促進することにある。

この2か国では，介護手当の支給にとどまらず，様々な家族介護者支援策が実施されている。その重要な柱となるのは，家族等が継続的に介護を行うことを可能にする代替介護の保障，家族介護者に対する社会保障面での配慮，就労と家族の介護との調和を図るための介護休業制度，家族介護者の負担軽減及び家族介護の質の確保につながる相談・情報提供の実施などであり，具体的な支援の方法には多くの共通点がみられる。

しかし，それぞれの国における家族介護者支援策の介護政策上の位置づけには重要な相違がみられる。ドイツでは，介護保険は，要介護者が必要とする介護の全てを保障するのではなく，家族による介護が行われることを前提に，それを補完して要介護者を支援するための基礎的な保障を行うとの考え方が明確にされている。このため，家族介護者を支援することは，介護保険の重要な役割として位置づけられ，家族介護者支援策の大部分は介護保険の導入時から介護保険の給付として行われている。その結果，家族介護支援策は，全ての要介護度の要介護者を対象としており，また，要介護者及びその家族介護者には家族介護者支援のための給付に対する法的請求権が認められている。

オーストリアでも，介護手当の支給と併せて，様々な家族介護者支援策が実施されている。しかし，具体的な支援は，介護手当制度とは別に，それぞれ個別の制度を通じて実施されている。支援の内容は，順次拡充が図られてきたが，依然として，その対象が一定以上の要介護度の要介護者に限られ，支援のための給付に対する法的請求権が認められないなど，ドイツに比較べると限定的なものにとどまっている。

例えば，ドイツでは，介護手当受給の全てのケースについて，必要な介護が家族等によって適切に確保されるかどうかの審査が行われるとともに，介

護専門職による定期的な訪問及び助言が行われる。オーストリアでも，介護専門職による訪問及び助言が行われているが，その対象は介護手当受給者の一部に限定されている。同様に，オーストリアでは，代替介護に関する助成や家族介護者の年金保険料に関する公費負担の対象は，一定以上の要介護度の要介護者の場合に限られている。

両国では，居宅で生活する要介護者の大部分が家族等により介護されている。また，家族等が1人で介護している場合も少なくない。このため，包括的な介護ニーズに対応しなければならないケースでは，家族介護者が介護しながら就労することは不可能か，あるいは相当に制約されることになる。このような介護者にとっては，就労が制限されることによって，賃金収入が減少し，職場での昇進が制約されるだけでなく，自分自身の将来の年金給付などにも影響が及ぶ可能性がある。その理由は，この両国における社会保険の適用が，基本的に就労関係を基礎としているためである。就労を行わない者あるいは継続的な就労歴がない者は，老後に年金が受けられない，あるいは僅かの年金しか受けられないといった状況に置かれることになる。

このような問題を解決するための方法の一つは，一定の枠組みにおいて行われる家族介護を通常の就労と同等に位置づけることである。例えば，オランダでは，インフォーマルな介護を行う家族に対して個人予算からの支払いが認められるのは，家族が要介護者との間の契約に基づき介護を行い，通常の就労と同様に当該家族介護者にも社会保険法及び労働法に関する規定が適用される場合とされている（Österle, Hammer, 2004：82）。

もう一つの方法は，社会保険法において家族介護者に関する特別の規定を設けることである。ドイツ及びオーストリアにおいては，基本的に後者の方法による対応が選択されている。すなわち，介護保険又は連邦が本人に代わって家族介護者の年金保険料を負担している。この措置は，家族を介護するために就労を中断した者だけでなく，もともと，就労を行っていない者も対象としている。したがって，この措置は，家族介護者が就労を中断することにより，将来の年金給付の面で不利になることを防ぐだけでなく，家族介護者が無償で行う介護を社会的に評価することにもつながるものである。

介護保険又は連邦により負担される年金保険料の額は，ドイツの場合には，要介護者の要介護度及び介護時間のみに依存し，介護開始前の年金保険への加入状況とは無関係であるのに対して，オーストリアの継続被保険者の場合には，介護開始前の年金保険への加入状況及び従前の賃金額に応じたものとなっている。このため，後者の場合には，家族が同じ要介護度の要介護者に対して同じ時間の介護を行ったとしても，年金保険においてはそれに対する評価が異なるという問題がある。

　介護のための休業制度は，この両国でも，子供の育児や看護のための休業制度とは異なり，最近になって導入されたものである。介護休業の取得には様々な制約が課せられている。介護休業期間中の経済的援助は，ドイツでは行われず，また，オーストリアでは介護休業の対象者が終末期にある者を介護する近親者であって収入が一定額以下の者に限って行われている。したがって，家族の介護と就労との両立を可能にする観点からは，介護休業の取得を容易にするためのさらなる取り組みが必要であると考えられる。

　介護に関する相談・情報提供の機会の提供は，介護を行う家族の負担軽減及び家族による介護の質の確保だけでなく，家族介護者の孤立を防ぎ，社会に包摂する観点からも重要な意味を持っている。このため，この両国でも，そのために様々な機会の提供が行われている。共通してみられる問題点は，相談・情報提供の機会を利用した者の評価は高い一方で，利用状況が低調であることである。この点に関しては，利用機会を増やすための一層の改善が求められる。

　家族による介護がどのように行われるかは，基本的には家族間の私的な問題として当事者に委ねられる。しかし，この章の検討を通じて明らかとなったように，公的施策として家族介護者を支援するための給付等を実施することは，個々のケースにおける家族介護の実態を把握し，質の改善のための努力を促すことにつながっている。とりわけ，ドイツでは，介護手当受給者に対する専門家による訪問・助言を通じて，このような取り組みが積極的に行われている。

第II部　ドイツ，オーストリア及びスイスの比較分析

注
(1)　この金額は，2012年1月に1550ユーロに引き上げられる。
(2)　この待機期間は，従来，12か月とされていた。在宅介護を促進する観点から，介護継続発展法に基づく改正により2008年7月から6か月に短縮されたものである。
(3)　介護継続発展法の詳細は，第4章第1節を参照されたい。
(4)　近親者には，祖父母，父母，配偶者，子などが含まれる。
(5)　このうち，医療保険及び介護保険の保険料負担は，当該家族介護者が家族被保険者（我が国の健康保険における「被扶養者」に相当）に該当しない限りにおいて行われる。また，この場合の保険料額は任意被保険者に適用される最低保険料額に相当する額とされている。
(6)　法案の作成段階では，担当大臣であるシュミット連邦保健大臣（社会民社党（SPD））から最長10日間の有給での休業とすることが提案されたが，連立政権のパートナーであるキリスト教民主・社会同盟（CDU/CSU）が多くの費用がかかることを理由に反対したため，提出法案では無給の休業とされた。
(7)　平均的には，訪問を受けた要介護者4人のうち3人までが，相談・情報提供を必要とする状況にあった（Freiler, Biringer, 2007：604）。
(8)　例えば，要介護度が3ないしは4以上で，年齢も75歳を超えるケースを対象として実施されている（Freiler, Biringer, 2007：599-600）。
(9)　2006年10月〜2007年8月の期間では，105人の介護専門職により8387人の要介護者の居宅への訪問が行われた（Freiler, Biringer, 2007：599）。
(10)　利用者の8割は，相談が役に立ったと評価している。利用者の6割は，相談が日常の負担軽減につながったと評価している。また，利用者の半数は今後さらに相談したいと考えている（BMSK, 2007b：30-32）。
(11)　Bundesbehindertengesetz, BGBl. Nr. 283/1990.
(12)　Richtlinien für die Gewährung von Zuwendungen zur Unterstützung pflegender Angehöriger.
(13)　「その他の理由」には，家族のために必要な用件，介護講習の受講，仕事上の義務などが含まれる。
(14)　近親者がこの要件を満たす場合であっても，支援基金に対する法的な請求権が発生するわけではない。
(15)　助成対象者に扶養しなければならない家族がいる場合には，それぞれの限度額に当該家族1人当たり400ユーロ（家族が障害者である場合には600ユーロ）

第6章　家族介護者の支援

が加算される。
(16)　助成の上限額はそれぞれ4週間の代替介護に対応したものであるため，代替介護の期間がこれよりも短い場合には，期間に応じて助成の上限額も減少する。
(17)　2010年では1か月当たり1528.87ユーロとされている。
(18)　障害のある子が次のいずれかの要件に該当する場合には，全労力をかけて介護されているとみなされる。
　(i)就学年齢に達しておらず，かつ，継続的な対人援助及び特別の介護を必要とする場合。
　(ii)一般的な就学義務があるにもかかわらず，それが免除されているか，あるいは継続的な対人援助及び特別の介護を必要とする場合。
　(iii)一般的な就学義務は終了したものの，満40歳に達しておらず，継続的に寝たきりか，あるいは継続的な対人援助及び特別の介護を必要とする場合。
(19)　「家族援助のための調整基金」は，家族負担調整法（Familienlastenausgleichsgesetz, BGBl. Nr. 376/1967）に定める援助のための支出を賄う基金であり，その事務は連邦保健・家族・青少年省により行われている。
(20)　2010年では1日当たり34.15ユーロとされている。
(21)　したがって，単に介護が必要なだけで，特に生命の危険があるほど悪化した健康状態にはない家族は，この対象とはならない。
(22)　限度額（月額）は，例えば，1人世帯の場合には700ユーロ，成人2人の世帯の場合には1260ユーロ，成人2人と子2人の世帯では2100ユーロとなる。
(23)　個人予算については，第2章第3節第2項を参照されたい。

第7章
補完的な給付

　ドイツでは介護保険が，オーストリアでは介護手当制度が，スイスでは医療保険，老齢・遺族保険及び障害保険が，要介護者に対する介護の確保に中心的な役割を果たしている。しかし，これらにより行われる介護給付は，いずれも要介護者の全ての介護ニーズを満たすものではない。このため，入所介護などで，多くの費用がかかる場合には，要介護者自身の負担が相当の額となる。このことは，十分な所得が得られない要介護者に対して経済的に深刻な状況をもたらす恐れがある。この3か国では，こうした問題に対応するものとして，介護保険等による給付を補完する給付が存在している。

　この章では，これらの補完的な給付の内容，役割等について検討する。

1　ドイツの社会扶助（介護扶助）

（1）　介護費用の負担状況

　ドイツの介護保険は，家族等による介護及び要介護者による費用負担が行われることを前提に，それを補完して要介護者を支援するための基礎的な保障を行うものとされている。介護保険が持つこのような性格は，費用負担の実態にも反映されている。例えば，2007年12月現在で終日入所介護を受ける要介護度Ⅲの要介護者にかかる平均的な介護費用は月額2158ユーロであるのに対して，介護保険による終日入所介護給付の上限額は月額1432ユーロであるため，介護費用のうち726ユーロが要介護者本人の負担となっている。介護ホーム入所者は，これに加えて食費及び居住費（平均月額608ユーロ）を自分で負担しなければならないため，要介護者本人の負担は合計で月額1334ユ

一ロに上っている（Statistisches Bundesamt, 2008：23）。一方，平均的な老齢年金受給額はこの本人負担額を大きく下回っている[1]。また，介護保険には要介護者の所得等に応じて本人負担を軽減するような措置も設けられていない。このため，介護保険の実施後も終日入所介護を受けている者の4人に1人は，自らの収入及び資産ではこれを負担しきれないために社会扶助の給付である介護扶助を受けている（Bundesregierung, 2008：28）[2]。

　介護保険の導入前には，介護ホームの費用は入所者が年金収入等により自ら負担することになっていた。しかし，大部分の入所者は，介護ホームの費用を自分では負担しきれないために，社会扶助を受けなければならなかった。このような状態を改善することは，介護保険導入の重要な目的の一つであった。確かに，介護保険による給付が行われるようになったことにより，介護扶助の受給者数及び介護扶助のための支出額は介護保険の実施前に比べると大幅に減少した[3]。しかし，介護扶助は，前述のように介護保険の実施後も，依然として介護保険を補完して要介護者に必要な介護を保障するために重要な役割を担っている。

（2）　介護扶助

　ドイツにおいては，対象者，給付の種類，他の給付との優先関係，扶助受給者の収入及び資産の投入など，社会扶助制度の骨格は連邦法である社会法典第12編により定められている。社会扶助（Sozialhilfe）による給付の一つである介護扶助（Hilfe zur Pflege）は，介護を必要とする者に対して，介護保険など他の手段によっては必要な介護が確保されない限りにおいて個別のニーズに応じた援助を行っている。

　介護扶助が必要となる理由は，介護保険の給付だけでは必要な介護を確保できないために，自らの負担によりそれを超える分の介護を確保する必要がある者，又は介護保険における要介護者とは認められない程度の軽度の要介護状態により介護が必要な者であって，そのための費用を自らの収入及び資産では負担しきれない者が存在するからである。

　介護扶助の受給者は次の二つのグループから構成される。一つは，介護保

険の要介護者に該当するものである。もう一つは，疾病又は障害のために介護を必要とするが，日常生活活動の援助のために必要な時間が１日平均90分に満たないなどの理由により，介護保険の要介護者には該当しないものである。

　介護扶助には，在宅介護，介護補助具，部分入所介護（デイケア・ナイトケア），短期介護（ショートステイ）及び終日入所介護（介護ホームへの入所）の給付が含まれる。このうち，在宅介護の給付には，介護手当，介護者に発生する費用の補塡，助成金の支給，介護者の年金保険等のための保険料の負担，介護サービス事業の介護職員などによる介護，介護者に対する相談・助言及び介護者の介護負担の軽減（代替介護）が含まれる。これらの給付は，介護保険の給付に含まれない「介護者に発生する費用の補塡」及び「助成金の支給」を除き，それぞれに対応する介護保険の給付と内容的には同等のものとされている。ただし，介護手当を除き，これらの給付には，介護保険の給付の場合に適用される給付の金額や期間についての上限は適用されず，個々の対象者のニーズに応じて行われる。また，介護手当を除き，これらの給付は援助の必要性が要介護者と認められる程度にまで達しない，いわゆる「要介護度０の者」に対しても行われる。介護手当については，要介護度Ｉ以上の要介護者に対して，要介護度に応じ介護保険の場合と同額が支給される。さらに，介護保険では給付の対象とならない介護ホームの食費及び居住費も介護扶助の対象となる。

　社会扶助には，我が国の生活保護の場合と同様に，補足性の原理が適用される。すなわち，自らの労働力，所得及び資産の投入による自助が可能な者，あるいは，他者（家族，社会給付の給付主体）から必要な援助又は給付が受けられる者は，社会扶助を受けることができない。社会扶助の給付の一つである介護扶助にもこの補足性の原理が適用される。したがって，介護保険の給付は介護扶助に優先して行われる。このことが問題となるのは，介護扶助の受給者が，要介護者に該当し，介護保険の給付を受給することが可能な場合である。

　介護保険の給付には要介護度に応じた上限が定められている。しかも，そ

の上限はそれぞれの要介護者の具体的な介護ニーズに応じて定められたものではない。したがって、介護保険の給付を受給することが可能な者であっても、介護保険の給付だけではその者の介護ニーズを満たすのに十分ではない場合がありえる。しかも、終日入所介護の場合には、要介護者は、介護費用のうち介護保険による給付の上限を超える部分に加えて、食費や居住費、施設の投資費用の一部を自己負担しなければならない。このため、要介護者が負担しなければならないこれらの費用に対応する給付が介護扶助として行われる可能性がある。[7]

社会扶助の給付として生計維持のための基礎的保障を行う生計扶助（Hilfe zum Lebensunterhalt）の場合には、扶助を受ける前に扶助受給者等の所得全体を生活のために投入しなければならない。しかし、介護扶助の場合には、介護費用が高額となることに配慮して、所得のうち限度額を超える部分の一部を投入することとされているに過ぎない。[8] ただし、終日入所介護を受ける場合には、介護扶助を受けることによりその生活及び包括的な世話が公費により保障されることから、在宅介護の場合とのバランスを考慮して、所得のうち限度額を超える部分の全額を投入することや限度額以下の部分の一部を投入することが求められる場合がある。なお、扶助受給者等の保有する資産については、その全てを介護費用のために投入することが求められるわけではない。

社会扶助の実施は、地域的給付主体（örtliche Träger）及び広域的給付主体（überörtliche Träger）により行われている。介護扶助の給付は、州法によって特段の定めがない限りにおいて、広域的給付主体により行われる。何が広域的給付主体に該当するかは各州が定めることとされている。このため、広域的給付主体は、州自身とされているところもあれば、郡のレベルを超える自治体連合である州福祉組合（Landeswohlfahrtsverband）又は地方行政組合（Landschaftsverband）とされているところもある。広域的給付主体により行われる給付に要する費用は、州及び地方自治体により負担される。

第7章 補完的な給付

2 オーストリアの社会扶助

(1) 介護費用の負担状況

オーストリアでは，要介護となることにより増加する支出に対応するために介護手当が支給されている。しかし，介護手当はこうした支出の全てをカバーするものではない。特に多くの費用がかかる入所介護の場合には，介護手当や年金等の収入だけでは介護のために必要な費用を賄いきれないために，要介護者が社会扶助を受けなければならないケースが多くみられる。

例えば，ザルツブルク州では，最重度（要介護度7）の要介護者が公立の高齢者介護ホームに入所した場合には，基本料及び介護料として最高で1か月約2800ユーロ（2008年）を負担しなければならない。私立の高齢者介護ホームの場合には，入所者の負担額はこれよりも高くなる。入所者は，基本料及び介護料のほかにも，買い物への付添などの付加的なサービスの費用を負担しなければならない。一方，介護手当の額は要介護度7の場合で月額1655.80ユーロ（2009年1月以降）にとどまっている。また，老齢年金の平均受給月額（2007年12月）は男性1333ユーロ，女性790ユーロとなっている（Haydon 2008：314）。このような状況を反映して，2007年時点で，高齢者介護ホーム入所者の57％が介護手当や年金等の収入ではホームの費用を賄いきれないために社会扶助の給付を受けている（Land Salzburg, 2008b：49）。在宅介護の場合にも，多くの要介護者が介護手当や年金等では在宅サービスの費用を賄いきれない状況にある。2002年では，社会扶助の費用として入所介護に3090万ユーロが，在宅介護に1240万ユーロが州及び地方自治体により負担された（Land Salzburg, 2003：56）。

このように，介護手当は要介護者の負担能力を高めるものではあるが，社会扶助による負担を不要にするわけではない。このため，統一的な介護手当制度の導入後においても，社会扶助はそれを補完して要介護者に必要な介護を保障するために重要な役割を果たしている。

（2） 社会扶助

ドイツの場合とは異なり，オーストリアにおいては，対象者，給付の種類，他の給付との優先関係，扶助受給者の収入及び資産の投入など，社会扶助制度の骨格は，各州の社会扶助法により定められている。各州の社会扶助法の基本構造は共通しているが，詳細においては部分的に重要な相違点もみられる（Grillberger, 2008：133）。そこで，以下においては，ザルツブルク州の場合を例に論述する。

社会扶助は，共同体による援助を必要とする者が人間の尊厳にふさわしい生活を送れるようにすることを目的としている。自分及び扶養しなければならない家族の生活上のニーズを，自らの能力及び資金では満たしきれず，かつ，他者からも十分な援助が受けられない者は，生活上のニーズの保障のための扶助（生活扶助）を受けることができる。生活上のニーズには，住居，食事，衣服などの生計維持に必要なもののほかに，介護，医療などが含まれている。この場合の介護は，身体的又は精神的な理由により，他者の援助なしには日常生活上必要な活動が遂行できない者の身体的・人的な世話を行うことをいう。

在宅の要介護者が，自らの介護手当や年金等の収入で必要な介護費用を負担しきれない場合には，社会扶助による負担が行われる。社会扶助による負担の対象となるのは最大月100時間までの在宅介護サービスの費用である。ただし，要介護者には，介護サービス1時間当たりで算定限度額（年金収入等から家賃，生活費などを控除した額）の2.5％（算定限度額が218ユーロを超える場合には3.0％）に相当する負担が求められる。これに加えて，要介護者が介護手当を受給する場合には介護サービス1時間当たりで6ユーロの負担が求められる（Land Salzburg, 2009：14）。ただし，要介護者の負担には最低限度額と最高限度額が設けられている[9]。

さらに，身体的・精神的な状況又は家庭の事情により，自立した生活を送ることが困難な場合，あるいは特別の介護が必要な場合には，本人の同意を得て，扶助対象者を高齢者介護ホームなどに入所させることにより生活上のニーズの保障を行うことができる。この場合に社会扶助が負担する費用は，

ホームの基本料（Grundtarif）及び介護料（Pflegetarif）から構成されている。このうち，基本料は居住，食事，一般的な相談などの費用に対応するものであり，居室の広さ，設備及び定員に応じた金額となっている。一方，介護料は，治療看護，基礎介護などの費用に対応する料金であり，個々の入所者の介護ニーズ（要介護度）に応じた金額となっている。社会扶助が負担する費用の額は，適切な人件費や物件費，投資費用をカバーする水準でなければならないとされている。ザルツブルク州社会扶助法に基づく政令では，2010年1月現在，公立高齢者介護ホームの基本料の上限は1日26.55ユーロとなっている。私立高齢者介護ホームの基本料の上限は設置主体ごとに定められており，その金額は1日当たりで最低36.96ユーロから最高51.35ユーロとなっている。介護料の上限は，公立及び私立を問わず，入所者の要介護度に応じて1日8.30ユーロから72.40ユーロと定めている。

　高齢者介護ホーム入所者が社会扶助を受ける場合には，介護手当や年金等の収入並びに活用可能な資産をホームの費用を負担するために投入しなければならない。ただし，年金額の20％及び要介護度3の介護手当額の10％に相当する金額が本人の手元に残される。この本人の手元に残される金銭は，基本料及び介護料でカバーされない個別のニーズを満たすための費用に用いるためのものである。

3　スイスの補足給付

（1）　介護費用の負担状況

　スイスにおいても，要介護者は介護手当や年金等の収入だけで介護に要する費用の全てを負担しきれるわけではない。要介護者が介護ホームに入所する場合には，ホームでの治療看護及び基礎介護は医療保険の給付として行われる。しかし，これらの給付の費用として医療保険が負担する報酬額には枠組算定基準による制限が設けられているため，実際にはこれらの給付に要する費用の平均55％が，医療保険による介護報酬として負担されているに過ぎない。これらの給付に要する費用のうち医療保険により負担されない部分に

第II部　ドイツ，オーストリア及びスイスの比較分析

表7-1　ホーム費用の負担状況（2005年）

(単位：フラン／日)

	ルツェルン	ザンクト・ガレン	ニトバルデン	チューリッヒ	ベルン	ジュネーブ
ホーム費用	275	255	285	320	320	354
[負担区分]						
医療保険	69	70	69	80	96	71
公　費	―	―	53	―	―	83
入所者	206	185	163	240	224	200

出典：Mösle, 2007に基づき著者作成。

対しては，公費助成が行われている州もあるが，ドイツ語圏の州の大部分では公費助成は行われていない（Mösle, 2007：259）。医療保険あるいは公費助成により負担されない費用は入所者自身の負担となる。このほか，介護ホームで行われる社会的な世話（周りの人との関係を維持するための援助等）などに必要な費用，居住費や食費は，医療保険による給付の対象とならないために入所者本人の負担となる。

表7-1は特定の州において，重度の要介護者が介護ホームに入所した場合の費用の負担状況を示したものである。州による違いはあるものの，いずれの州においても入所者自身が負担しなければならない費用は相当額に上っている。このため，2008年末ではホーム入所者のほぼ半数に相当する約6万4000人が，自分ではこの費用を負担しきれないために補足給付を受けている（BSV, 2009c：7）。配偶者及び子のいない老齢年金受給者であるホーム入所者が受給している補足給付の額は，2008年で平均月額2600フランとなっている（BSV, 2009c：12）。

在宅の要介護者に対してシュピテックスから提供されるサービスのうち，要介護者の介護ニーズ及び状況の把握，相談助言，治療看護並びに基礎介護は医療保険の給付として行われる。これらの給付の費用として医療保険が負担する報酬額にも枠組算定基準による制限が設けられているため，実際にはこれらの給付に要する費用の平均50％が医療保険による報酬として負担されているに過ぎなかった（Gmür, Rüfenacht, 2007：360）。ただし，これらの給付に要する費用のうち医療保険により負担されない部分については，シュピ

テックスに対する赤字補塡の形で州及び地方自治体による負担が行われている（Spitex Verband Schweiz, 2008：1）。一方，医療保険の対象とならない家事援助などに要する費用は，基本的に要介護者が自分で負担しなければならない。これらの給付の料金は，シュピテックス団体と地方自治体又は州との間で取り決められている。例えば，ベルン市の在宅サービス協会（Spitex Bern）の場合には，家事援助の料金は2009年では要介護者の所得等に応じて１時間当たり16.10フランから48.25フランまでと定められている（Spitex Bern, 2009：1）。要介護者本人がこの費用を負担しきれない場合には，補足給付が行われる。

補足給付には上限が設けられており，補足給付が行われてもなお介護費用を賄うのに十分でない場合には，社会扶助の給付が行われている。2002年では，高齢者の入所介護の費用に関するものだけでも補足給付のための支出が9.6億フランとなっているのに対して，介護費用に係る社会扶助の支出は1.0億フランにとどまっている（Bundesrat, 2005：2053）。

（2） 補足給付

補足給付は，老齢・遺族保険及び障害保険による給付を受給しても，生活のためのニーズが満たせない者を対象とした給付である[13]。具体的には，スイスに居住する者で，老齢・遺族保険による年金，障害保険による年金又は介護手当などの受給権を有する者が補足給付の対象となる。このうち，介護手当などの受給権を有する者の場合には，年齢が18歳以上であることが追加的な要件となる。

補足給付には二つのカテゴリーが存在する。その一つは，年間補足給付（jährliche Ergänzungsleistung）であり，もう一つは，「疾病及び障害に伴う費用の補塡（Vergütung der Krankheits- und Behinderungskosten）」である。年間補足給付は，一定の基準に従って算定された一般的な生活費のために必要な支出が収入を上回る場合に支給される。一方，「疾病及び障害に伴う費用の補塡」は，年間補足給付の受給者が一般的な生活費のほかに疾病及び障害に伴う費用を必要とする場合に支給される。

第II部 ドイツ，オーストリア及びスイスの比較分析

表7-2 一般的な生活ニーズに対応する支出額（年額）（単位：フラン）

	年　額
独身者	18,720
夫婦	28,080
第1子及び第2子	9,780（1人当たり）
第3子及び第4子	6,520（1人当たり）
第5子以降	3,260（1人当たり）

注：2009年現在。
出典：著者作成。

補足給付の給付主体は州である。各州は，州内に住所を有する受給権者に対する補足給付を担当する。年間補足給付に要する費用は連邦が8分の5，州が8分の3を負担し，疾病及び障害に伴う費用の補塡に要する費用は州が全額負担している。

① 年間補足給付

年間補足給付の額は，「認定された支出（認定支出）」が「算入の対象となる収入（算入対象収入）」を上回る金額に相当する。年間補足給付は世帯単位で行われるのが原則であるが，夫婦のどちらか一方又は両方がホームに入所している場合は個人単位で行われる。この場合には，世帯としての収入及び資産が夫婦のそれぞれに半分ずつ帰属するものとみなされる。

支出として認定されるのは，一般的な生活ニーズに対応するものとして定められた額（表7-2）と家賃のほか，社会保険料，住宅の維持管理費，家族の扶養費などである。ホームで継続的に生活する者の場合には，一般的な生活ニーズに対応するものとして定められた額及び家賃に代わって，介護費用（Pflegetaxe），居住費，食費，社会的な世話などの費用（Pension/Betreuungstaxe）から構成されるホーム費用（Heimtaxe）が支出として認定される。ただし，各州は，支出として認定されるホーム費用に上限を設けることができる。その理由は，通常よりも大幅に費用がかかる高級ホームへの入所のケースでは，必ずしもその費用の全てを補足給付の対象にする必要はないと考えられるためである。この上限額には，2万8000フラン（テッシン州）から7万9000フラン（バーゼル州市部）までの州による差異がある（Bundesrat, 2005：2049）。このほかに，個人的な費用（例：小遣い，衣服，化粧品，雑誌などの購入費）として一定額が支出として認められる。この額も，州によって定められており，年2600～6000フランと差異がある（BSV, 2009c：17）。

一方，収入に算入されるのは，老齢・遺族保険及び障害保険による年金，

第 7 章　補完的な給付

医療保険による介護給付，利子，賃貸料等の資産収入，勤労収入などである。老齢・遺族保険及び障害保険による介護手当は，生活費として支給されるわけではなく，他の者から受ける介護・

> **計算例**
> ［前提］
> 老齢年金受給の独身者
> 銀行預金60,000（フラン）
> ［収入算入額の計算］
> （60,000－25,000）×1/10＝3,500（フラン）

世話などの費用に充てるために支給されるものである。しかし，介護手当の受給者がホームで生活している場合には，必要な介護・世話のサービスはホームから提供され，かつ，その費用はホーム費用に含まれるため，介護手当が収入として算入される（Müller, 2006：179）。

　補足給付の受給者は，保有する資産を全て処分することまでは求められない。しかし，収入額の算定に当たっては，資産の一部が収入と同等に取り扱われる。その理由は，蓄えの一部は生活費又はホームの費用として用いることが期待できると考えられるからである（Widmer, 2008：124）。この取り扱いは，補足給付の額を減少させる，あるいは，補足給付を受けられなくする効果を持つ。この場合に，収入に算入されるのは，純資産額から控除額（独身者2万5000フラン，夫婦4万フラン）を控除した額の一定割合（老齢年金受給者の場合には10分の1，遺族年金又は障害年金受給者の場合には15分の1）に相当する額である（計算例参照）。補足給付受給者がホーム入所者である場合には，州はこの割合を最高で5分の1にまで引き上げることができる。

② 疾病及び障害に伴う費用の補塡

　「疾病及び障害に伴う費用の補塡」を受けることができるのは，年間補足給付の受給者である。ただし，認定支出が算入対象収入を下回るために年間補足給付の受給者に該当しない者であっても，認定支出に「疾病及び障害に伴う費用」を加えた額が算入対象収入を上回る場合には，その差額の補塡を受けることができる。

　この補塡の対象となる「疾病及び障害に伴う費用」には，補足給付法により歯科診療，居宅での援助，介護及び世話，患者の移送，補助具，医療保険の一部負担金などに要する費用が含まれるものとされている。「疾病及び障

表7-3　「疾病及び障害に伴う費用の補填」に係る年間上限額

（単位：フラン）

区分		要介護度	通常の上限額	引き上げられた上限額
在宅	独身	重度 中度 軽度	25,000	90,000 60,000 ―
	夫婦	ともに重度 ともに中度 中度と重度 一人が重度 一人が中度 ともに軽度	50,000	180,000 120,000 150,000 115,000 85,000 ―
入所			6,000	―

注：2009年現在。
　1）州が定める上限額はこの表に示す額を下回ってはならない。
出典：著者作成。

害に伴う費用の補填」は，他の保険制度による費用補填が行われない限りにおいて行われる。したがって，医療保険の介護給付により負担される介護費用は補填の対象にならない。ただし，老齢・遺族保険，障害保険などによる介護手当は，「他の保険制度による費用補填」には該当しないとされている。

　具体的には次のような費用が補填の対象となる。シュピテックスによる介護などが行われる場合には，医療保険の対象とならない家事援助などのための費用が補填の対象となる。重度又は中度の要介護者で介護手当を受給する者が，シュピテックスから受けることのできない介護・世話を自らが直接雇用した介護者（家族を除く）から受けた場合の費用は，補填の対象となる。介護・世話が家族により行われる場合には，そのために当該家族介護者の所得が長期的・継続的に大幅に減少すること，介護の必要性が医師により確認されていること，及び当該家族介護者が補足給付の対象となっていないことを要件として，所得の減少分が要介護者に対する補足給付の対象となる。[18]

　州は，「疾病及び障害に伴う費用の補填」の上限額を定めることができる。その額は，在宅の受給者が独身の場合には年間2万5000フラン，配偶者がい

る場合には5万フラン，介護ホームに入所している場合には6000フラン以上でなければならないこととされている。ただし，障害保険による介護手当の受給者で，居宅で生活する者については，介護及び世話の費用が介護手当では賄えない限りにおいて，上限額が表7－3に示す額まで引き上げられる。

（3） 社会扶助

　生存権の保障について定める連邦憲法第12条の規定を受け，文化的・社会的な最低限度の生活を保障することを目的として社会扶助が実施されている。自らの資力あるいは補足給付を含む他の社会給付だけではどうしても満たしきれない介護ニーズは，その原因のいかんを問わず，社会扶助によって満たされる。社会扶助は州の権限に属しており，社会扶助の内容は各州の法律により規定されている。例えば，チューリッヒ州社会扶助法第15条第2項は，社会扶助の給付である経済的扶助（wirtschaftliche Hilfe）が入所又は在宅での必要な介護を保障するものであることを明記している。

　スイスには，ドイツの連邦社会扶助法のような社会扶助制度の基本的な枠組みを定めた連邦法は存在しない。このため，州，地方自治体，民間団体により構成されるスイス社会扶助会議（SKOS）が社会扶助に関する調整の役割を担っている。社会扶助の給付の具体的な基準に関しては，SKOSにより指針が定められている。この指針は各州に対する法的拘束力を有しないが，大部分の州はこの指針を用いて扶助の決定を行っている（Piller, 2006：161）。

　ただし，州の社会扶助に関する規定及びSKOSの指針には，介護費用に係る社会扶助の詳細は定められていない。このため，介護費用に係る社会扶助に関しては，社会扶助実施機関の裁量が大きいといえる（Landolt, 2002b：736-737）。いずれの州においても，社会扶助を受ける場合には，補足性の原理が適用され，扶助受給者が所有する資産を処分することや，扶助受給者を扶養する義務のある親族が援助を行うことなどが求められる（Häfeli, 2008：74）。社会扶助に要する費用は州及び地方自治体により負担される。

4 補完的な給付の比較分析

　ドイツ，オーストリア及びスイスの3か国には，社会保険や介護手当制度により，要介護者に対してその所得・資産の状況にかかわりなく介護給付が行われている。しかしながら，これらの制度により行われる介護給付には要介護度に応じた金額又は上限額が設定されており，それらは必ずしも要介護者の全ての介護ニーズを満たす水準にはない。また，介護に伴う費用であっても，入所介護の際の居住費や食費のように，そもそもこれらの給付の対象にならないものも存在する。さらに，これらの給付制度には，我が国の介護保険の場合のような低所得者の負担を軽減する仕組みは組み込まれていない。このため，入所施設での介護などで，特に多くの費用がかかる場合には，要介護者が自らの所得や資産などでは必要な費用が負担しきれないために，社会扶助や補足給付（以下「社会扶助等」）を受けなければならないケースが相当の割合に上っている。介護保険及び医療保険による介護給付並びに介護手当（以下「介護保険等の給付」）は，要介護者自身が年金等により負担しなければならない介護費用を減少させる効果を持つ。しかし，この3か国のいずれにおいても，これらの制度の導入後も社会扶助等が介護保険等の給付を補完する重要な役割を担っている点に大きな特徴がある。

　要介護者に介護保険等の給付では満たしきれない介護ニーズが存在することにより，直ちに社会扶助の給付が行われるわけではない。なぜならば，社会扶助にはいわゆる補足性の原理が適用されるからである。社会扶助を受ける場合には，必要な支出を賄うために受給者自身の収入及び資産を用いることや，扶養義務のある親族の援助などが求められる。社会扶助は，それでも必要な支出が賄えない場合に，その限りにおいて行われる。

　ただし，ドイツでは，社会扶助の給付であっても介護扶助に関しては，通常の生計扶助の場合に比べて補足性原理の適用を緩和する措置がとられている。さらに，スイスでは，社会扶助の前段階で，補足性原理の適用がより緩やかな補足給付が行われる。補足給付の額は必要な支出と年金等の収入の差

に応じたものであり，親族の援助までは求められない。資産についても，その額が一定額を超える場合にその超過額の一部が収入に算入されるに過ぎない。このような配慮が行われることにより，より広範な者が介護費用の負担に関して社会扶助や補足給付を受けられるようになっている。

　以上のように，この3か国における介護保障システムは，受給者の所得・資産等の状況にかかわりなく行われる介護保険等の給付と，受給者の所得・資産等の状況に応じて行われる社会扶助等の給付によって構成されている。これにより，一定程度までの介護ニーズに関しては，受給者の所得・資産等の状況にかかわりなく公的な保障が行われる。それを超える介護ニーズに関しては，自らの所得・資産等では対応しきれない者に限り公的な保障が行われる。このようなシステムは，受給者の所得・資産等の状況にかかわりなく介護ニーズ全体を対象に公的な保障を行うシステムに比べると，保障の範囲は限定的なものであるが，限られた資金をより支援の必要性が高いと考えられる低所得者に重点的に投入することを可能にする。

　スイスにおける今回の改革のように，高齢化の進展等に伴う介護費用の増加に対応するために給付の縮減が行われる場合に，その影響を受けやすいのは，給付として行われなくなった介護を自らの負担により確保することが困難な低所得者である。このような場合にも，補足性原理の適用が緩和された補足給付が存在することにより，こうした影響を和らげることができる。

　ただし，介護保障システムが全体としてどのように機能するかは，介護保険等の給付の範囲と水準，並びに社会扶助等における所得・資産等の投入の必要性に大きく依存している。仮に，介護保険等の給付の水準が低く抑えられ，かつ，社会扶助等を受ける前提として受給者の所得・資産等の投入が厳しく求められることになれば，介護保険等が存在するにもかかわらず，多くの要介護者が特に入所介護の場合において社会扶助等を受けなければならなくなる。そうなれば，長年の保険料納付により相当額の年金を受給する権利を有する者であっても，実際に受け取れるのは僅かな金銭だけになってしまう可能性がある。

　この点に関するこの3か国の政策は，それぞれに異なる方向性を有するも

のといえる。前述のように，スイスでは，社会保険と社会扶助の間に設けられた補足給付が，社会扶助の持つデメリットを緩和する形で介護費用を保障することに重要な役割を果たしている。近年の改革では，医療保険による介護給付の水準を引き下げる一方で，補足給付の拡充が行われるなど，補足給付の比重を高めることが政策の方向となっている。これに対してドイツでは，介護費用に関する社会扶助の受給をできる限り減少させることが介護保険の重要課題の一つとなっている。しかし，現実には，介護保険の導入による介護扶助受給の減少に関しては，当初期待されたほどの効果は上がっていない。それどころか，介護報酬が上昇しているにもかかわらず，介護保険による給付上限額が固定されたままであったことなどを原因として，近年では介護扶助の受給が増加に転じている。この両国とは異なり，オーストリアでは，介護費用に関する介護扶助の位置づけに関して，一定の明確な方向性を持った政策が取られているわけではない。

　介護保険等の給付に要する費用は，社会保険の保険者や連邦により負担されているのに対して，社会扶助等の給付の費用は州及び地方自治体で負担されている。このため，介護保険等の給付と社会扶助等の給付の関係を見直す政策は，介護費用に関する公的な負担と要介護者自身の負担との関係の在り方だけでなく，連邦，州及び地方自治体並びに社会保険の保険者の間の財政負担の在り方にも影響を及ぼす。

　いずれにせよ，要介護者にとって望ましい介護保障システムを構築するためには，介護保険等の給付とそれを補完する社会扶助等の給付から成り立つ制度の全体像を視野に入れた政策の検討・実施が必要になると考えられる。

注
(1) 旧西独地域においては，被保険者期間35年以上の「長期被保険者に対する老齢年金」の平均受給月額（2006年現在）は，男性で1016ユーロ，女性で460ユーロとなっている（Deutsche Rentenversicherung Bund, 2007：89-90）。
(2) これに対して，施設外で介護扶助を受けている者は2006年末現在で約6万人である。この数は，在宅の要介護者の5％にも満たない。

(3)　入所施設の入所者で介護扶助を受給している者の数は，介護保険による終日入所介護給付実施前の1995年末には約29万人であったが，1998年末には約16万人にまで減少した（Bundesregierung, 2008：29）。しかし，この数は，近年において再び増加しており，2006年末では約21万人となっている。
(4)　「介護者に発生する費用の補塡」は，例えば，家族等の介護者が介護を受ける者の居宅を訪問するために必要な交通費，介護に必要な衣服の調達及び洗濯のための費用，介護に時間がとられるために外食が必要となることにより余分にかかる費用などを対象とする。「助成金」は，「介護者に発生する費用の補塡」の対象となりうる費用ではあるが，近親者による介護の場合など，個々の費用を証明することが適当でない場合に，実際にかかった費用ではなく一定の金額として支給される。
(5)　したがって，介護を必要とするものの，介護保険の被保険者でない者，介護保険の要介護者に該当しない者及び介護保険の給付を受給するために必要な被保険者期間に関する要件を満たさない者は，介護扶助を受けることから排除されない。
(6)　ドイツの介護保険には，我が国の場合の高額介護サービス費の支給や食費，居住費に対する補足給付のように，要介護者の過重な負担を避けるためにこれらの自己負担を一定の範囲内にとどめるための仕組みも設けられていない。
(7)　介護扶助による介護手当については，要介護度Ⅰ以上の要介護者に対して，要介護度に応じ介護保険の場合と同額が支給される仕組みとなっているため，その対象は被保険者でないなどの理由により介護保険による介護手当が受けられない者に限られる。
(8)　したがって，所得のうち限度額を超える部分の残りと限度額以下の部分は，本人の手元に残される。
(9)　2009年7月現在で，最低限度額（月額）は，当該要介護者が介護手当を受給しない場合には30ユーロ，介護手当を受給する場合には30ユーロに介護サービス1時間当たりで6ユーロを加えた額とされている。また，最高限度額は，介護サービス1時間当たりで治療看護・基礎介護の場合には28.70ユーロ，家事援助の場合には27.20ユーロ（市部は26.50ユーロ）とされている。
(10)　Sozialhilfe-Leistungs- und Tarifobergrenzen-Verordnung für Senioren- und Seniorenpflegeheime, LGBl. Nr. 38/2002.
(11)　例えば，美容，足の爪の手入れ，新聞・雑誌の購入，交通費，電話などの費用に用いられる。なお，入所者自身が金銭の管理ができない場合には，家族が

管理するか，介護職員がその一部を預かり，そこから必要な費用が支払われる（Land Salzburg, 2008a：37)。

⑿　2010年7月からは，枠組算定基準が廃止され，その代わりに医療保険が介護給付としてサービスの種類ごとに定められた金額を負担することになった。この額は，当面，医療保険が介護報酬として負担していた費用と同水準に設定される。

⒀　補足給付は，もともと，老齢・遺族保険及び障害保険が生活のためのニーズを満たすという目的を達成するまでの間の経過的な給付として，1966年に導入されたものである。

⒁　2009年3月に行ったスイス連邦社会保険庁（BSV）でのヒアリング調査の結果による。

⒂　補足給付受給者及び補足給付の計算に関係する者の居住用家屋は，その公定価格（抵当権が設定された債務がある場合にはその額を控除した額）のうち11万2500フランを超える部分のみがその他の資産と併せて，資産額として考慮される。

⒃　例えば，算入対象収入が認定支出を2000フラン上回っていたとしても，疾病に伴う費用であって医療保険でカバーされないものが6000フランであったとすると，その差額の4000フランが補填される。

⒄　対象費用の具体的な範囲は，「補足給付における疾病及び障害に伴う費用の補填に関する政令（Verordnung vom 29. Dezember 1997 über die Vergütung von Krankheits- und Behinderungskosten bei den Ergänzungsleistungen (ELKV), SR 831. 301. 1)」により定められている。2008年1月に施行された連邦と州の間の財政調整の見直しにより，「疾病及び障害に伴う費用の補填」のための費用については，州がその全額を負担することになった。これに伴い，州は2010年12月までに自らの規則により対象費用の具体的範囲を定めることとされており，それまでの間は，連邦の政令であるELKVによる規定が引き続き有効とされている。補填対象費用の範囲に関する以下の記述はELKVの規定を前提としている。

⒅　家族介護者が補足給付の対象となる場合には，所得の減少分が家族介護者に対する年間補足給付により埋め合わせられる。

⒆　前述のとおり，ホーム入所者の場合には，年間補足給付の算定に当たって，介護・世話の費用を含むホームの費用全体が支出として認められ，収入との差額が年間補足給付として支給される。このため，ホーム入所者の場合には「疾

病及び障害に伴う費用の補塡」に関する上限額が低く抑えられている（Bundesrat, 2005：2049）。ホーム入所者は，病気のために外来診療の費用がかかる場合などにこの補塡を受けることが想定される。
(20)　障害保険の介護手当の受給者であった者で，老齢年金受給開始年齢に達したために，老齢・遺族保険の介護手当の受給者となった者を含む。
(21)　この上限額の引き上げは，重度の要介護者も介護ホームに代わって居宅で生活することを可能にすることを目的として，2004年1月の障害保険法第4次改正の施行に伴い導入された（Latzel, Andermatt, 2008：284）。
(22)　Bundesverfassung der Schweizerischen Eidgenossenschaft vom 18. April 1999, SR 101.
(23)　Sozialhilfegesetz vom 14. Juni 1981, LS 851. 1.

第8章
介護士と看護師の関係

　ドイツ，オーストリア及びスイスでは，介護・看護に関する専門職が介護サービス事業や介護ホームにおけるサービスの提供に中心的な役割を果たしている。こうした専門職の資質は介護サービスの質の確保にとって重要な意味を持っている。このため，この3か国においては，介護・看護に関する質の高い専門職を確保することを目的として，その資格及び養成教育が法律に基づく公的な制度として定められている。しかし，それぞれの国における介護士と看護師との関係，資格の区分，養成教育課程などに関しては重要な相違点がみられる。

　この章では，こうした専門職の資格及び養成教育について検討する。

1　ドイツの老人介護士と看護師

　ドイツでは，伝統的に，病院等で病人の看護に携わる専門職である看護師（Krankenschwester/Krankenpfleger）の資格と並行して，介護サービス事業及び介護ホームで高齢者の介護に携わる専門職である老人介護士（Altenpfleger/in）の資格が存在する。このことは，ヨーロッパの他の国と比較した場合のドイツの大きな特徴となっている。2004年に旧東欧諸国が加盟する前からEUに加盟している15か国をみると，ドイツ，オーストリア及びルクセンブルクを除く12か国では高齢者等の介護に関する専門職の独立した養成教育制度は存在しない。これらの12か国では，看護師が病人の看護及び高齢者等の介護の両分野にまたがる専門職として養成されている。

　ドイツでは1950年代の終わりに職業としての老人介護士が登場した。その

背景には，一定の資質を備えた介護職に対する需要が増加するとともに，看護師の十分な確保は困難であり，かつ，費用がかかるという事情があった。当時の老人ホーム職員に求められていたものは，介護に関する専門性ではなく，人生経験の豊富さ，性格が円満，活発，親切などの人としての特性であった（Klie, 2006：552）。しかし，高齢者問題が高まりをみせる中で，すぐに老人介護士のための特別の養成教育の必要性が認識されるようになり，老人介護士教育のための養成所が設立された。

老人介護士の養成教育に関する公的な規定は，1969年にノルトライン・ヴェストファーレン州で初めて定められ，その後，他州にも広がっていった。1957年に制定された看護法により養成教育に関する全国統一的な規定が定められた看護師の場合とは異なり，老人介護士に関しては州ごとに異なる規定が設けられた。このため，その養成教育期間，養成教育開始の条件，教育時間及び内容，費用負担などに関して州の間での大きな違いがみられた[2]。例えば，養成教育期間は，多くの州で3年であったが，バイエルン州やザクセン州では2年となっていた。また，この老人介護士の養成教育においては，非医療的な介護に重点が置かれ，医療に関しては中核的な部分だけがその内容に取り入れられてきた。

2003年に連邦法である老人介護法が施行されたことによって初めて[3]，老人介護士の全国統一的な養成教育を実施する基盤が整備された。この法律は2000年に連邦議会及び連邦参議院で可決されたが，その後，この法律を違憲であるとするバイエルン州政府の申し立てに基づき連邦憲法裁判所による規範統制手続き（Normenkontrollverfahren）が行われた。このため，この法律は2003年8月にようやく施行された。

この規範統制手続きにおける重要な論点の一つは，この法律の対象が基本法（Grundgesetz）第74条第1項に定める連邦の競合的立法（Konkurrierende Gesetzgebung）権限が及ぶ分野に属しているかどうかにあった[4]。具体的には，老人介護士が同項第19号に掲げられる医療関係職（Heilberuf）に該当するかどうかが問題となった。この点に関して，連邦憲法裁判所は老人介護士が医療関係職に分類されるとの判断を明確に示した[5]。その根拠は，老人介護士に

第 8 章　介護士と看護師の関係

表 8 - 1　養成教育制度の比較（ドイツ）

	老人介護士	看護師
資格取得方法	州の許可（所定の養成教育修了＋国家試験合格）	州の許可（所定の養成教育修了＋国家試験合格）
養成期間	3年	3年
養成目的	高齢者の介護を自立して，かつ，自己責任で行うために必要な知識，能力及び技能を習得させること	疾病の予防，治療などに責任を持って協力するために必要な専門能力を習得させること
授業の実施主体	州の承認を受けた養成校	州の承認を受けた養成校（病院に併設又は病院と連携）
入学資格	実業学校修了[1)]又はそれと同等	実業学校修了[1)]又はそれと同等
授業時間数	2,100時間以上	2,100時間以上
実習時間数	2,500時間以上（このうち2,000時間以上は高齢者のための入所施設又は介護サービス事業で実施）	2,500時間以上
国家試験	筆記，口述及び実技試験	筆記，口述及び実技試験

注：1）実業学校修了時には10年間の学校教育を修了している。
出典：著者作成。

関して必要とされる専門性や業務実施上の前提条件が，連邦が老人介護士に関する法律を制定しうる程度にまで医療関係職に近接していることにあった。

連邦法としての老人介護法が制定され，それに基づく老人介護士の新たな養成教育制度が導入された意義は次の 2 点にあるといえる。一つは，全国統一的な基準に基づく老人介護士の養成教育を可能にしたことである。もう一つは，老人介護士により高い資質が求められていることに対応して，養成教育の水準を看護師と同等のものとしたことである（表 8 - 1）。

可決された老人介護法は，老人介護士だけでなく，老人介護補助士（Altenpflegehelfer/in）の養成教育に関しても規定していた。しかし，連邦憲法裁判所は，老人介護補助士の養成教育では医療にそれほどの重点が置かれていないことを理由として，老人介護補助士の養成教育は引き続き州の立法権限に属するとの判断を示した。この結果，両者はいずれも老人介護に従事する者に関する資格であるにもかかわらず，老人介護士と老人介護補助士の養成教育に関する権限は連邦及び州に分断されることになった。

老人介護法には老人介護士にのみ許される行為に関する定めはない。その理由は，このような定めは基本法第12条が保障する「職業の自由（Berufsfreiheit）」と対立すると考えられるからである。また，老人等の介護は専門職のみならず家族によっても行われており，仮に一定の介護行為が専門職にのみ許されることになれば，こうした家族による介護が脅かされることが危惧されている。

一方，介護保険について定める社会法典第11編の第71条は，介護保険によるサービス供給を担当する認可介護サービス事業及び認可介護ホームにおいては，養成教育を受けた介護専門職の恒常的な責任の下で介護が行われるものと定めている。この「養成教育を受けた介護専門職」には，所定の養成教育を終了して看護師，児童看護師（Kinderkrankenschwester/Kinderkrankenpfleger）又は老人介護士の資格を有する者とあって，過去5年間に2年間の介護の実務に従事した経験を有し，かつ，460時間の管理者としての継続教育を受講した者が該当する。また，同編の規定に基づき定められた在宅介護の質に関する基準においては，このような介護専門職が，介護プランの作成，介護実施記録の作成，担当する介護職員に関する計画の作成及び事業者内でのサービス実施に関するサービス担当者会議の統括に責任を持つこととされている。

このように，認可介護サービス事業及び認可介護ホームにおける一定の業務の実施は介護専門職に限り認められている。また，その際には老人介護士と看護師が同等の専門職として位置づけられている。実際に，看護師は，老人介護士と並んで，介護サービス事業及び介護ホームにおいて重要な役割を果たしている。また，看護師の業務範囲は，医学的な治療看護にとどまらず，基礎介護にまで及んでいる。介護サービス事業において基礎介護を主たる業務とする者の38％は看護師で，24％は老人介護士となっており，介護ホームにおいて介護・世話を主たる業務とする者の15％は看護師，33％は老人介護士となっている（Statistisches Bundesamt, 2008：18, 25）。

今日，高齢者の介護と病人の看護に関する活動には重複する領域がますます多くみられるようになってきている。介護ホームなどにおいても，基礎介

護だけでなく，医学的な治療看護が行われている。治療看護には，注射，カテーテル及び胃ゾンデの装着，浣腸，薬を服用させることなどの医療行為が含まれている。ドイツにおいては，このような医療行為を介護・看護従事者に委ねることが許されるかどうかに関する法的な規定は存在しない。一定の医療行為については，その困難性，危険性及び起こりうる反応についての予見可能性の観点から，医師の専門性が不可欠であり，それゆえに医師自身が直接実施しなければならないと考えられている。これに該当するものとしては，手術，困難な注射，診断，患者への医学的な助言などがあげられる（Uhlenbruck, Laufs, 2002：436）。しかし，その他の行為については，その実施を医師以外に委ねることが排除されているわけではない。

　医師法に関する文献においては，医療行為を医師以外に委ねることが許されるのは，①患者がそれを容認し，②医師がそれを容認し，かつ，③医師でない者がそれを行いうる場合であることがコンセンサスとなっている（Klie, 2006：98-106）。したがって，患者が当該医療行為を介護・看護従事者が実行することについて了解している必要がある。また，その医療行為は医師の指示に基づき実施されなければならない。さらに，その医療行為は医師自身が直接実施することを要しない種類の行為であり，担当する介護・看護従事者がその行為の実施に必要な能力を有し，かつ，それを引き受ける用意があることが条件となる。

　看護師資格について規定する看護法には看護師にのみ許される行為に関する定めはない。また，老人介護法に基づく養成教育を受けた老人介護士は，看護師と同等に典型的な治療看護業務の実施に必要な能力を有するものと考えられている。しかし，具体的な医療行為を委ねる場合には，一定の養成課程を修めたことにより有している資格だけでなく，個々の者が実際に有している能力が問題となる。つまり，資格を有することは，実際に能力を有することを推論させるに過ぎず，それだけでは必要な能力が備わっていることの証明としては十分ではない。

　このような医学的な治療看護を適切に実施するためには，そのための特別の知識が必要である。また，認知症患者に対するサービスに当たっては，基

礎介護に関する専門知識だけでは十分ではなく，併せて老人精神医学的な専門知識が必要となる。このため，老人介護士と看護師は互いに独立した専門職であるという考え方は，もはや今日の状況に合わなくなってきている。しかし，現状では，老人介護士及び看護師の資格は，それぞれ別の法律において規定され，その養成教育の内容も異なっている。そこで，介護職に求められる専門性の範囲が前述のように拡大してきていることに対応するとともに量的にも十分な人材を確保するために，老人介護士と看護師に関する共通の基礎教育を導入することが検討されている。

2004年の秋以降，連邦，州などの助成により，共通基礎教育のためのモデル事業が実施された。[12]このモデル事業のプロジェクトにおいては，基本的に両資格制度に共通する基礎的な養成教育（授業及び実習）が行われ，できるだけ広範な基礎的能力を習得させるとともに，それに引き続き，それぞれの資格に対応した専門的な養成教育が行われた。各プロジェクトにおいては，共通する基礎的な養成教育の範囲に大きな違いがあり，基礎的な養成教育及び専門的な養成教育に充てられる期間も様々である。このモデル事業においては，授業内容だけでなく，実習内容についても，例えばケースマネジメントや相談・助言などに関する実習が行われるなど，介護専門職の活動領域の拡大に対応したものとなっていた。

2 オーストリアの社会介護士と看護師

オーストリアでは，1993年に介護手当制度の導入などに関して行われた連邦憲法第15条aの規定に基づく連邦と州との合意において，介護者の養成教育を促進することが定められた。これに基づき，各州において介護者の養成教育の可能性が拡大され，新たな介護職も誕生した。いくつかの州では，それぞれの権限に基づき老人介護士やホームヘルパーに関する法規定が整備された。[13]しかし，州ごとに定められた養成教育制度は，国全体としてみると，養成教育の前提となる職業像（当該資格を有する者の使命，活動分野など）及び養成教育の水準にばらつきがみられた。例えば，ホームヘルパーの養成教

第 8 章 介護士と看護師の関係

表 8-2 養成教育制度の比較（オーストリア）

	ディプロム社会介護士	専門社会介護士	看護師
資格取得方法	所定の養成教育修了＋試験合格（20歳以上）	所定の養成教育修了＋試験合格[1]（19歳以上）	所定の養成教育修了＋試験合格[2]
養成期間	3年	2年	3年
養成目的	職務遂行に必要な理論的及び実践的な知識・能力を習得させること	職務遂行に必要な理論的及び実践的な知識・能力を習得させること	職務遂行に必要な理論的及び実践的な知識・能力を習得させること
授業の実施主体	社会介護職養成校	社会介護職養成校	州の承認を受けた養成校（病院に併設又は病院と連携）
入学資格	9年間の学校教育＋職業教育等[1]	9年間の学校教育＋職業教育等[1]	10年間の学校教育修了
授業時間数	1,800時間以上	1,200時間以上	計4,600時間以上（このうち半分以上は実習時間、1／3以上は授業時間）
実習時間数	1,800時間以上	1,200時間以上	
試　験	筆記及び口述試験	口述及び実技試験[1]	筆記、口述及び実技試験

注：1）公費助成の対象となる養成校の場合。
　　2）試験は各校に設置される試験委員会の下で実施される。委員長は州の保健担当職員が務める。
出典：著者作成。

育時間は、ニーダーエスターライヒ州では200時間とされていたのに対して、ウィーン州では400時間とされていた（Wall, 2007：1）。このような状況は、介護労働市場における労働者の移動や就労を阻害する恐れがあった。そこで、職業像及び呼称についての全国的な調和を図るとともに統一的な養成教育水準を定めることを目的として、2005年に「連邦憲法第15条 a の規定に基づく社会介護職に関する連邦と州との間の合意」[14]が行われた。各州では、この合意に沿って社会介護職の養成教育に関する法律が制定された。[15]

この合意によれば、社会介護職は、その水準により、ディプロム社会介護士（Diplom-Sozialbetreuer/in）、専門社会介護士（Fach-Sozialbetreuer/in）

などに区分される（表8-2）[16]。このような区分が設けられているのは，職場でのヒエラルキー形成を助長するためでも，一定の行為を上位の資格者にのみ認める理由づけのためでもない[17]。より上位の資格は，それを有する者が一定の行為を行うことに関してより深い知識を有していることを意味するにすぎないものである。

　社会介護職が自己責任により実施できることは，付き添い，世話，家事援助などであり，治療看護及び基礎介護はこれに含まれない。専門社会介護士は，高齢，障害などの理由により生活にハンディキャップを持つ者への援助を行う専門職である。高齢者援助を専門領域とする専門社会介護士の業務には[18]，高齢者の自立生活能力の維持・回復・促進，日常生活上の課題処理のための相談，援助，終末期などにおける付添などが含まれる。ディプロム社会介護士は，科学を基礎とし，より掘り下げた養成教育に基づき，専門社会介護士が行う業務全体をより高い自立性と自己責任に基づき実施する。ディプロム社会介護士は，社会介護に関して職員や補助者をコーディネイトし，専門的に指導する能力を有する。

　一方，看護職は，ディプロム看護師（Diplomierte Gesundheits- und Krankenschwester/Diplomierter Gesundheits- und Krankenpfleger）などの上級の看護職（以下単に「看護師」という）と看護補助士（Pflegehelfer/in）から構成される。ドイツの場合とは異なり，オーストリアでは，看護師のみが，心身の疾患を持つ全ての年齢階層の者，障害のある者，終末期にある者などの介護に責任を有している。この場合の介護は，疾病，高齢，心身の障害などにより自らそれを行うことができない状態にある患者又は対象者に対して，日常生活活動の実施を援助し，あるいは，代わりに実施することと解されている（Schwamberger, 2006：51）。つまり，ここでいう「介護」はドイツの「基礎介護」（我が国の「身体介護」）に相当するものであり，家事援助，社会活動への参加や周りの人との関係を維持するための援助などはこれに該当しない。このような意味での介護の実施のほか，それに必要な状況把握，アセスメント，介護プランの作成，実施結果の評価などは看護師の「自己責任に基づく業務分野」に含まれる。これらの業務を実施することは看護師にのみ

表8-3 社会介護士と看護師の業務可能範囲の比較（オーストリア）

	看護師	ディプロム社会介護士，専門社会介護士
治療看護（医療行為）	医師の指示に従って，法に定められた行為[1)]を実施することが可能	医師の指示に従って，かつ，看護師又は医師の監督下で，法に定められた行為[1)]であって看護師から委ねられたものを実施することが可能
基礎介護（身体介護）	自己責任で実施することが可能	看護師の指示に従って，その監督下で法に定められた行為を実施することが可能
家事援助，付き添い等	自己責任で実施することが可能	自己責任で実施することが可能

注：1）ディプロム社会介護士及び専門社会介護士の場合の「法に定められた行為」の範囲は、看護師の場合よりも制限的なものになっている。
出典：著者作成。

許されている。[19] ただし，家族，近隣の者などが職業としてではなく，インフォーマルな介護を行うことは排除されていない。

看護補助士の資格を有する者は，看護師の指示に従い，かつ，その監督の下で一定の介護業務を行うことができる。このような業務には，介護に関する基本技術の実施，移動に関する基本技術の実施，身体の手入れ及び栄養摂取，病状の観察，予防的な介護措置，補助具の手入れ，清掃及び消毒，介護業務の記録作成などが含まれる。看護師の指示は，施設外で行われる介護業務の場合には，文書により行われなければならない。看護師による監督は，必ずしも常時その場にいて監視することを意味するわけではない。[20]

専門社会介護士及びディプロム社会介護士（障害者への付き添いを重点とする者を除く）の養成教育には，看護補助士に必要な養成教育が含まれている。[21]このため，これらの者は，社会介護士の業務のほか，看護補助士の業務を行うことが認められている（表8-3）。その他の社会介護職の養成教育にも介護に関する基礎的な知識・能力を身につけさせるための構成要素が含まれている。[22]このため，これらの者も限定的な範囲で介護業務を行うことが認められている。[23]

医師法第49条第2項は，[24]「医師は，自分自身でかつ直接的に，場合によっ

ては他の医師と共同でその職務を実施しなければならない」としている。しかし，医師には，個別のケースにおいて医師が行うべき行為の実施を他の医療関係職に委ねることが認められている。ただし，委ねられる行為が当該医療関係職の業務分野に含まれていることが前提条件となる（同条第3項）。看護師の場合には，医師の指示に従って，薬を服用させること，皮下注射，筋肉注射及び静脈注射の準備及び実施，点滴注射の準備及び接続，静脈及び毛細血管からの採血，尿の排泄，薬剤注入及び洗浄のための尿道を経由した膀胱カテーテルの装着，浣腸の実施並びに胃ゾンデの装着などの行為を行うことが認められている。

さらに，看護師は，これらのうち一定の行為の実施を看護補助士に委ねることができる。この場合，看護補助士は当該行為を医師の指示に従い，かつ，看護師又は医師の監督の下で実施しなければならない。このような行為には，薬を服用させること，包帯類の装着，インシュリン及び血液凝固抑制剤の皮下注射，試験紙による血糖値測定のための毛細血管からの採血，胃ゾンデによる特殊栄養補給の実施，健康状態の把握（血圧，脈拍，体温，体重，排泄物の測定や意識・呼吸の状態観察）などが含まれる。

オーストリアにおいても，看護師は，看護補助士及び社会介護士（その前身である老人専門介護士（Altenfachbetreuer）を含む）と並んで，老人・介護ホーム及び介護サービス事業において重要な役割を果たしている。2006年末現在では，老人・介護ホーム従事者の44％が看護師，38％が看護補助士及び老人専門介護士であり，介護サービス事業従事者の21％が看護師，23％が看護補助士及び老人専門介護士となっている（BMSK, 2007a：16-17, 28-29）。

3　スイスの看護師

スイスでは，看護師は，病院等での病人の看護にとどまらず，介護ホームや在宅介護サービスにおける高齢者等の介護にも携わる専門職の資格として位置づけられており，ドイツの老人介護士やオーストリアの社会介護士に相当する専門職の資格は存在しない。

第8章　介護士と看護師の関係

　医療関係職は，医師などのように大学教育により養成が行われるものと，看護師のように大学教育によらずに養成が行われるものに区分されている。「大学教育によらない医療関係職（nicht-universitäre Medizinalberufe）」の養成教育は，従来，連邦ではなく各州の所管に属するものとされてきた。ただし，1976年に行われた州とスイス赤十字との合意により，スイス赤十字がこのような医療関係職についての規定を定めることとされた。これに基づき，スイス赤十字は様々な職種の養成教育に関する規則を定めた。養成教育が州の所管となっていたため，かつては養成教育を修了したことの効果は養成校の所在する州の範囲内に限られていた。しかし，その後において州の間で資格の相互承認が行われることになった（Gächter, Vollenweider, 2008：114）。2004年には，新たに連邦職業教育法が施行され，看護職をはじめとして全ての「大学教育によらない医療関係職」の所管が州から連邦に移され，連邦職業教育・技術庁（Bundesamt für Berufsbildung und Thechnologie）が担当することになった。

　看護師の養成教育は，主に高等職業学校（höhere Fachschule）及び専門大学（Fachhochschule）で行われている。高等職業学校での養成教育の教育課程は「枠組カリキュラム（Rahmenlehrplan）」に依拠している（表8-4）。ディプロム看護師の養成教育に関する「枠組カリキュラム」は「保健医療職域の全国中央団体（OdASanté）」及びスイス看護教育会議（SKP）により定められ，連邦職業教育・技術庁の認可を受けて2008年1月から施行された。

　この「枠組カリキュラム」によれば，看護師の活動分野は心身の病気のある人や障害のある人の看護・介護及び世話をはじめ，保健医療サービスにおける広範な分野に及んでいる。看護師は，介護・看護プロセス全体に責任を持つだけでなく，医師から委ねられた医療技術的な業務の遂行にも責任を持つ。また，看護師は介護・看護業務の計画立案，組織構築，コーディネイト，監督などを行う。その活動は，保健医療施設だけでなく，社会福祉施設，患者の居宅などにおいても行われる。

　ドイツと同様にスイスにおいても医療行為を看護師，看護補助士（Pflegeassistent）などに委ねることについての法的な規定は存在しない。し

表8-4 看護師養成教育制度の概要(スイス・高等職業学校)

	看　護　師
資格取得方法	所定の養成教育＋試験合格
養成期間	3年
養成目的	看護・介護に関するあらゆる分野で自立して働ける専門能力を習得させること
授業の実施主体	高等職業学校
入学資格	連邦能力証明書（義務教育（9年）＋職業基礎教育（3～4年）修了＋試験合格）
授業時間数	2,700時間
実習時間数	2,700時間
試　　験	論文、口述及び実技試験

出典：著者作成。

かし，医療行為を看護師に委ねることは可能とされている。医療行為を看護師に委ねる条件としては，次のものなどがあげられる（Landolt, 2004：177-178）。

(i)患者が処置について同意していること。

(ii)医師の観点からその行為が看護師等に委ねることが可能なものかどうかを，医師があらかじめ検討していること。

(iii)当該看護師等が委ねられる行為を適切に実施するために必要な資格（就業後の継続教育を通じて獲得した資格を含む）を有していること，また，そのことを医師が確認していること。

(iv)看護等が医師に対して自らの不十分な資格について指摘すること。

(v)医師の指示は文書に記録され，医師により署名されていること。

看護師は，病院，介護ホーム，介護サービス事業などにおける適切な介護・看護の実施に責任を持っている。しかし，現実には看護師だけで介護・看護が成り立っているわけではない。例えば，シュピテックスの資格別人員構成割合（常勤換算）をみると，看護師などディプロムレベル以上の養成教育を修了した者が25.6％，看護補助士などの看護に関する職業基礎教育を修了した者が21.9％，看護・介護講習終了者が23％となっている（BFS, 2009a：12）。看護師は幅広い職場で就労している。例えば，スイス看護師職業組合（SBK）の調べによると，その会員の50％は一般病院，19％は入所長期介

護施設，12%はシュピテックスで勤務している。

4　介護士と看護師の関係に関する比較分析

　この3か国のいずれにおいても，連邦又は州の法律に基づく介護・看護の専門職の養成教育制度が存在する。これらの制度には，従来は州ごとにその内容が異なるものも含まれたが，制度の所管を州から連邦に移すことや，連邦と州との合意に基づく調整を行うことにより，全国的な統一化が進められている。

　ドイツ及びオーストリアでは介護の専門職である老人介護士又は社会介護士（以下，両者を総称して「介護士」という）の養成教育制度が看護師の養成教育制度と並行して設けられている。これに対して，スイスでは他の多くのヨーロッパ諸国と同様に介護及び看護に共通する専門職として看護師の養成教育制度が設けられている。この点は，3か国の制度を比較した場合の最も重要な特徴となっている。

　ドイツ及びオーストリアにおいては，介護士のみならず看護師も高齢者等の介護の分野で専門職として重要な役割を担っている。このために，両者がいかなる関係に立つのかが重要な問題となる。この点に関しては，両国の間で大きな違いが存在する。ドイツでは，高齢者の介護に関して，介護士と看護師は互いに独立した同等の専門職として位置づけられている。したがって，介護士は，家事援助や付き添いはもとより，要介護者に対する身体的な介護である基礎介護も看護師による指示・監督を受けることなく自己責任で実施することができる。これに対して，オーストリアでは，基礎介護についても看護師にのみ職業として自己責任で行うことが認められており，介護士が基礎介護を行う場合には看護師の指示・監督を受けなければならない。

　このような相違点が生じる背景には，基礎介護を家庭での家族等による介護の延長線上でとらえるのか，病院での看護が病院外にも拡大したものとしてとらえるかの違いがあると考えられる。つまり，ドイツでは，基礎介護は家庭では何の資格も持たない家族等によっても行われていることから，基礎

介護を一定の専門職にのみ認められる行為とすることはできないとされている。これに対して、オーストリアでは、介護ホームなどの病院外において行われる基礎介護も、病院内と同様にその質が確保されるよう、看護師及びその指示・監督の下にある看護補助士が実施するものとされている。ただし、オーストリアの場合にも、介護士の養成教育を受けることにより看護補助士の業務を行えるようにすることや、看護師による「監督」を幅広くとらえることなど、実際には介護士による基礎介護の円滑な実施を可能にするための配慮がうかがえる。

慢性疾患等に罹患した要介護高齢者の増加に伴い、今日では要介護高齢者のための入所施設である介護ホームなどにおいても、基礎介護だけでなく医学的な治療看護の実施が必要となっている。このため、治療看護をどこまで介護・看護従事者に認めるかが重要な問題となっている。この3か国のいずれにおいても、医師による医療行為の一部は介護・看護従事者に委ねることが認められている。しかし、委ねることのできる医療行為及び介護・看護従事者の範囲並びに委ねる場合の条件については、国による大きな違いがみられる。

ドイツ及びスイスにおいては、これらを定めた法的な規定は存在せず、医療行為を介護・看護従事者に委ねることの可否は、個々のケースにおける医療行為の難易度や従事者の能力に応じて個別に判断される。これに対して、オーストリアにおいては、法律の規定により、医療行為を委ねることができる者の範囲が定められるとともに、委ねることができる医療行為の種類及び委ねる場合の条件が従事者の種類ごとに明確に定められている。

一般的に、医師が医療行為の実施を介護・看護従事者に委ね、それを介護・看護従事者が実施する場合には、医師はそれを委ねた責任（指示責任）を、介護・看護従事者はそれを実施する責任（実施責任）を負うことになる。ドイツ及びスイスのような個別の判断に基づく仕組みにおいては、より広範な介護・看護従事者に対して、より柔軟に医療行為を委ねることが可能になる半面、医師は、当該介護・看護従事者が有している資格だけでなく、その者が実際に有している実施能力の確認に関して、より大きな責務を負うこと

になると考えられる。
　介護士の養成教育においても，医療的な治療看護や認知症高齢者の介護に携わる機会が増加している状況への対応が行われている。ドイツで2003年に施行された老人介護法に基づく養成教育課程やオーストリアで2005年に行われた連邦と州との合意に基づく介護士の養成教育課程には相当時間の医療に関する授業が組み込まれている。また，ドイツでは，介護士と看護師の共通基礎教育の導入についての検討も行われている。
　慢性疾患や認知症などの患者である要介護者が増加する中で，介護士には治療看護の実施に必要な専門知識や老人精神医学的な専門知識がより一層求められるようになると見込まれる。したがって，看護師養成教育との関係を含め，これに対応した介護士養成教育の在り方を検討し，必要な見直しを進めることは今後とも重要な課題になるものと考えられる。

注
(1) Bundesverfassungsgericht, Entscheidung, 2 BvF 1/01 vom 24. 10. 2002, S. 12.
(2) Bundesverfassungsgericht, Entscheidung, 2 BvF 1/01 vom 24. 10. 2002, S. 4.
(3) Altenpflegegesetz vom 25. 8. 2003, BGBl. I, 1690.
(4) 基本法によれば，連邦が立法権を有する分野には，専属的立法の分野，競合的立法の分野などがある。競合的立法の分野では，連邦がその立法権限を行使していない間及びその限りにおいて，州が立法権を有する。
(5) Bundesverfassungsgericht, Entscheidung, 2 BvF 1/01 vom 24. 10. 2002, S. 21.
(6) 可決された法律では，老人介護補助士に関して600時間の授業と900時間の実習から構成される1年間の養成教育の実施が定められていた。
(7) 同条第1項第1文は，「全てのドイツ人は，職業，職場及び養成所を自由に選択する権利を有する」と規定している。
(8) Gemeinsame Grundsätze und Maßstäbe zur Qualität und Qualitätssicherung einschl. des Verfahrens zur Durchführung von Qualitätsprüfungen nach § 80 SGB XI in der ambulanten Pflege vom 10. Juli 1995, 3.1.1 Struktureller

Rahmen des Pflegedienstes.
⑼　いずれも雇用形態の違いを考慮していない。
⑽　看護師資格を有する者にのみ許される行為を定めることについては，既に1957年の看護法の立法過程において議論されたが，今日においてもなお結論が出ていない（Landtag Nordrhein-Westfalen, 2005：296）。看護法に看護師にのみ許される行為に関する定めはないことに対応して，例えば，医療保険の被保険者は訪問看護を「適切なケア従事者（geeignete Pflegekräfte）」から受けるものと規定されている（社会法典第5編第37条）。つまり，訪問看護が看護師により実施されることは必ずしも前提とされていない。
⑾　従前の各州の規定に基づく養成教育を受けた老人介護士に関しては，養成教育の内容にばらつきがあるため，その能力をより慎重に見極める必要がある（Klie, 2006：106）。
⑿　8州で8件のプロジェクトが実施され，合計で15の老人介護士又は看護師養成校，約300人の学生，多くの介護施設及び病院が参加した（Weidner, 2006：82）。
⒀　この合意が行われる以前から実施されていた養成教育制度が存在した。例えば，オーバーエスターライヒ州では，1992年に「老人介護―養成教育法（Altenbetreuungs-Ausbildungsgesetz）」が制定され，部分的には1970年代の半ばに開始された養成教育が法的に認められた。
⒁　Vereinbarung gemäß Art. 15a B-VG zwischen dem Bund und den Ländern über Sozialbetreuungsberufe, BGBl. I Nr. 55/2005.
⒂　例えば，ウィーン州では，2008年2月にウィーン社会介護職法（Wiener Sozialbetreuungsberufegesetz）が制定された。
⒃　この両介護士の業務には，家事援助，見守り，付き添いなどの世話（Betreuung）のほかに，身体的な介護（Pflege）を含むことから，我が国での用例を考慮して「社会介護士」の用語を当てることにした。社会介護職には，この両社会介護士のほか，ホームヘルパー（Heimhelfer/in）が含まれる。ホームヘルパーの資格は，18歳以上で，200時間の授業と200時間の実習から構成される養成教育を修了した者に与えられる。
⒄　779 der Beilagen XXII. GP‐Vereinbarung Art. 15a B-VG‐Materialien, S. 2.
⒅　専門社会介護士及びディプロム社会介護士は，それぞれ高齢者援助（Altenarbeit），家族援助（Familienarbeit），障害者援助（Behindertenarbeit）

及び障害者への付き添い（Behindertenbegleitung）を専門領域とする者に分けられる。このうち家族援助はディプロム社会介護士の場合にのみ専門領域の一つとして位置づけられている。
(19) 法律に基づく権限なく看護師の業務を行った者には看護法上の罰則が適用される。
(20) 施設内の場合には，看護師は，業務を実施するグループ単位でいなければならないが，介護業務を実施している看護補助士のそばに常時いることまでは必ずしも求められない。施設外の場合には，指示権限を有する者が当該介護補助士の能力及び技能をあらかじめ確認している限りにおいて，監督を事後的なチェックに限定して行うことも認められる（Weiss-Faßbinder, Lust, 2006：227）。
(21) 480時間の医学及び介護・看護に関する授業が組み込まれている。
(22) 障害者への付き添いを専門領域とする専門社会介護士及びディプロム社会介護士，並びにホームヘルパー。
(23) これらの業務には，看護師の指導及び監督の下で行われる身体の手入れ，衣服の着脱，飲食，排泄，移動（起床・就寝，歩行など），体位の交換及び薬を服用する際の介助が含まれる。
(24) Ärztegesetz 1998, BGBl. I Nr. 169/1998.
(25) Bundesgesetz über die Berufsbildung vom 13. Dezember 2002, SR 412.10.
(26) 正式には，「ディプロム看護師（diplomierte Pflegefachfrau/diplomierte pflegefachmann）」の呼称が用いられている。
(27) Rahmenlehrplan für den Bildungsgang zur diplomierten Pflegefachfrau HF/zum diplomierten Pflegefachmann HF vom 4. September 2007.
(28) OdASantéは，保健医療職域における使用者の代表，サービス提供者の団体，職能団体，州の代表などから構成されている。
(29) SKPは，看護学校の州連合会などから構成されている。
(30) 看護補助士は看護師の監督の下で日常生活活動の介助の手助けなどを行う。看護補助士は，このほかにも，包帯の交換，健康状態の観察などの単純な医療的サービスを行う。看護補助士の養成教育期間は1年間，教育時間は1540時間となっている。

第9章
外国人による介護

　ドイツ，オーストリア，スイスにおける介護サービスの提供は，介護サービス事業及び介護ホームの介護従事者，無償で行われるインフォーマルな介護に従事する家族等の介護者のほかに，要介護者又はその家族に直接雇用される者によっても行われている。個人の家庭で雇用されるこのような介護者は，在宅の要介護者に対する24時間介護が必要な場合などにおいて，他の方法では満たしきれない介護ニーズに対応するものとして重要な役割を担っている。

　この3か国では，多くの外国人が介護サービス事業や介護ホームでの介護に従事しているが，個人の家庭における24時間介護は就労許可などを持たない不法就労外国人により行われることが多い。この3か国のなかでもオーストリアでは，2006年の夏以降，不法就労外国人による24時間介護を巡る問題[1]が政治的に大きな注目を浴びるテーマとなり，この問題への対応は2007～2008年に行われた介護保障制度改革の重要な柱となった。この章では，オーストリアを中心に，このような不法就労外国人による24時間介護の問題を検討する。

1　外国人による24時間介護（オーストリア）

　外国人による24時間介護が利用される典型的な例としては，次のようなケースがあげられる。一つは，卒中発作や大腿骨骨折により入院していた高齢者が退院し，介護の必要性はそれほど高くないが，家で1人にしておくことができないケースである。もう一つは，認知症の高齢者で，身体的には多く

のことが自分でできるが,常に誰かがそばについていなければならないケースである。

1人暮らしの高齢者の増加,介護期間の長期化による介護負担の増加,伝統的に介護を担ってきた女性の就労率の上昇などにより,家族に24時間介護を期待することは難しい場合が多くなっている。もちろん,家族が介護する代わりに,介護サービス事業による訪問介護などを利用することは可能である。これにより当該要介護者にとって最も重要な介護ニーズが満たされるとしても,1日のうち大部分の時間は要介護者が1人で過ごすか,あるいは,その配偶者などが介護しなければならない。

こうした状況を改善する方法の一つは,介護サービス事業による介護サービスの利用量を増やすことである。しかし,これにも次のような問題がある。オーストリアでは,要介護者に対して介護手当が支給されている。介護手当の額は,受給者の要介護度に応じた一定の金額となっており,それを基に要介護者が介護サービスを購入することにより全ての介護ニーズを満たすことができるような水準にはない（Rupp, Schmid, 2007：597）。このため,実際には,要介護者は,多くの場合,介護サービスを利用するほか,家族による介護を受けている。しかし,家庭での24時間介護が必要であり,介護サービスの利用及び家族による介護だけでは対応しきれない場合には,不法就労外国人が要介護者の居宅に泊まり込んで行う安価な介護サービスを利用するケースが増加している。

実際に外国人による24時間介護を受けている者を対象に行われた抽出調査の結果によると,その大多数は,「24時間介護に代わる選択肢はない」,あるいは「それに代わる唯一の選択肢は介護ホームに入所することである」と考えている（Rupp, Schmid, 2008：12）。ただし,多くの者は,介護ホームについて「入所したくない」,「料金が高すぎる」と感じており,「仮に24時間介護を行う者がいなくなった場合には,自分は介護ホームに入所することになるだろう」と考えている者は回答者の28％にすぎない。

こうした24時間介護を行っている者は,多くの場合,チェコやスロバキアの出身者であり,それよりも数は少ないがポーランドやハンガリーの出身者

第9章　外国人による介護

もいる。要介護者を抱える家庭にチェコやスロバキア出身者を斡旋する業務は，チェコ，スロバキア及びオーストリアに拠点を持ち，社団あるいは財団の形態をとっているエージェントが行っている。2006年の初めには，オーストリアで活動する22のエージェントが存在したが，その数はその後さらに増加している（Schmid, Prochazkova, 2006：456）。

　そのうちで最も有名で，かつ，最も古い組織の一つは，チェコのブットヴァイズに本部があり，スロバキアやオーストリア（オーバーエスターライヒ州）にも支部を持つ「最善―南ボヘミア国民援助（Das Beste-Südböhmische Volkshilfe)」という組織である。この組織は，財団の形態をとっており，介護を行うチェコ人，スロバキア人，並びに介護を受けるオーストリア人が財団の会員として登録されている。つまり，この組織の斡旋による24時間介護は，形式的には会員間の相互扶助の形態をとっている。また，外国もしくはオーストリアを所在地とし，介護を行う者及び介護を受ける者が会員となり，社団の形態をとっているエージェントが存在する（Schmid, Prochazkova, 2006：456）。さらに，介護を受ける者などを会員としないエージェントも存在する。このほかに，新たな形態として，自営業として介護を行う者を斡旋する組織も出てきている。この場合には，介護を行う者自身が，自営業者としての登録を行い，税や保険料を納付している。こうしたエージェントを通さず要介護者に直接雇われる者もいる。

　チェコ，スロバキアなどの出身者がオーストリアで24時間介護を行う理由は，母国にいるよりも多くの収入が得られるか，母国では仕事がないためである。例えば，チェコ出身者はオーストリアで要介護者の介護を行うことにより，母国での2倍の賃金を得ることができる。一方，オーストリア人がこれを利用する理由としては，負担可能な料金であり，2，3日のうちに利用可能であり，かつ，国内の介護サービス事業はこのようなサービスを提供していないことがあげられる。こうした24時間介護と併せて，通常の介護サービス事業による介護サービスが利用される場合もあれば，そうでない場合もある。

　24時間介護は2人の介護者により2週間交代で行われているケースが多い。

2人のうち1人は、もう1人が介護を担当している期間は母国に戻って生活し、それが終わると再びオーストリアに戻ってくる。つまり、これらの者は、母国とオーストリアの間を2週間ごとに行き来している。24時間介護を行う者に支払われる賃金は1日40～60ユーロ程度であり、それぞれの者にとっては2週間で560～840ユーロ程度の収入となる（Schmid, Prochazkova, 2006：457）。一方、利用する家庭にとっては、合計で月1120～1680ユーロ程度の費用となるが、これに加えて、交通費、エージェントへの斡旋手数料を支払わなければならない。

24時間介護を受けている者の数は、今のところ正確には把握されていない。その理由は、斡旋を行っているエージェントが、その活動に関する情報の公開を拒んでいることにある。このため、いくつかの推計が行われているが、その結果にはばらつきがある。例えば、Schmidらの推計によれば1万人（Schmid, Prochazkova, 2006：458）、Ruddaらの推計によれば2万人となっている（Rudda et al., 2008：341）。それぞれの人数の介護手当受給者数に対する割合は2.5％及び5％である。つまり、いずれの推計結果によっても、24時間介護を受けている者は大きな割合を占めているわけではない。

24時間介護に従事する外国人の資質に関して、大抵のエージェントは、オーストリアで話される言語であるドイツ語もできる専門職のみを斡旋しているとしている。しかし、実際には専門的な教育を受けていない者も派遣されている。

2　24時間介護に伴う問題点

「24時間介護を行う者は母国で働くよりも稼ぎの良い仕事に就いている」と考えている人は少なくない。しかし、問題はその労働条件にある。これらの介護者は、1日24時間、週7日間の仕事を2週間続けなければならない。その間に休息が取れるのは、介護を受ける者の状態がそれを許す場合に限られる。これらの介護者は、オーストリアでは社会保険料を納付していないため、社会保険による保障の対象とはならない。介護において何か問題が起こ

ったときに保護してくれる者も，介護を受ける者の家族からひどい扱いを受けた場合や過大な要求を受けた場合に相談できる相手もいない。同様に，介護を受ける者の家族も，介護の仕事が適切に行われず，最悪の場合には事故が起こったとしても相談できる相手がいない。24時間介護を行う者は，自分の家族や知り合いと離れて，外国の異なる環境の中で異なる言葉で生活を送らなければならない。要介護者の家庭には介護の負担を軽減することに役立つ設備や器具は備えられていないことが多く，これらの介護者は，認知症患者のように，これまで経験したことのない状態にある要介護者を介護しなければならない場合もある。このため，これらの介護者は，肉体的にだけでなく，精神的にも大きな負担を負っている。

マルタ及びキプロスを除き，2004年に欧州連合に加盟した8か国及び2007年に加盟したブルガリアとルーマニアの2か国（両者を合わせて「新規加盟国」という）[6]については，加盟条約に定められた経過規定により，新規加盟国国民の欧州連合加盟国労働市場への自由な参入に，最大7年間の経過措置を設けることが認められている。オーストリアにおいては，新規加盟国の国民は，その間，労働市場への参入に関して欧州連合非加盟国の国民と同等に位置づけられている。このため，新規加盟国国民がオーストリアで適法に就労するためには就労許可を得る必要がある。

また，労働契約に基づき被用者として24時間介護を行う者には，オーストリアの労働法が適用される。具体的には，それらの者に対して，「家事手伝い及び家事使用人法」[7]の規定や家事手伝いに関する最低賃金の定めが適用される。労働法上の定めを遵守する責任は，使用者（24時間介護の場合には，介護を受ける者又はその家族）に課せられる。一方，24時間介護が労働契約ではなく請負契約に基づき自営業として行われる場合には，営業法上の規定を遵守する義務が介護を行う者自身に課せられる。

24時間介護を行う者に関しては，社会保険上の義務も発生する。24時間介護を被用者として行う者の場合にはその使用者に，自営業として行う者の場合にはその者自身にそれぞれ管轄の保険者への届出及び保険料納付義務が発生する。さらに，被用者の場合にはその使用者に所得税の徴収義務が，自営

業者の場合はその者自身に所得税及び付加価値税の納付義務が発生する。

外国人による24時間介護の多くは、これらの規定に違反して、就労許可を受けず、違法な労働時間や低賃金で、かつ、社会保険の適用を受けずに行われてきた。

3 問題解決の取り組み

この問題は、2006年秋の連邦議会（Nationalrat）の選挙において最も重要な争点の一つとして取り上げられた。そのきっかけとなったのは、外国人による24時間介護を受けている要介護者やその家族に対して、当該外国人を違法に雇用するとともに、社会保険料の納付など「使用者」としての法的義務を怠っているとして、所管官署からの処罰が行われようとしたことである（Pfeil, 2007：1）。また、当時の連邦首相が、「オーストリアには介護に関する差し迫った問題状況は存在しない」と発言していたにもかかわらず、実は、その親族が不法就労外国人による介護を受けていることが明らかになったことが、この議論をさらに過熱させた。

その後、この問題に対しては、政治的に迅速な対応が行われた。すなわち、連邦議会選挙後に成立した大連立政権の下で、24時間介護の「合法化」のために所要の法律改正が行われるとともに、その費用に対する公的助成制度が導入された。

（1）合法化

2007年7月に居宅介護法[8]及び改正後の営業規則[9]が施行され、24時間介護の合法化が図られた。この対象となったのは、介護を行う者が、(ア)要介護者又はその家族に雇用される形態、(イ)公益的な福祉団体に雇用される形態[10]、(ウ)自営業者として介護する形態である。この三つの形態で行われる24時間介護であって、一定の要件を満たすものが合法化された。

① 被用者として介護を行う場合

　被用者である介護者が行う24時間介護（㋐及び㋑の場合）に対しては，それが居宅介護法に定められた要件を満たす場合には，労働法上の定めに関する特例が適用される。この要件としては，介護を行う者が18歳以上であること，介護を受ける者が要介護度3以上の要介護者又は要介護度1以上の常時の介護を必要する認知症患者であること，最長14日間の労働期間の後，少なくとも労働期間と同じ長さの休業期間が付与されること，週労働時間が48時間以上であること，介護を行う者が労働期間中は介護を受ける者の家庭に滞在することがあげられる。

　介護を行う者が実施する業務は，当初，看護法の対象とならない家事及び生活の援助並びに見守りであるとされ，介護（身体の手入れ，衣服の着脱，飲食物の摂取及び薬の服用，排泄，起床，就寝，起立，着席，歩行などの介助）はそれに含まれないものとされていた。すなわち，これらの業務は，あくまでも専門的な教育を受けた者により行われることとされていた。それに対応して，24時間介護を行う者には，特別の職業上の資格を有することは求められていなかった。

　しかし，2008年4月以降は，24時間介護を行う者に，従来の業務に加え，看護師の指示に基づき介護業務を実施することが認められた。また，同時に，医師の指示に基づき一定の医療行為を行うことも，24時間介護を行う者の業務に追加された。このような業務には，薬を服用させること，包帯をすること，インシュリン皮下注射をすること，試験紙を用いた血糖値の判定をするために毛細血管から血液を採取することなどが含まれる。ただし，これらの介護業務又は医療行為を行う場合は，自分の居宅で介護を受けている者を対象とすること，介護を行う者が継続的に介護を受ける者の居宅にいること，介護を受ける者又は法定代理人による法的に有効な同意があること，その行為に応じて必要な看護師又は医師の指導・教示を受けること，原則として文書による指示があることが要件となる。このように，24時間介護は，当初は介護サービス事業による介護を補完する役割を担うものとして位置づけられていたが，2008年4月以降は介護サービス事業による介護を代替する方向に

踏み出している。

　被用者として24時間介護を行う者の労働時間には,「家事手伝い及び家事使用人法」の規定にかかわらず,居宅介護法により次のような特例が定められた。連続する2週間において,労働時間は,仕事に備えて待機している時間(待機時間)を含め128時間を超えてはならない。ただし,待機時間のうちこの上限を超える時間は,その間に介護を行う者が自分の居室又は近所で過ごすことができ,かつ,仕事がない限り自由に過ごせる場合には,待機時間とみなされない。日々の労働時間には,合計3時間以上の休憩時間がなければならない。2回の休憩時間には連続する30分以上の時間が充てられなければならない。介護を行う者は,休憩時間中においては,仕事に備えて待機することを要しない。したがって,1日,24時間から休憩時間を除いた21時間以内は,合意により,介護を行う者を仕事に備えて待機させることが可能であるが,その場合にも実際に介護を行う時間は11時間以内でなければならない。

　介護を行う者は,使用者が定めた日常及び緊急時の業務指針を遵守する義務を負う。[12] 介護を行う者には,要介護者のために,当該要介護者の介護に携わるその他の者及び施設と協力することが義務づけられている。また,介護を行う者には業務遂行上知り得た秘密を守る義務が課せられている。この場合,所轄の保険者や税務当局への届出と社会保険料等の徴収は,使用者(介護を受ける者又はその家族)の義務とされている。

　2006年11月以降,欧州連合新規加盟国の国民は,要介護度3以上の介護手当受給者又はその家族に雇用されて当該介護手当受給者の介護を行う場合であって,その就労により社会保険への完全な加入義務が生じるときは,就労許可がなくてもオーストリアで就労することが可能とされた。

② 自営業として介護を行う場合

　自営業として24時間介護を行う者には営業規則が適用される。営業規則によれば,自営業として行われる介護には,家事サービス,生活の支援,話し相手,家計簿の記入,場所の移動の準備などが含まれる。この業務の範囲に

ついても，2008年4月に，被用者により行われる介護の場合と同様の拡大が行われた。自営業としての介護を行うためには，その者が18歳以上の欧州連合加盟国の国民で，かつ，刑罰を受けたことがあるなどの除斥事由に該当し(13)ないことが要件となる。自営業として介護を行う者は所轄官署に営業の届出をしなければならない。また，営業の届出をすることにより社会保険（医療保険，年金保険及び労災保険）の強制被保険者となるため，社会保険料の納付義務が課せられる。合わせて，所得税及び付加価値税の納付義務を負う。こ(14)れらの者の労働時間は，被用者の場合とは異なり，その者と介護を受ける者との間で自由に定めることができる。介護を行う者には，介護を受ける者又はその法定代理人との間で合意した日常及び緊急時の業務指針を遵守するとともに，業務遂行上知り得た秘密を守る義務が課せられている。

(2) 助 成

前述の合法化が行われることにより，直接雇用した者から24時間介護を受ける家庭には新たに社会保険料や税の負担が生じることになる。また，自営業として24時間介護を行う者にも新たに社会保険料や税の負担が生じる。この負担は，介護料金の引き上げを通じて24時間介護を受ける家庭に転嫁されるものと考えられる。

このため，24時間介護を受ける家庭に対して，連邦介護手当法第21条b第3項に基づき連邦社会・消費者保護大臣が定めた指針（Richtlinien zur Unterstützung der 24-Stunden-Betreuung）に沿って，「障害がある人々に対する支援基金」からの助成が行われことになった。(15)

この助成を受けるための条件は，個人の家庭で自営業者又被用者である介護者による介護が行われ，介護を受ける者が要介護度3以上に該当し，かつ，24時間介護の必要性が存在することである。この場合，要介護度5以上の要介護者に関しては，24時間介護が必要であると推定される。要介護度3又は4の要介護者に関しては，医師その他の専門家により，24時間介護が必要であることが証明されなければならない。また，自営業としての介護の場合にも，介護を行う時間が週48時間以上でなければならない。

前述のとおり24時間介護を行う者の業務範囲が拡大されたことに伴い，助成を受けるための要件として，2009年1月以降は，さらに次のいずれかの要件を満たさなければならないこととされた。すなわち，24時間介護を行う者は，社会介護職の資格に関する連邦と州の合意に定められたホームヘルパー養成教育として行われる授業に相当する授業を受けているか，助成を受ける者の介護を6か月以上適切に行っているか，あるいは，看護法又は医師法に基づき介護業務・医療行為を行う権限を有する必要がある。

　助成金は月ごとに支払われる。その額は，介護を行う者が，要介護者又はその家族に雇用されているのか，自営業としてその業務を行っているのかによって異なる。2人の介護者が交代で介護を行うと，前者の場合の助成金の額は月1100ユーロ（介護を行う者が1人の場合は550ユーロ）であり，後者の場合は月550ユーロ（介護を行う者が1人の場合は275ユーロ）となる。両者において，助成金の額に差が設けられている理由は，それぞれの形態により社会保険料等の負担額が異なるためである。

　この助成金を受給するためには，介護を受ける者のネット総所得が所得限度額を超えないことが条件となる。この場合のネット総所得には，介護手当，労災年金などの給付は算入されない。所得限度額は月2500ユーロとされているが，扶養家族1人当たり月400ユーロ（扶養家族が障害者である場合には600ユーロ）が加算される。なお，ネット総所得が所得限度額を上回る場合であっても，超過額が前述の助成金額を下回るときは，その差額が助成金として支給される。従来は，居住している住宅を除く資産の額にも助成金を受けるための限度額が設けられていたが，この資産に関する限度額は2008年11月から適用されなくなった。

　助成金の申請は，支給事務を担当する連邦社会庁（Bundessozialamt）に対して行わなければならない。その際には，介護を行う者の労働時間に関する申立書，社会保険への届出証明書，業務範囲拡大に伴い追加された要件を満たすことの証明書，24時間介護の必要性に関する証明書などを添付しなければならない。

4 ドイツにおける状況

　オーストリアと同様，隣国ドイツにおいても，外国人が就労許可などを得ずに要介護者に雇用され，その居宅で24時間介護に従事するケースがみられる。こうした外国人による介護は，介護サービス事業により提供されるサービス及び家族による介護・世話では対応しきれないニーズを満たすために利用されている。この問題は，研究者及び関係団体の間で議論となっているものの，政治的な対応が行われるまでには至っていない。

　ドイツにおいても，2005年以降，欧州連合新規加盟国の国民が，連邦雇用エージェンシー（Bundesagentur für Arbeit）から最長で3年の期限付きの就労許可を得ることにより，要介護者のいる家庭で家事援助者（Haushaltshilfe）として社会保険が適用されるフルタイムの就労を合法的に行うことが可能となった。連邦雇用エージェンシーは，介護を行う者の母国の労働行政機関との間で一定の就労斡旋手続きを定めている（Bundesagentur für Arbeit, 2008：1-7）。それによれば，ドイツにおいて要介護者のいる家庭で家事援助者として就労することを希望する者は，母国の労働行政機関に求職の登録を行うことができる。一方，ドイツにおいて，このような家事援助者を求めている要介護者は連邦雇用エージェンシーに求人の登録を行うことができる。こうした求人と求職の希望は，連邦雇用エージェンシー及び相手国の労働行政機関を通じてマッチングされる。

　この場合に，家事援助者の労働時間及び賃金は，賃金協約上の又はその地域で通例のフルタイム労働時間（週38.5時間）及び労働条件に相当するものでなければならないとされている。家事援助者の職務は，家事援助に限られており，身体的な介護は含まれない。したがって，身体的な介護が必要であれば，別途，介護サービス事業を利用するか，家族が自ら行わなければならない。また，家事援助者を雇用する場合に金銭的な助成は行われない。

　この方法により，実際に就労した者の数は，2005年では1102人，2006年では2241人，2007年では3032人であり（Neuhaus et al., 2009：87），10万人と推

計されるこの分野での不法就労者の数に比べて、極めてわずかな数にとどまっている。その理由としては、就労者自身が、より多くのネット賃金を得るために、社会保険料等が徴収されない不法就労を希望するケースが多いことなどがあげられる (Karakayali, 2007：78-79)。このように、24時間介護を合法化する取り組みには、これまでのところオーストリアに比べてわずかな成果を上げているにすぎない。

5　スイスにおける状況

スイスにおいても、ますます多くの家庭が外国人（特に女性）を雇用するようになっている。これらの外国人は洗濯、調理、買い物などの家事労働のほかに、高齢者、子供、病人の世話などに従事している。このような外国人の大部分は不法に就労しているため、その数は、統計上必ずしも明らかではないが、ウニア労働組合 (Gewerkschaft Unia) が各種の調査結果を基に行った推計では、2007年末で12万5000人（常勤換算）となっている。その90％以上は女性であり、多くは合法的な滞在資格のない外国人である。ただし、高齢者や病人の介護・世話に従事する者だけを取り出して集計した数字はない。

例えば、ジュネーブ州では、このような外国人の多くは、ラテンアメリカやフィリピン出身の女性であり、母国では高等教育を受け、他の分野の職業に就いていた者である。また、最近の傾向としては、欧州連合の新規加盟国である旧東欧諸国出身者が増加している。旧東欧諸国出身者の場合には、1，2か月間スイスで働いた後に、他の者と交代して母国に帰国し、一定期間滞在した後に、再びスイスの同じ家庭に戻ってきて働くケースがみられる。このように国を行き来する外国人労働者の家庭への斡旋は、労働者の親族・知人のほか、エージェントによって行われている。

ウニア労働組合には、個人の家庭で家事労働に従事する外国人からの苦情が多く寄せられている。その内容は、賃金が著しく低いこと、食費や部屋代として賃金から多額が控除されること、社会保険の対象とならないこと、仕事の量が多いこと、休日も働かなければならないことなどである (Alleva,

Moretto, 2009：165)。

　このような状況に対応して，家事労働者全般を対象に最低賃金制度を導入しようとする動きがみられる。しかし，オーストリアやドイツとは異なり，スイスでは，要介護者のいる家庭で介護・世話を行う外国人労働者の問題は，これまでのところ社会的に大きく取り扱われるテーマとはなっていない（Greuter, Schilliger, 2009：156-157)。

6　オーストリアにおける取り組みの評価

　24時間介護を合法化するために行われた取り組みに関して重要なことは，オーストリアでは，労働時間に関する法律などに例外規定が設けられただけでなく，それと併せて，合法化に伴う社会保険料等の負担が介護を受ける者の家計に与える影響を緩和するための公的な費用助成制度の導入や，介護に関する質の確保のための規定の整備が行われたことにある。これにより，介護に関する自営業の届出が2008年1月の578件から同年7月には9786件へと急速に増加し（Rupp, Schmid, 2008：5)，また，24時間介護に対する助成の申請件数も2008年9月中旬には5000件に達する（BMSK, 2008d：26）などの効果が上がっている。

　一方，ドイツの例が示すように，介護を受ける者及び介護を行う者にとっては，合法化そのものよりも，支払わなければならない料金や受け取れる賃金の額の方が重要な意味を持っている[24]。したがって，仮に合法的に介護を行うことができる途が開かれても，それに伴う負担増を緩和する措置が講じられないのであれば，現実には合法化は進まないと考えられる。

　従来どおりの料金で合法的に24時間介護を受けることが可能となっても，それが要介護者にとって安心して受けられる質を保証するものでなければ意味がない。このような観点から，費用助成の前提として質の確保のための一定の条件が付与されたことは重要な意味を持っている。一方，24時間介護を行う者の業務の範囲が医療行為にまで拡大されたことは，それが安全性の確保の観点からどのような影響を持つのかについて注視していく必要があると

考えられる。

　このように，オーストリアで行われた取り組みは，合法的で，介護を受ける者がその費用を負担することが可能で，かつ，一定の質の保証された24時間介護の確保に重要な貢献を行うものであるといえる。しかし，その対象者が要介護者全体に占める割合は高々数パーセントに過ぎず，これにより要介護者に対して適切な介護を確保する上で大きな前進があったと評価することはできない。また，24時間介護を受ける者は，介護を行う者に居室を提供することが可能な広さの住宅に居住する者であり，経済的な余裕のある社会階層に属する場合が多いと考えられる。したがって，これらの者に通常の介護手当のほかに公的助成を行うことが，果たして公平の観点から適切かどうかという問題もある。さらに，24時間介護に伴う問題点は，それがオーストリアの労働法，社会保険法などに違反して行われていたことに尽きるわけではない。前述のとおり，外国人が要介護者の居宅に泊まり込んで行う介護には，それ以外にも介護を行う者の身体的・精神的な負担をはじめ，介護を行う者及び介護を受ける者の双方に様々な問題が存在する。しかし，これらの問題が今回の取り組みによって解決されたわけではない。

　欧州連合新規加盟国の国民に適用されている経過期間が終了すれば，新規加盟国の国民は欧州連合加盟国において，当該国民と同等に就労することが可能となる。そうなれば，24時間介護を行っている者の多くが，より魅力的で合法的な就労を選択する可能性も大きい。その理由の一つは，24時間介護に従事している外国人には介護・看護職としての養成教育を受けた者も少なくなく，それらの者はその資格にふさわしい合法的な就労を求めることになると考えられるからである。[25]しかも，オーストリアで24時間介護を行っている外国人の母国においても，高齢化の進展や介護者の減少により，介護者の不足がみられる。したがって，経過期間の終了後においても，24時間介護を確保するためには，さらに一層の取り組みが求められる。

注
(1)　オーストリアでは，身体的な介護（Pflege）と家事援助，見守り，付き添い

第**9**章　外国人による介護

などの世話（Betreuung）を区分しているが，この章では，そのような意味での介護及び世話を含めた概念として「介護」という用語を用いることとする。
(2)　この組織の詳細は，Hartmann et al.（2005：13-18）に紹介されている。
(3)　チェコの病院の場合には，数年の経験を有する有資格の看護婦の賃金はグロスで月額600ユーロ以下であり，さらに，スロバキアの病院の場合には，これよりも30％も低い水準となっている（Schmid, Prochazkova, 2006：458）。
(4)　24時間介護を受けている者を対象に行われた抽出調査の結果によると，それらの者の77％は2人，18％は1人から介護を受けている。また，それらの者の62％では2週間に1度，16.4％ではそれよりも長い周期で介護を行う者が交代している。後者に該当するのは，とりわけ，ルーマニア出身者のように母国との行き来に時間がかかるケースである（Rupp, Schmid, 2008：13）。
(5)　斡旋手数料の額はエージェントにより様々である。わずかの登録料だけを要求するところもあれば，350〜600ユーロの登録料（1回限り）を要求するところもある。なかには，毎年の年会費を要求するところもある。
(6)　エストニア，ラトビア，リトアニア，ポーランド，スロバキア，スロベニア，チェコ，ハンガリーの8か国である。
(7)　Hausgehilfen- und Hausangestelltengesetz, BGBl. Nr. 235/1962.
(8)　Hausbetreuungsgesetz, BGBl. I Nr. 33/2007.
(9)　Gewerbeordnung, BGBl. Nr. 194/1994.
(10)　赤十字（Rotes Kreuz），カリタス（Caritas），ディアコニー・オーストリア（Diakonie-Österreich），国民援助（Volkshilfe），救護事業（Hilfswerk）などの団体がこれに該当する。
(11)　家事の援助には，食事の準備，買い物，掃除，洗濯，アイロンかけ，使い走り，室内環境の管理，動植物の世話などが，また，生活の援助には，日常生活活動の介添え，会話，社会とのかかわりの維持，様々な活動への付き添いなどが含まれる（Binder, Fürstl-Grasser, 2008：49）。
(12)　緊急時の業務指針には，介護を受ける者の状態に明らかな悪化がみられた場合に家族，医師又は在宅介護サービスを提供している者に通報することなどが含まれている。
(13)　欧州連合の新規加盟国の国民も，オーストリア国民と同じ条件で，届出を行い，営業することが可能である。
(14)　ただし，得られた報酬から必要経費（交通費など）を控除した営業所得が年間1万ユーロを超えない場合には所得税の申告義務はない。また，売上額が年

間3万ユーロを超えない場合には付加価値税の免除が適用される。
(15) この基金は，連邦障害者法第22条第1項の規定に基づき設立された公益的目的を有する法人である。
(16) Vereinbarung gemäß Art. 15a B-VG zwischen dem Bund und den Ländern über Sozialbetreuungsberufe, BGBl. I Nr. 55/2005.
(17) ホームヘルパーの養成教育は200単位の理論的な教育（授業）と200時間の実習から構成されている。
(18) 2008年3月現在では，被用者の場合の社会保険料の額はグロス賃金の41.43％となる。これに対して，自営業者の場合の社会保険料額は保険料算定基礎額の24.93％に月7.65ユーロを加えた額となる。しかも，営業開始後3年間は，保険料算定基礎額として最低保険料算定基礎額（月537.78ユーロ）が採用されるため，保険料額は月額141.72ユーロとなる。
(19) 例えば，2人の者を雇用して介護を受ける要介護者であって，そのネット総所得が月2700ユーロの場合には，900ユーロ（1100－(2700－2500)）が助成額となる。
(20) 連邦雇用エージェンシーは，失業保険の保険者としての業務，職業紹介などを行う公法人である。
(21) 協約賃金の額は，地域によって異なるが，2008年ではグロス月額で1065ユーロから1307ユーロとなっている。
(22) 家事援助者になる者に対して職務や言語に関する資格は求められない。
(23) 同労働組合は複数の労働組合の合併により業種横断的に設立されたスイス最大の労働組合である。
(24) オーストリアにおいて24時間介護を受ける者を対象に行われた合法化に関するアンケート調査の結果によると，新たな法律状態が自分の受ける介護に及ぼす影響については，合法化により24時間介護の法的な安定性が高まったと積極的に評価する者がいる一方で，合法化に伴い煩雑な申請手続きなどが必要になったことを批判する声があるなど，評価が分かれている（Rupp, Schmid, 2008：11）。
(25) このように考えられる理由の一つは，既に欧州連合新規加盟国国民に対しても自国民と同様に就労することが認められているイギリスやアイルランドでは，外国人労働者にとって，個人の家庭で働くことは魅力的な選択肢とはなっていないからである（Larsen, Joost, 2008：4-5）。

終　章
我が国の介護政策の位置づけと可能性

　これまでの各章においては，欧州連合等による欧州レベルの政策及び各国レベルの政策について検討を行うとともに，ドイツ，オーストリア，スイスを対象に論点ごとの横断的な比較分析を行った。最後に，本書の結論として，我が国との比較の視点からこれらの分析を踏まえた考察を行う。

　ヨーロッパにおいては，欧州連合の加盟国が増加するとともに，欧州連合の役割も年を追うごとに拡大している。しかし，介護分野において，欧州連合は加盟国間での制度の調和を図ること（ハーモナイゼーション）に関する包括的な権限を有しているわけではなく，欧州連合の役割は開放型調整方式（OMK）の実施などを通じて加盟国の活動を支援・促進することが中心となっている。したがって，我が国の場合と同様に，欧州連合加盟国においても介護分野での具体的な政策決定は各国の権限に属している。このため，介護保障に関する制度は，各国の国内制度として定められ，それぞれに独自の発展を遂げてきた。

　一方，我が国がおかれた状況と異なる点は，欧州連合加盟国の介護政策は，域内市場及び競争，サービス及び労働者の自由移動などの分野での欧州連合の活動によって少なからぬ影響を受けていることである。

　現状では，介護保障に関するヨーロッパ諸国の制度・政策は極めて多様なものとなっている。我が国と同様に社会保険としての介護保険を導入した国はドイツとルクセンブルクに限られており，介護保障に関してはヨーロッパで中心的な位置を占める単一のモデルを見出すことはできない。

　このような多様性を有するヨーロッパ諸国についても，大まかな分類を行うことは可能である。一つのグループは北欧諸国である。北欧諸国では介護

は家族の義務とは考えられていない。このため，地方自治体による現物給付として高水準の介護サービスが提供されており，家族等によるインフォーマル介護の割合は小さい。この対極にあるのは南欧諸国である。南欧諸国では親子の範囲を超えた広範囲の家族の間で世話や援助の義務が課されており，介護に関しても家族の責任が重視されている。公的に提供される介護サービスの水準は低く，家族等によるインフォーマル介護の割合が大きい。ドイツ，オーストリアなどの中欧諸国は，家族間での義務の在り方，介護サービスの水準，インフォーマル介護の割合に関して，北欧諸国と南欧諸国の中間に位置している。

我が国では，南欧諸国と同様に，広範囲の家族に法的な義務が課されており，介護に関しても家族等によるインフォーマル介護が重要な役割を果たしている。しかし，我が国の介護保険制度は，北欧諸国と同様にフォーマル介護を重視した考え方に立っている。介護保険の給付としては現物給付のみが採用され，家族介護者に対する給付は含まれていない。このように，我が国の介護保障制度はヨーロッパ諸国の状況と比較した場合には特殊な位置づけにあることが分かる。

また，第Ⅱ部のドイツ，オーストリア及びスイスを対象とした比較分析を通じて，介護保障制度の持続可能性，介護の質の向上及び家族介護者の位置づけに関して，我が国の介護政策を考える上で重要な結果が得られた。

1 制度の持続可能性

制度の持続可能性を確保する観点からは，スイスで行われた改革が特に注目される。スイスの医療保険においては，我が国の介護保険と同様に，要介護者は一定の自己負担を行うことで必要な介護サービスを現物給付として受けられる仕組みが取られてきた。このような仕組みは，要介護者に対してその所得の多寡にかかわりなく必要な介護が受けられることを保障する一方で，介護給付のための支出の増加につながりやすいという問題点を有している。このため，今回の改革では，医療保険の支出増加を抑制する観点から，医療

保険が介護給付として負担する金額が定められた。

　この仕組みでは，要介護者にとって必要な介護サービスに要する費用であっても，給付額を超える部分については，要介護者の負担が求められることになる。このため，給付額及び介護報酬のレベルによっては，多くの介護サービスが必要な要介護者にとって過重な負担が発生する恐れがある。実際に，介護保険の導入当初から介護給付に上限が設けられているドイツでは，介護ホーム入所者の4人に1人は費用を負担しきれないために，社会扶助を受けなければならない状態にある。

　これに対して，スイスでは，介護費用の半分程度をカバーする水準に給付額を設定するとともに，過重な負担が生じないよう，要介護者の負担に限度が設けられた。併せて，低所得者に配慮した補足給付の拡充が行われた。このような対応は，財源が限られたなかで，給付の対象を低所得者に重点化することにより制度の持続可能性を確保する一つの有効な方法であると考えられる。ただし，これが要介護者とって必要な介護を受けることへの制約につながらないかどうかについては，今後の状況を注視する必要がある。

2　質の向上

　医療と比較した場合の介護の重要な特性の一つは，介護サービス事業や介護ホームで職業として介護に従事する者だけでなく，専門的な知識・技能を持たない家族などがその担い手となっていることである。このうち，介護サービス事業や介護ホームにおける介護サービスの提供に当たっては，介護・看護に関する専門職が中心的な役割を果たしている。このため，適切な介護サービスの供給を保障するためには，介護従事者の量的な確保だけでなく，こうした専門職の資質の向上を図ることが重要な課題となっている。

　この3か国においては慢性疾患や認知症などの患者である要介護者が増加している。看護師とは別に介護士の資格が設けられているドイツとオーストリアとでは，両資格間の関係について重要な違いがあるものの，介護士に一定の条件の下での医療行為（治療看護）の実施が認められていることは共通

している。また，治療看護の実施に必要な専門知識などが求められることに対応した養成教育の見直しも行われている。我が国でも，この両国と同様に，看護師と介護士の資格が併存しており，また，慢性病患者などである要介護者の増加がみられる。したがって，この両国での取り組みは，我が国における介護福祉士養成教育の期間及び内容，介護士が一定の条件の下で医療行為を行うことの是非，その場合の介護福祉士と看護師との関係の在り方などを検討する上で重要な参考事例となるものと考えられる。

　もちろん，介護サービスの質を確保する観点からは，養成教育の見直しによる専門職の資質の向上だけでなく，個々の事業者や介護サービス従事者による質の改善のための自発的な努力を促すことが重要であると考えられる。このような観点からは，特にドイツにおける改革により行われた，科学的な根拠に基づくサービスの実施を促進するための具体的な指針である専門家基準の導入や介護の質を巡るサービス供給者間の競争を促進するための取り組みが注目される。これらの取り組みは，我が国において介護サービスの質のさらなる向上を目指す上での一つの方向性を示すものである。

　この3か国における介護は，介護サービス事業や介護ホームの介護従事者，家族介護者によって担われているだけでなく，要介護者又はその家族により直接雇用される者によっても行われている。要介護者等に直接雇用される介護者は，とりわけ24時間介護が必要な在宅の要介護者の介護・世話において重要な役割を果たしている。しかし，このような24時間介護は，就労許可を受けず，労働法や社会保険法の規定に違反して就労する外国人によって行われることが多い。このことは特にオーストリアでは大きな政治問題となり，この問題への対応が介護保障制度改革の重要な柱の一つとなった。

　我が国では，経済連携協定に基づく外国人介護福祉士候補者の受け入れが開始された[1]。ただし，これによる外国人の受け入れは，合法的に行われるとともに，要介護者の家庭での介護ではなく，日本国内の介護施設での就労を前提としたものである。その意味で，不法就労外国人による介護は現在のところ我が国に直接関係する問題ではない。しかし，オーストリア等において外国人による24時間介護で満たされているニーズは，我が国にも存在してい

ることはいうまでもない。このような日常的で高度の専門性を必要としないと考えられる介護のニーズを家族等によって満たすことができない場合には，こうした介護ニーズにどう対応するのか，また，こうした介護を行う者をどこに求めるのかなどが問題になると考えられる。オーストリア等の事例は，我が国でも，このようなニーズに対応して，費用的に負担可能であり，かつ，安心して受けられる質が保証された介護を，いかにして確保するかについて検討する必要があることを示唆するものである。

なお，我が国が受け入れる外国人が母国で取得した看護師などの職業資格の取り扱いについては，養成教育の内容に母国と就労する国との間で統一的な最低基準を設けることや，養成教育の違いを追加的な教育で埋めることにより，母国で受けた養成教育を前提とした取り扱いを行っている欧州連合での対応は，重要な参考事例になるものと考えられる。

3　家族介護者の位置づけ

この3か国のいずれにおいても，介護を行う家族等に報いるために用いることができる使途を特定しない現金給付が行われている。この点は我が国と大きく異なる特徴となっている。このような現金給付については，要介護者による選択や自己決定が尊重される点などがメリットとして強調される。しかし，要介護者及び家族の双方にとって実際にそのような選択が保障されるためには，介護サービスの十分な供給が確保されなければならない。また，現金給付の支給だけで家族による継続的な介護が可能になるわけではない。さらに，現金給付を受けて家族等による適切な介護が行われることを確保するための公的な関与・支援も必要になる。このため，この3か国では現金給付と併せてこのような必要性に対応した取り組みが行われている。特に，介護における家族の役割が重視されるドイツ及びオーストリアでは，家族介護者支援のための様々な取り組みが積極的に行われている。その背景には，介護を行う家族の負担を軽減するだけでなく，介護に関する公的財政負担を軽減するため，家族構造や就労状況の変化に伴い減少の方向に向かっている家

族介護をできるだけ維持することが政策上の課題となっていることがある。

　家族介護者を支援するための方策は，家族介護者が社会保障の面で不利にならないこと，就労との調和が図れること，病気等の場合の代替介護が確保できること，家族介護の質を確保することなどに対応したものとなっている。我が国とは異なり，ドイツでは，要介護者に対する給付と並んで，このような家族介護者を支援するための給付を行うことが，介護保険の重要な役割の一つとして位置づけられている。

　我が国の場合には，これまで，介護サービスの供給不足による家族介護者の過重な負担を軽減するため，介護サービス供給の拡充を優先する方針が採られてきた。しかし，実際には，我が国においても，多くの家族が家庭での介護を担っており，また，将来においても家族の絆に基づく介護がなくなるわけではない。ドイツ及びオーストリアでの取り組みは，我が国においても，実際に介護を行っている家族の負担を軽減し，家族が自ら介護することを選択しやすくするため，単なる現金給付の是非の問題にとどまらず，多様な家族支援策について検討する必要性を示唆するものである。

　本書では，ヨーロッパ諸国における介護政策の比較分析を行った。このような分析は，ヨーロッパ諸国の介護政策の基本的考え方や方向性を明らかにするのみならず，我が国の介護制度・政策の位置づけやその特性を比較の視点から認識することを可能にする。そこから，我が国の介護政策の可能性や新たな方向性を見出すことができるのではないだろうか。

注
(1) 2008年7月に発効した日・インドネシア経済連携協定に基づき，同年8月にインドネシア人看護師・介護福祉士候補者208人が受け入れられた。また，日・フィリピン経済連携協定が同年12月に発効し，2009年5月には283人が受け入れられた（厚生労働省「経済連携協定に基づく外国人看護師・介護福祉士候補者の適正な受入れについて（平成21年1月13日現在）」(http://www.mhlw.go.jp/bunya/koyou/other07/index.html 参照)。

参考文献

足立正樹編（1998）『各国の介護保障』法律文化社。

Alleva V., Moretto M.（2009）Angestellte in Schweizer Privathaushalten: Normalarbeitsverträge statt prekäre Arbeitsverhältnisse, *Denknetz Jahrbuch 2009*, 64-170.

AOK-Bundesverband（2006）AOK-Lösung, Die Zukunft der Pflege sichern, *Gesundheit und Gesellschaft SPEZIAL*, 3/2006, 21-23.

Bär-Bouyssière B.（2009）Vereinbare und unvereinbare Beihilfe, in: Schwarze J.（Hrsg.）, *EU-Kommentar*, 2. Aufl., Baden-Baden, 978-1033.

Becker U.（2005）Gemeinschaftsrechtliche Vorgaben für die Leistungerbringung im Bereich der Sozial-, Kinder- und Jugendhilfe, *Archiv für Wissenschaft und Praxis der sozialen Arbeit*, 3/2005, 20-32.

Becker U.（2006）Der Sozialstaat in der Europäischen Union, *der Städtetag*, 6/2006, 12-16.

Becker U.（2007）EU-Beihilferecht und soziale Dienstleistungen, *NZS*, 4/2007, 169-176.

Becker U.（2009）Der nationale Sozialstaat in der Europäischen Union: von Einwirkungen und Verschränkungen, in: Bělina M., Kalenská M.（Hrsg.）, *Pocta Petru Trösterovi k 70. narozeninám*, Praha, 49-61.

Berner Zeitung（2009）„*Neue Pflegefinanzierung ab Juli 2010*", 25.06.2009.（http://www.bernerzeitung.ch）

Binder H., Fürstl-Grasser M.（2008）*Hausbetreuungsgesetz*, Wien.

Bundesagentur für Arbeit（2008）*Vermittlung von Haushaltshilfen in Haushalte mit Pflegebedürftigen, Durchführungsanweisungen, Stand Juli 2008*, Nürnberg.

Bundesamt für Gesundheit（BAG）（2009）*Statistik der obligatorischen Krankenversicherung 2007*, Bern.

Bundesamt für Sozialversicherung（BSV）（1999a）*AHV-Statistik 1999*, Bern.

Bundesamt für Sozialversicherung（BSV）（1999b）*IV-Statistik 1999*, Bern.

Bundesamt für Sozialversicherung (BSV) (2000) *Statistik der Ergänzungsleistungen zur AHV und IV 1999*, Bern.

Bundesamt für Sozialversicherung (BSV) (2002) *Spitex-Statistik 2000*, Bern.

Bundesamt für Sozialversicherung (BSV) (2008) *Übersicht über die schweizerische Soziale Sicherheit*, Bern.

Bundesamt für Sozialversicherung (BSV) (2009a) *AHV-Statistik 2009*, Bern.

Bundesamt für Sozialversicherung (BSV) (2009b) *IV-Statistik 2009*, Bern.

Bundesamt für Sozialversicherung (BSV) (2009c) *Statistik der Ergänzungsleistungen zur AHV und IV 2008*, Bern.

Bundesamt für Statistik (BFS) (2003) *Krankenhausstatistik und Statistik der sozialmedizinischen Institutionen 2001*, Neuchâtel.

Bundesamt für Statistik (BFS) (2005) *Gesundheit und Gesundheitsverhalten in der Schweiz 1992-2002, Schweizerische Gesundheitsbefragung*, Neuchâtel.

Bundesamt für Statistik (BFS) (2009a) *Spitex-Statistik 2007*, Neuchâtel.

Bundesamt für Statistik (BFS) (2009b) *Statistik der sozialmedizinischen Institutionen 2007-Standardtabellen*, Neuchâtel.

Bundesamt für Statistik (BFS) (2009c) *Ständige Wohnbevölkerung am Jahresende nach Geschlecht und Alter nach dem Szenario A-00-2005/09*. (www.bfs.admin.ch)

Bundeskanzleramt Österreich (2007) *Regierungsprogramm 2007-2010*.

Bundesministerium für Arbeit und Soziales (BMAS) (2006) *Sozial-Kompass EUROPA, Soziale Sicherheit in Europa im Vergleich*, Berlin.

Bundesministerium für Arbeit, Soziales und Konsumentenschutz (BMASK) (2009) *Österreichischer Pflegevorsorgebericht 2008*, Wien.

Bundesministerium für Familie, Senioren, Frauen und Jugend (BMFSFJ), Bundesministerium für Gesundheit und Soziale Sicherung (BMGS) (2005) *Runder Tisch Pflege, Verbesserung der Situation hilfe- und pflegebedürftiger Menschen*, Ergebnisse der Arbeitsgruppe I bis IV, Berlin.

Bundesministerium für Gesundheit (BMG) (2003) *Nachhaltigkeit in der Finanzierung der sozialen Sicherungssysteme, Bericht der Kommission*, Berlin.

Bundesministerium für Gesundheit (BMG) (Hrsg.) (2008a) *Aktuelle Entwicklungen in der Europäischen Gesundheitspolitik: Lissabon-Strategie,*

Offene Methode der Koordinierung und Gesundheitsdienstleistungen (Dokumentation der internationalen Tagung, 3.-4. März 2008, Potsdam), Berlin.

Bundesministerium für Gesundheit (BMG) (2008b) *Leistungsempfänger der sozialen Pflegeversicherung am Jahresende nach Altersgruppen 1995 bis 2008.* (http://www.bmg.bund.de)

Bundesministerium für Gesundheit (BMG) (2008c) *Leistungsempfänger der sozialen Pflegeversicherung am Jahresende nach Pflegestufen 1995 bis 2008.* (http://www.bmg.bund.de)

Bundesministerium für Gesundheit (BMG) (2008d) *Leistungsempfänger der sozialen Pflegeversicherung im Jahresdurchschnitt nach Leistungsarten 1995 bis 2008.* (http://www.bmg.bund.de)

Bundesministerium für Gesundheit (BMG) (2008e) *Ratgeber Pflege*, Berlin.

Bundesministerium für Gesundheit (BMG) (2009a) *Bericht des Beirats zur Überprüfung des Pflegebedürftigkeitsbegriffs*, Berlin.

Bundesministerium für Gesundheit (BMG) (2009b) *Die Finanzentwicklung der sozialen Pflegeversicherung, Ist-Ergebnisse ohne Rechnungsabgrenzung von 1995 bis 2008.* (http://www.bmg.bund.de)

Bundesministerium für Gesundheit (BMG) (2009c) *Zahlen und Fakten zur Pflegeversicherung* (07/09). (http://www.bmg.bund.de)

Bundesministerium für soziale Sicherheit, Generationen und Konsumentenschutz (BMSK) (2004) *Ausbau der Dienste und Einrichtungen für pflegebedürftige Menschen in Österreich*, Wien.

Bundesministerium für Soziales und Konsumentenschutz (BMSK) (2007a) *Beschäftigte im Alten- und Behindertenbereich im Jahr 2006*, Wien.

Bundesministerium für Soziales und Konsumentenschutz (BMSK) (2007b) *Evaluierungsstudie über das Pilotprojekt „Beratungsscheck - Fachliche Erstberatung für Pflegebedürftige und ihre Angehörigen"*, Wien.

Bundesministerium für Soziales und Konsumentenschutz (BMSK) (2007c) *Situation pflegender Angehöriger*, Wien.

Bundesministerium für Soziales und Konsumentenschutz (BMSK) (2008a) *Bericht, Arbeitsgruppe „Neugestaltung der Pflegevorsorge"*, Wien.

Bundesministerium für Soziales und Konsumentenschutz (BMSK) (2008b)

Bericht des Arbeitskreises für Pflegevorsorge 2006, Wien.

Bundesministerium für Soziales und Konsumentenschutz (BMSK) (2008c) *Demenzhandbuch – Betreuungsangebot für demenziell erkrankte Menschen*, Wien.

Bundesministerium für Soziales und Konsumentenschutz (BMSK) (2008d) *15 Jahre Pflegevorsorge, Bilanz und Ausblick*, Wien.

Bundesministerium für Soziales und Konsumentenschutz (BMSK) (2008e) *Österreichischer Bericht über Strategien für Sozialschutz und soziale Eingliederung 2008-2010*, Wien.

Bundesministerium für Soziales und Konsumentenschutz (BMSK) (2008f) *Presseaussendungen vom 12.08.2008, „Buchinger: Pflegepaket macht soziale Handschrift deutlich"*. (http://www.bmsk.gv.at)

Bundesrat (1958) *Botschaft des Bundesrates an die Bundesversammlung zum Entwurf eines Bundesgesetzes über die Invalidenversicherung und eines Bundesgesetzes betreffend die Änderung des Bundesgesetzes über die Alters- und Hinterlassenenversicherung*, BBl 1958 II 1137.

Bundesrat (1968) *Botschaft des Bundesrates an die Bundesversammlung zum Entwurf eines Bundesgesetzes betreffend Änderung des Bundesgesetzes über die Alters- und Hinterlassenenversicherung und zum Volksbegehren für den weiteren Ausbau von Alters- und Hinterlassenenversicherung und Invalidenversicherung*, BBl 1968 I 602.

Bundesrat (1976) *Botschaft über die neunte Revision der Alters- und Hinterlassenenversicherung*, BBl 1976 III 1.

Bundesrat (2005) *Botschaft zum Bundesgesetz über die Neuordnung der Pflegefinanzierung*, BBl 2005 2033.

Bundesregierung (2008) *Vierter Bericht über die Entwicklung der Pflegeversicherung*, Bundestagdrucksache 16/7772.

Bundesversammlung (2008) *Bundesgesetz über die Neuordnung der Pflegefinanzierung* (05.025). (http://www.parlament.ch)

Despland B. (2005) Die Langzeitpflege im internationalen Vergleich, *Soziale Sicherheit CHSS*, 5/2005, 265-268.

Deutsche Rentenversicherung Bund (2007) *Rentenversicherung in Zeitreihen 2007*, Berlin.

Die Presse, „*Buchinger fordert Pflegefonds und Vermögens-Zuwachs-Steuer*", 28. 07.2008.（http://www.diepresse.com）

Economic Policy Committee and the European Commission（DG ECFIN）（2006）The impact of ageing on public expenditure: projections for the EU25 Member States on pensions, health care, long-term care, education and unemployment transfers（2004-2050）, *European Economy,* Special Report n° 1/2006.

Eichenhofer E.（2006）*Sozialrecht der Europäischen Union,* 3. Aufl., Berlin.

Eisen R., Mager H.-Ch.（Hrsg.）（1999）*Pflegebedürftigkeit und Pflegesicherung in ausgewählten Ländern,* Opladen.

Ellmer R.（2007）Probleme aus der Sicht der Länder, in: Pfeil W.（Hrsg.）, *Zukunft der Pflege und Betreuung in Österreich,* Wien.

エスピン=アンデルセン G.（2001）『福祉資本主義の三つの世界——比較福祉国家の理論と動態』岡沢憲芙・宮本太郎監訳, ミネルヴァ書房.

Europäische Kommission（2000）*Eine Binnenmarktstrategie für den Dienstleistungssektor,* KOM（2000）888, 29.12.2000.

Europäische Kommission（2005a）*Benutzerleitfaden, Richtlinie 2005/36/EG.*

Europäische Kommission（2005b）*Zusammenarbeiten, zusammen mehr erreichen: ein neuer Rahmen für die offene Koordinierung der Sozialschutzpolitik und der Eingliederungspolitik in der Europäischen Union,* KOM（2005）706 endgültig.

Europäische Kommission（2006）*Pflege in Europa.* MISSOC INFO 02/2006.

Europäischer Rat（Lissabon）（2000）*Schlussfolgerungen des Vorsitzes vom 23./24. März 2000.*

Europäischer Rat（Brüssel）（2006）*Schlussfolgerungen des Vorsitzes vom 23./24. März 2006.*

European Commission（2006）*Portfolio of overarching indicators and streamlined social inclusion, pensions and health portfolios.*

European Commission（2007）*Health and long-term care in the European Union,* Special Eurobarometer 283.

European Commission（2008）*Long-term care in the European Union.*

European Foundation for the Improvement of Living and Working Conditions（Eurofound）（2006）*Employment in social care in Europe,* Dublin.

Freiler I. (2008) Pflegende Angehörige benötigen auch Betreuung, *Soziale Sicherheit* (Österreich), Nr. 12, 630-634.

Freiler I., Biringer E. (2007) Qualitätssicherung in der häuslichen Pflege - eine Zwischenbilanz, *Soziale Sicherheit* (Österreich), Nr. 12, 599-604.

Fuchs M. (1997) Rechtliche Grundgedanken, in: Schulin B. (Hrsg.), *Handbuch des Sozialversicherungsrechts, Band 4 Pflegeversicherungsrecht,* München, 109-129.

Fuchs M. (2005) Sachlicher Geltungsbereich, in: Fuchs M. (Hrsg.), *Europäisches Sozialrecht,* 4. Aufl., Baden-Baden, 108-128.

Fuhrer B. (2008) Pflegefinanzierung: Erhebung von Pflegekosten, *Soziale Sicherheit CHSS,* 1/2008, 57-59.

福田耕治，福田八寿絵（2009）『EU・国境を越える医療——医療専門職と患者の自由移動』文眞堂。

Fürstl-Grasser M., Rudda J. (2009) Die Einstufungsverordnung (2008) zum Bundespflegegeldgesetz samt Erläuterungen, *Soziale Sicherheit* (Österreich), Nr. 2, 106-112.

Gächter T., Vollenweider I. (2008) *Gesundheitsrecht,* Basel.

Gallon T.-P. (2009) Leistungen zur sozialen Sicherung der Pflegepersonen, in: Klie T., Krahmer U. (Hrsg.), *Soziale Pflegeversicherung, Lehr- und Praxiskommentar,* 3. Aufl., Baden-Baden, 522-558.

Gmür R., Rüfenacht M. (2007) Spitex, in: Kocher G., Oggier W. (Hrsg.), *Gesundheitswesen Schweiz 2007-2009,* Bern, 353-364.

Gori C., Da Roit B. (2007) The Commodification of Care - The Italian Way, in: Ungerson C., Yeandle S. (ed.), *Cash for Care in Developed Welfare States,* New York, 60-80.

Greifeneder, M., Liebhart, G. (2004) *Pflegegeld: Grundsätze, Einstufung und Verfahren für die Praxis,* Wien.

Greuter S., Schilliger S. (2009) »Ein Engel aus Polen«: Globalisierter Arbeitsmarkt im Privathaushalt von Pflegebedürftigen, *Denknetz Jahrbuch 2009,* 151-163.

Grillberger K. (2008) *Österreichisches Sozialrecht,* 7. Aufl., Wien.

Gruber G., Pallinger M. (1994) *BPGG: Bundespflegegeldgesetz,* Wien.

Gruber G., Pallinger M. (2003) 10 Jahre Pflegevorsorge - Rückblick und Standortbestimmung, *Soziale Sicherheit*（Österreich）, Nr. 5, 209-215.

Haberkern K.（2009）*Pflege in Europa*, Wiesbaden.

Haberkern K., Szydlik M.（2008）Pflege der Eltern - Ein europäischer Vergleich, *Kölner Zeitschrift für Soziologie und Sozialpsychologie*, 60（2008）1, 78-101.

Häfeli Ch.（2008）Prinzipien der Sozialhilfe, in: Häfeli Ch.（Hrsg.）, *Das Schweizerische Sozialhilferecht*, Luzern, 65-85.

原田啓一郎（2008）「フランスの介護保障」増田雅暢編『世界の介護保障』法律文化社，37-54頁。

Hartmann R., Belkameh M., Linninger I.（2005）*Modul 5: Erweiterungsprozess der EU und die arbeitsmarktpolitischen Konsequenzen für den Gesundheits- und Sozialbereich*, Wien.

Haydon R.（2008）Die österreichische Sozialversicherung im Jahre 2007, *Soziale Sicherheit*（Österreich）, Nr. 6, 304-330.

Herdegen M.（2009）*Europarecht*, 11. Aufl., München.

平部康子（2008）「イギリスの社会保障」増田雅暢編『世界の介護保障』法律文化社，19-36頁。

Höfert R., Meißer T.（2008）*Von Fall zu Fall-Ambulante Pflege im Recht*, Heidelberg.

Holoubek M.（2009）Artikel 49/50 EGV, in: Schwarze J.（Hrsg.）, *EU-Kommentar*, 2. Aufl., Baden-Baden, 703-757.

Höpflinger F., Hugentobler V.（2003）*Pflegebedürftigkeit in der Schweiz*, Bern.

Höpflinger F., Hugentobler V.（2005）*Familiale, ambulante und stationäre Pflege im Alter*, Bern.

Höpflinger F., Perrig-Chiello P.（2008）Hochaltrigkeit, Pflegebedürftigkeit und Generationenbeziehungen, in: Perrig-Chiello P., Höpflinger F., Suter Ch., *Generationen - Strukturen und Beziehungen*, Zürich, 214-234.

一圓光彌（1996）「21世紀の社会保障の課題──高齢者介護保障をどう構築するか」『三田商学研究』(39)3, 77-95頁。

Igl G.（2007）Internationale und europäische Dimensionen der Langzeitpflege, in: Igl G., Naegele G., Hamdorf S.（Hrsg.）, *Reformen der Pflegeversicherung-Auswirkungen auf die Pflegebedürftigen und Pflegepersonen*, Hamburg, 70-84.

Igl G.（2008）Pflegeversicherung, in: von Maydell B., Ruland F., Becker U.

(Hrsg.), *Sozialrechtshandbuch（SRH）*, 4. Aufl., Baden-Baden, 876-910.

Institut für Höhere Studien Kärnten（2005）*„Pflegevorsorge in Europa" eine vergleichende Literaturanalyse*, Klagenfurt.

金子能宏（2008）「拡大 EU の社会保障支出の将来推計——EU における高齢化の社会保障支出に及ぼす影響に関する研究の展開」『海外社会保障研究』（165），25-40頁。

Karakayali J.（2007）Die private Beschäftigung von Migrantinnen in Haushalten pflegebedürftiger, *Archiv für Wissenschaft und Praxis der sozialen Arbeit*, 4/2007, 74-83.

Kieser U.（2008）*Schweizerisches Sozialversicherungsrecht*, Zürich.

鬼﨑信好，増田雅暢，伊奈川秀和編（2002）『世界の介護事情』中央法規出版。

Klie T.（2006）*Rechtskunde, Das Recht der Pflege alter Menschen*, 8. Aufl., Hannover.

Knieps F.（2005）Gedanken zur Reform der Pflegeversicherung, *G＋G Wissenschaft*, 4-2005, 26-31.

Kofahl Ch.（2008）Motive von Angehörigen, ihre älteren Familienmitglieder zu betreuen: Ergebnisse aus dem europäischen Forschungsprojekt EUROFAMICARE, in: Zank S., Hedtke-Becker A.（Hrsg.）, *Generationen in Familie und Gesellschaft im demographischen Wandel, Europäische Perspektiven*, Stuttgart, 130-145.

Konferenz der Kantonalen Sozialdirektorinnen und Sozialdirektoren（SODK）（2009）*Neuordnung der Pflegefinanzierung, Sorgfältige Umsetzung zwingend erforderlich*, Bern, 29. März 2009.（http://www.gdk-cds.ch）

Krames W.（2008）Anwendungsbereich, in: Schlachter M., Ohler Ch.（Hrsg.）, *Europäische Dienstleistungsrichtlinie*, Baden-Baden, 93-116.

Kreuzer Ch., Storr Ch.（2008）Beschäftigung, in: Storr Ch., Wenger F., Eberle S., Albrecht R., Harms K., Kreuzer Ch., *Kommentar zum Zuwanderungsrecht*, Stuttgart, 118-143.

Land Salzburg（2003）*Gepflegt zuhause*, Salzburg.

Land Salzburg（2008a）*Seniorenpflegeheime*, Salzburg.

Land Salzburg（2008b）*Sozialbericht 2007*, Salzburg.

Land Salzburg（2009）*Zuhause pflegen*, Salzburg.

Landolt H.（2002a）*Das soziale Pflegesicherungssystem*, Bern.

Landolt H. (2002b) *Pflegerecht, Band II: Schweizerisches Pflegerecht,* Bern.
Landolt H. (2004) *Rechtskunde für Gesundheits- und Pflegeberufe,* Bern.
Landtag Nordrhein-Westfalen (2005) *Situation und Zukunft der Pflege in NRW, Bericht der Enquête-Kommission des Landtags Nordrhein-Westfalen,* Düsseldorf.
Larsen Ch., Joost A. (2008) *Häusliche Betreuung und Pflege zwischen Qualitätsanspruch und Kosten, Europäische Lösungsansätze im Vergleich,* Frankfurt am Main.
Latzel G., Andermatt Ch. (2008) Vergütung von Hilfe, Pflege und Betreuung durch die Ergänzungsleistungen, *Soziale Sicherheit CHSS,* 5/2008, 284-288.
増田雅暢編(2008)『世界の介護保障』法律文化社。
松本勝明(2007)『ドイツ社会保障論III──介護保険』信山社。
Maurer A., Scartazzini G., Hürzeler M. (2009) *Bundessozialversicherungsrecht,* 3. Aufl., Basel.
von Maydell B., Borchardt K., Henke K.-D., Leitner R., Muffels R., Quante M., Rauhala P.-L., Verschraegen G., Żukowski M. (2006) *Enabling Social Europe,* Berlin.
Medizinischer Dienst der Spitzenverbände der Krankenkassen (MDS) (2007) *2. Bericht des MDS nach § 118 Abs. 4 SGB XI, Qualität in der ambulanten und stationären Pflege,* Essen.
Millar J., Warman A. (1996) *Family obligations in Europe,* London.
Ministère de la Sécurité Sociale (2005) *Long-term Care for Older Persons*-Conference organised by the Luxembourg, Presidency with the Social Protection Committee of the European Union, Luxembourg, 12 and 13 May 2005, Bulletin luxembourgeois des questions sociales 2005, Volume 19, Luxembourg.
MISSOC-Sekretariat (2008) *MISSOC ANALYSE 2008, Sozialschutz: Aspekte von Flexicurity und aktiver Eingliederung,* Vertrag N° VC/2007/0370.
宮崎理枝(2008)「イタリアにおける介護者の確保育成策」社会政策学会第117回大会報告資料,1-18頁。
宮崎理枝(2009)「高齢者」小島晴洋,小谷眞男,鈴木桂樹,田中夏子,中益陽子,宮崎理枝『現代イタリアの社会保障──ユニバーサリズムを越えて』旬報社,226-252頁。

Moeckli S. (2008) *Das politische System der Schweiz verstehen*, 2. Aufl., Altstätten.

Moldenauer M. (2008) Pflegereform 2008, *Gesundheits- und Sozialpolitik*, 4/2008, 53–59.

Mösle H. (2007) Pflegeheime und Pflegeabteilungen, in: Kocher G., Oggier W. (Hrsg.), *Gesundheitswesen Schweiz 2007–2009*, Bern, 251–263.

Möwisch A., Ruser C., von Schwanenflügel M. (2008) *Pflegereform 2008*, Heidelberg.

Müller U. (2006) *Bundesgesetz über Ergänzungsleistungen zur Alters-, Hinterlassenen- und Invalidenversicherung*, Zürich.

Neuhaus A., Isfort M., Weidner F. (2009) *Situation und Bedarfe von Familien mit mittel- und osteuropäischen Haushaltshilfen*, Köln.

OECD (2005) *Long-term Care for Older People*, Paris.

OECD (2006) *Projecting OECD health and long-term care expenditures: What are the main Drivers?*, Economics Department Working Papers No. 477, ECO/WKP (2006)5.

Österle A., Hammer E. (2004) *Zur zukünftigen Betreuung und Pflege älterer Menschen*, Wien.

Österle A., Hammer E. (2007) Care Allowances and the Formalization of Care Arrangements: The Austrian Experience, in: Ungerson C., Yeandle S. (ed.), *Cash for Care in Developed Welfare States*, New York, 13–31.

Österle A., Meichenitsch K. (2007) Pflegesicherungssysteme in Europa, *Soziale Sicherheit* (Österreich), Nr. 11, 536–544.

Österreichisches Institut für Wirtschaftsforschung (WIFO) (2008a) *Alternative Finanzierungsformen der Pflegevorsorge*, Wien.

Österreichisches Institut für Wirtschaftsforschung (WIFO) (2008b) *Mittel- und langfristige Finanzierung der Pflegevorsorge*, Wien.

Pacolet J., Bouten R., Lanoye H., Versieck K. (2000) *Social protection for dependency in old age: a study of the fifteen EU member states and Norway*, Aldershot.

Pfeil W. (1994) *Die Neuregelung der Pflegevorsorge in Österreich*, Wien.

Pfeil W. (1996) *Bundespflegegeldgesetz und landesgesetzliche Pflegegeldregelungen*, Wien.

Pfeil W. (2007) Zukunft der Pflege und Betreuung in Österreich, in: Pfeil W. (Hrsg.), *Zukunft der Pflege und Betreuung in Österreich*, Wien, 1-8.

Pfiffner Rauber B. (2003) *Das Recht auf Krankheitsbehandlung und Pflege*, Zürich.

Piller O. (2006) *Die soziale Schweiz*, Bern.

Pinnelli A. (2001) Determinants of fertility in Europe: new family forms, context and individual characteristics, in: Pinnelli A., Hoffmann-Nowotny H.-J., Fux B., *Fertility and new types of households and family formation in Europe*, Population Studies No. 35, Council of Europe, Strasbourg, 47-111.

Rennen-Allhoff B., Schaeffer D. (Hrsg.) (2003) *Handbuch Pflegewissenschaft*, Weinheim.

Republik Österreich (2006) *Nationaler Bericht über Strategien für Sozialschutz und soziale Eingliederung 2006-2008*, Wien.

Republik Österreich (2008) *Regierungsprogramm 2008-2013, Gemeinsam für Österreich*.

Rudda J., Fürstl-Grasser M., Rubisch M. (2008) Neue Tendenz der Pflegevorsorge in Österreich, *Soziale Sicherheit* (Österreich), Nr. 6, 341-352.

Rupp B., Schmid T. (2007) Die „Bis-zu-24-Stunden-Betreuung" aus rechtlicher Sicht, *Soziale Sicherheit* (Österreich), Nr. 12, 586-598.

Rupp B., Schmid T. (2008) *Die Förderung nach § 21b BPGG, Ergebnisse einer ersten Evaluierung*, Wien.

Ruser C. (2008) Änderungen und Konsequenzen der Pflegeversicherungsreform für ambulante Einrichtungen, in: Möwisch A., Ruser C., von Schwanenflügel M., *Pflegereform 2008*, Heidelberg, 49-94.

Scherrer U. (2005) Botschaft zum Bundesgesetz über die Neuordnung der Pflegefinanzierung, *Soziale Sicherheit CHSS*, 5/2005, 254-257.

Schmid T., Prochazkova L. (2006) Pflege und Betreuung im Spannungsfeld zwischen Nötigem, Wünschenswertem und Finanzierbarem, *Soziale Sicherheit* (Österreich), Nr. 11, 454-464.

Schmidt M. (2007) Versorgung Pflegebedürftiger in Deutschland und Österreich – Ein kritischer Vergleich beider Systeme unter Berücksichtigung der wesentlichen Rechtsvorschriften, *VSSR*, 4/2007, 289-316.

Schneekloth U. (2005) Entwicklungstrends beim Hilfe- und Pflegebedarf in

Privathaushalten - Ergebnisse der Infratest-Repräsentativerhebung, in: Schneekloth U., Wahl H.-W. (Hrsg.), *Möglichkeiten und Grenzen selbständiger Lebensführung in privaten Haushalten (MuG III)*, München, 55-98.

Schulte B. (2008a) Allgemeine Regeln des internationalen Sozialrechts- supranationales Recht, in: von Maydell B., Ruland F., Becker U. (Hrsg.), *Sozialrechtshandbuch (SRH)*, 4. Aufl., Baden-Baden, 1339-1409.

Schulte B. (2008b) Pflege in Europa - Teil 1, *ZFSH/SGB*, 12/2008, 707-718.

Schulte B. (2009a) Europäische Vorgabe für die Qualität der Pflege, *Beiträge zum Recht der sozialen Dienste und Einrichtungen*, Heft 70, 62-82.

Schulte B. (2009b) Pflege in Europa - Teil 2, *ZFSH/SGB*, 01/2009, 17-31.

Schulte B. (2009c) Pflege in Europa - Teil 3, *ZFSH/SGB*, 02/2009, 86-100.

Schwamberger H. (2006) *Bundesgesetz über Gesundheits- und Krankenpflegeberufe*, Wien.

von Schwanenflügel M. (2008) Die Zukunft der Pflegeversicherung, *Zeitschrift für Rechtspolitik*, 1/2008, 4-7.

庄司克宏 (2003a)『EU法 基礎篇』岩波書店。

庄司克宏 (2003b)『EU法 政策篇』岩波書店。

Skuban R. (2004) *Pflegesicherung in Europa*, Wiesbaden.

Spinnarke J. (2003) Pflegegeld für selbst beschaffte Pflegehilfen, in: Klie T., Krahmer U. (Hrsg.), *Soziale Pflegeversicherung, Lehr- und Praxiskommentar*, 2. Aufl., Baden-Baden, 349-359.

Spitex Bern (2009) *Tarife für hauswirtschaftliche Leistungen SPITEX BERN für das Jahr 2009*. (http://www.spitex-bern.ch)

Spitex Verband Schweiz (2008) *Neuordnung der Pflegefinanzierung - Die Grundzüge der neuen Regelung*. (http://www.spitex.ch)

Statistik Austria (2007) *Bevölkerungsvorausschätzung 2007-2050*. (http://www.staistik.at)

Statistisches Bundesamt (2006) *Bevölkerung Deutschlands bis 2050, 11. koordinierte Bevölkerungsvorausberechnung*, Wiesbaden.

Statistisches Bundesamt (2008) *Pflegestatistik 2007*, Wiesbaden.

Streinz R., Leible S. (2008) Einleitung, in: Schlachter M., Ohler Ch. (Hrsg.), *Europäische Dienstleistungsrichtlinie*, Baden-Baden, 23-82.

Tomandl T. (Hrsg.) (1980) *System des Österreichischen Sozialversicherungs-*

rechts, Wien, Loseblatt.

Uhlenbruck W., Laufs A. (2002) Die Pflicht des Arztes zur persönlichen Leistung, in: Laufs A., Uhlenbruck W., *Handbuch des Arztrechts,* 3. Aufl., München, 435-437.

Voet van Vormizeele P. (2009) Artikel 86 EGV, in: Schwarze J. (Hrsg.), *EU-Kommentar,* 2. Aufl., Baden-Baden, 952-978.

Wall M. (2007) Reform der Sozialbetreuungsberufe, Enquête Sozialbetreuungsberufe vom 13. März 2007. (http://www.diakoniewerk.at)

鷲江義勝編 (2009)『リスボン条約による欧州統合の新展開』ミネルヴァ書房。

Weidner F. (2006) Pflegeausbildung in Bewegung-Gegenwart und Zukunft, *Die Schwester Der Pfleger,* 7/06, 82-86.

Weiss-Faßbinder S., Lust A. (2006) *Gesundheits- und Krankenpflegegesetz-GuKG,* Wien.

Widmer D. (2008) *Die Sozialversicherung in der Schweiz,* 6. Aufl., Zürich.

Zumbrunn A., Meyer P. (2007) Pflege von Angehörigen, in: Kocher G., Oggier W. (Hrsg.), *Gesundheitswesen Schweiz 2007-2009,* Bern, 245-249.

索　引

あ　行

アクセスの保障　67
アルトマルク・トランス訴訟　23
域内市場におけるサービスに関する指令　26
一般的な見守り及び世話　131
一般の経済的利益のためのサービス　24
医療関係職　220
　　大学教育によらない――　229
医療保険による介護給付　103
医療保険のメディカル・サービス（MDK）
　　81
インフォーマル介護の位置づけ　60
営業規則　242, 244
欧州委員会　12
欧州議会　12
欧州経済領域に関する条約　33
欧州裁判所　12
欧州理事会　12
欧州連合基本権憲章　13

か　行

介護基金　147
介護給付補完法　132
介護金庫　80
介護現物給付　81
介護財政再編法　152
介護支援拠点　129, 130
介護相談員　129
介護の質の確保法　133
介護のための公的支出の水準　65
介護保障改革に関する作業グループ　140
介護料　205
改正欧州社会憲章　10
家事手伝い及び家事使用人法　241
家族援助のための調整基金　189
家族間の援助義務の在り方　58
家族ホスピス休業　190
形を変えた現物給付　16
看護補助士　226
規則　11
基本料　205
給付のプール　131
供給密度　99, 100
共通基礎教育　224
共通報告　22
居宅介護法　242
国による援助　22
国別戦略報告　22
ケースマネジメント　129
現金給付と現物給付の関係　61
現金給付の輸出　16
広域的給付主体　202
コール訴訟　27
個人予算制度　62
国境を越える保健医療サービスにおける患者の
　　権利の行使に関する指令案　27
個別自立手当（APA）　52

さ　行

サービス分野に関する域内市場戦略　29
最高年金額　173
算入対象収入　208
システム競争　37

持続可能性　70
疾病及び障害に伴う費用の補填　209
指標サブグループ　21
社会保護委員会　21
社会保障の最低基準に関する条約　9
自由移動協定　34
終日入所介護　83
主たる家族介護者　78,92
シュピテックス　103
需要・整備計画　95
障害がある人々に対する支援基金　187
障害者援護のための終日入所施設　84
障害保険及び老齢・遺族保険による介護給付　105
障害保険に関する連邦法　172
ショートステイ　83
職業資格の承認に関する指令　29
指令　11
スイス社会扶助会議　211
生活扶助　204
生計扶助　202
政府プログラム　140
先決裁定　12
専門家基準　133
専門社会介護士　225
その地域で通例の労働報酬　137

た　行

地域的給付主体　202
超国家的な性質　13
調整社会法　15
追加保険料　189
ディプロム看護師　226
ディプロム社会介護士　225
デッカー訴訟　27
特別の給付　35
特別の疾病費用のための保険（AWBZ）　54

な　行

日常及び緊急時の業務指針　245
認定支出　208
年間補足給付　208

は　行

ハーモナイゼーション　36
派生法　11
比例原則　13
福祉レジーム論　57
部分入所介護　83
報酬加算　132
ホーム契約法　97
ホーム滞在法　97
ホーム費用　208
補完原則　13
保険料補助　103
補足性の原理　201

ま　行

免責額　105
モレナール訴訟　15

や　行

ヤオホ訴訟　17
要介護に関する勧告　10
養成教育修了証明書　30
養成教育を受けた介護専門職　222
ヨーロッパ社会コンパス　51

ら　行

理事会　12
リスボン戦略　19
連邦介護手当法　92,170
　　──のための要介護度区分令　93
連邦憲法第15条aの規定

──に基づく社会介護職に関する連邦と州との間の合意　225
──に基づく要介護者のための共同施策に関する連邦と州との間の合意　92
老人介護士　219
老人介護法　220
老人介護補助士　221
老齢・遺族保険に関する連邦法の改正に関する連邦法　172

わ行

枠組算定基準　105, 149
枠組カリキュラム　229

A to Z

EU15　45
EU25　46
MISSOC　18
OMK　19
　──の共通目標　20

《著者紹介》

松本勝明（まつもと・かつあき）

1957年　生まれ
1980年　京都大学経済学部卒業
　　　　厚生省入省，在ドイツ連邦共和国日本国大使館一等書記官，千葉大学法経学部助教授，マックス・プランク外国・国際社会法研究所招聘研究者，厚生省福祉人材確保対策室長等を経て，
2007年　一橋大学経済研究所教授
現　在　国立社会保障・人口問題研究所政策研究調整官　法学博士
主　著　『ドイツ社会保障論Ⅲ―介護保険―』信山社，2007年
　　　　Reformen der sozialen Sicherungssysteme in Japan und Deutschland angesichts der alternden Gesellschaft, Nomos Verlag, 2007.
　　　　『ドイツ社会保障論Ⅱ―年金保険―』信山社，2004年
　　　　『ドイツ社会保障論Ⅰ―医療保険―』信山社，2003年
　　　　『社会保障構造改革―ドイツにおける取組みと政策の方向―』信山社，1998年

MINERVA 社会福祉叢書㉟	
ヨーロッパの介護政策	
――ドイツ・オーストリア・スイスの比較分析――	

2011年3月5日　初版第1刷発行　　　　　　　　　検印廃止

定価はカバーに
表示しています

著　者　松　本　勝　明
発行者　杉　田　啓　三
印刷者　田　中　雅　博

発行所　株式会社　ミネルヴァ書房
　　　　607-8494　京都市山科区日ノ岡堤谷町1
　　　　電話代表（075）581-5191番
　　　　振替口座　01020-0-8076

©松本勝明，2011　　創栄図書印刷・新生製本

ISBN 978-4-623-05904-1
Printed in Japan

---------- MINERVA 社会福祉叢書 ----------

小林清一 著
アメリカ福祉国家体制の形成　　　　　376頁・本体5000円

小松秀和 著
日本の医療保険制度と費用負担　　　　160頁・本体3500円

佐藤克彦 著
福祉サービスの準市場化　　　　　　　264頁・本体6000円

広井良典／沈　潔 編著
中国の社会保障改革と日本　　　　　　344頁・本体4800円

沈　潔 編著
中華圏の高齢者福祉と介護　　　　　　248頁・本体4500円

京極髙宣 著
生活保護改革と地方分権化　　　　　　232頁・本体4000円

宮坂順子 著
「日常的貧困」と社会的排除　　　　　370頁・本体5500円

佐藤卓利 著
介護サービス市場の管理と調整　　　　272頁・本体4500円

三富紀敬 著
イギリスのコミュニティケアと介護者　432頁・本体6500円

永田千鶴 著
グループホームにおける
認知症高齢者ケアと質の探究　　　　　304頁・本体4000円

林　春植／宣　賢奎／住居広士 編著
韓国介護保険制度の創設と展開　　　　256頁・本体5500円

---------- ミネルヴァ書房 ----------
http://www.minervashobo.co.jp/